海外人才回流与社会适应：

上海案例

The Return of Oversea Talents and
Their Social Adaptation after
Flowing Back to China:

A Case Study of Shanghai

王蓉蓉／著

社会科学文献出版社
SOCIAL SCIENCES ACADEMIC PRESS (CHINA)

前　言

　　自容闳、黄胜、黄宽三人赴美留学至今，中国留学生史已有172年之久。其间中国发生了翻天覆地的变化，人才国际流动也随之跌宕起伏。改革开放打开国门，中国在经历了人才大量外流之后，于21世纪迎来了海外人才回流潮。面对世界范围内人才国际竞争的不断激烈化，我们在为海外人才回流数量不断增长感到欣喜的同时，也应清楚认识到我国仍有大量人才滞留海外未归、部分已经回国的海外人才可能会再次外流的严峻形势。细究这些人才回流问题会发现，其实都指向同一个话题：海外人才回流行为的整个过程——包括海外人才回流意愿、回流动因以及回流后的社会适应。因此，深入研究海外人才回流意愿、回流动因和回流后的社会适应过程，对我国海外人才引进政策的进一步完善具有重要现实意义，对加深理解国际人口迁移理论和社会适应理论的内涵及其在我国的本土化问题也具有重要的理论意义。

　　鉴于此，本书基于翔实的侨情普查数据和丰富的访谈资料，采用定量分析与定性分析相结合、纵向和横向对比分析的研究方法，着重分析探讨了三个方面的内容：首先，系统梳理了中国近代以来人才国际流动的历史演变和人才外流、回流的现状；其次，在深入分析海外人才回流群体特征的基础上，从海外人才具有的不同身份入手，系统研究不同身份海外人才的回流意愿、回流动因以及回流海外人才分别在职业和经济成就、家庭和社会关系、文化认同三个方面的社会适应状况；最后，根据本书的研究结果讨论国际人口迁移理论和社会适应理论在解释我国海外人才回流行为时的适用性问题。

本书在以下三个方面进行了一些创新尝试。

其一，从海外人才具有的不同身份入手，将研究对象具体化为外籍华人、华侨和留学生，从微观视角出发分析海外人才回流意愿的差异，以及影响不同身份海外人才回流意愿的因素差异。

其二，在分析方法上，引入交通运输地理学的研究方法，与 Arcgis 地理信息系统软件的可视化地图相结合，分析回流海外人才在国内的地理空间分布与变动特征；基于海外人才数据的结构性特征，利用分层结构模型在控制不同国家对海外人才回流意愿的影响的前提下，分析各微观因素对海外人才回流意愿的影响；借用经济社会学的弱嵌入性理论总结归纳海外人才回流后的社会适应过程及三种社会适应模式。

其三，根据研究结果，探讨西方国际人口迁移和社会适应理论对海外人才回流这一本土问题的解释力度。依据海外人才回流的特点，构建海外人才回流后从文化归属、经济层面、社会层面至心理层面的返迁社会适应分析框架。

本书如有不妥和错误之处，敬请各位读者指正。

王蓉蓉

于安徽大学社会与政治学院

目 录
Contents

图目录

表目录

绪　论 *

　　地理大发现之后，世界范围内开始出现大规模的国际人口迁移现象。19 世纪中叶，受产业革命的影响，国际人口开始大量迁移，移民主要从欧洲流向新大陆。自 20 世纪 60 年代起，国际人口迁移特点发生了显著变化，首先表现在规模较前期明显增大。从地区结构来看，欧洲由传统的人口迁出区转变为人口迁入区，由发展中国家流向发达国家成为当代国际人口迁移的主流①。究其原因，发达国家与发展中国家之间社会经济发展的巨大差距对移民产生了强大的"拉力"和"推力"，从而形成了当代国际人口迁移的宏观流动趋势。在这些国际移民中不乏诸发展中国家各行各业的"精英"，国际移民的迁入给发达国家经济的发展注入了强劲的动力，使其经济、科技各方面以更快的速度发展，同时使原本已较落后的发展中国家蒙受巨大的人力资本损失和经济损失。但是，自二战以后，随着全球一体化进程的不断加快，一些新兴工业国家和部分发展中国家的经济快速发展，国内就业、创业环境不断得到改善，生活水平大幅度提高，世界范围内在主要的国际人口迁移流向之外出现了一股新

---

　　* 本书所使用数据时间节点为 2010 年前后，因此在表述上以当时情况为准。
　　① 张善余：《世界人口地理》，华东师范大学出版社，2002，第 24 页。

的迁移流，即从 20 世纪八九十年代起，原本一些典型的"精英"外流国家开始出现大量海外人才回流的现象①。

第一节　研究价值

一　世界人才争夺战争愈演愈烈

人是社会发展过程中最重要的资源，尤其是高素质、高智能的人才更是现代社会经济发展的主要支柱。早在 19 世纪末，英国经济学家 A. 马歇尔在《经济学原理》一书中即指出："人类所有投资中，最有价值的是对人本身的投资。"② 诺贝尔经济学奖获得者、美国著名经济学家舒尔茨也曾指出："在美国长达半个多世纪的经济增长中，物质资源投资增加 4.5 倍，收益增加 3.5 倍；人力资源投资增加 3.5 倍，收益却增加 17.5 倍。从 1919 年到 1957 年 38 年中美国的生产总值增长额，49% 是人力资本投资的结果。"③ 由此可见人力资本的数量和质量对一个国家或地区经济发展速度和质量的重要性，"人才支撑发展"的说法也已被世界各国所认可。

自 20 世纪 90 年代"冷战"结束以来，经济全球化进程日益加快，以信息技术为代表的科学技术进步日新月异，人类从工业经济时代步入知识经济时代，国际战略环境发生了重大变化，越来越多的国家认识到人才发展战略对于国家的重要性。在全球化大背景下，当今的国际政治和国际关系从传统的以军事安全为主题转向以经济发展和社会进步为主题，各国之间的竞争也从传统的以军备竞赛为主转向对掌握一定技能的移民和人才的竞争。21世纪以来，越来越多的国家认识到人才发展对于国家发展的极端重要性，国

---

① 林琳：《智力环流——人才国际流动"共赢"模式的新探索》，《国外社会科学》2011 年第 2 期，第 25~31 页。
② 马歇尔：《经济学原理》，张桂玲、黄道平编译，中国商业出版社，2009，第 5 页。
③ 舒尔茨：《论人力资本投资》，吴珠华等译，北京经济学院出版社，1990，第 67 页。

与国之间，特别是发达国家与发展中国家之间展开了激烈的人才竞争。

首先，从全球范围来看，高端人才日益紧缺。在经济全球化发展的背景下，高端人才成为促进社会经济发展的重要因素之一，世界各国均把各学科的领军人物和高端人才作为人才争夺的战略重点。无论是发达国家还是发展中国家，高层次人才短缺是目前经济社会快速发展所面临的共同难题：经济发展较慢的发展中国家迫切需要大量高层次人才来改变落后的局面；经济发展较快的发展中国家迫切需要吸引大批高层次人才来实现经济稳定、快速发展的目标；发达国家为保持经济增长领先的优势，也需要补充大量的人才。这导致世界范围内高端人才总量不足、人才争夺趋于白热化。据 T. Alan Lacey 和 Benjamin Wright 预测，到 2018 年美国在一些专业技术和相关领域还将需要 5200 万名人才，需要的人数是目前美国相关专业领域人才总量的 16.8%，而美国国内的培养能力只能满足需求的 1/3[1]。

其次，从人才流动速度和流动方向来分析，高端人才向发达国家流动的速度逐渐加快。从发达国家也即人才流入国来看，美国各所大学在 2007 年获得博士学位的总人数是 44515 人，其中 15115 人为非美籍人士，约占获得博士学位人数总数的 33.95%，这一比例在 1977 年仅为 11%。其中 84% 的外籍博士学的是科学与工程（science and engineering）类专业，这里面中国人和印度人贡献卓著[2]。在 2006 年美国专利申请备案中，外籍居民在发明者或合作发明者中所占比例已达到 24.2%；1995 ~ 2005 年所有在美开办的工程及科技公司中，有 25% 以上的创办人来自美国境外，投身科学及工程行业的人口中，外来移民占 67%；在世界高科技中心硅谷，由外国移民参与创办的公司占全部高科技公司数量的 52.4%[3]。从发展中国家也即人才流

① Lacey, T. A., Wright, B., "Occupational Employment Projections to 2018," *Monthly Labor Review*, 132（2009）：82 - 123.

② Center, N. O. R., "Survey of Earned Doctorates Fact Sheet," http：//www. norc. org/PDFs/SED - Findings/SEDFactSheet. pdf, July 1, 2006, to June 30, 2007.

③ 王辉耀：《国家战略：人才改变世界》，人民出版社，2010，第 24 页。

出国来看，据我国教育部的统计数据，1978 年至 2009 年我国出国留学总人数达 162.07 万人，居世界之最，留学回国人员总数为 49.74 万人，占出国总人数的比重约为 30%，仍在国外的留学生超过百万人[1]，中国留学生选择的留学国家主要为美国、英国、澳大利亚、日本、法国、加拿大等发达国家[2]。

最后，世界各国均出台了各项人才计划，实施各种优惠政策吸引外国高端人才。从日本、澳大利亚、加拿大等发达国家到印度、巴西等发展中国家，世界各国都在千方百计猎取各类高层次人才[3]：美国从 20 世纪 50 年代就开始多次修订移民法[4]，为吸引外国优秀人才奠定了坚实的基础；德国于 2000 年开始实施"绿卡"项目，还专门颁布了吸引外国高级 IT 人才的特殊优惠政策，计划在三年内引进 2 万名外国 IT 业高级专业人员，并对其实行优惠的居留审批政策[5]。我国周边的许多国家也实施了各类人才计划，在全球范围内吸引人才。新加坡 21 世纪引智政策的核心是以顶级酬劳来吸引顶尖人才，让全球人才带来全球观念。为了吸引人才，新加坡政府推出了一系列计划，比如国外人才居住计划、减少就业障碍计划、外籍人士居留权计划、特殊移民计划等[6]，尽可能地为外来人才提供方便，并计划在 2015 年把在新加坡留学的外国学生数增至 15 万人，以此来增强国家的竞争力。日本于 2009 年启动了"国际高端人才引进计划"，明确提出至 2020 年"接收 30 万留学生"，日本政府也将于 2012 年 7 月 1 日起对在日本中、长期合法在留的外国人实施新的《外国人管理制度》，这意味着原有的纸质的《外国人登陆证》将逐渐作废，改为使用含有电子芯片的"在留卡"，这一方面有

---

① 1978～1999 年数据摘自国家统计局编《新中国 60 年》，中国统计出版社，2009；2000～2010 年数据摘自《中国统计年鉴》，中国统计出版社。

② 《最吸引中国留学生的 10 个国家》，中国青年网，http://corner.youth.cn/background/200906/t20090602_919861.htm，2009 年 4 月 14 日。

③ 高永中：《全球人才争夺越演越烈，如何建设人才强国》，《人民日报》2010 年 6 月 22 日，第 3 版。

④ 萧鸣政：《中国政府人力资源开发概论》，北京大学出版社，2004，第 47 页。

⑤ 王辉耀：《人才战争》，中信出版社，2009，第 79 页。

⑥ 干春晖：《中国产业发展报告》，上海财经大学出版社，2008，第 21 页。

利于日本政府对在日外国人进行有效的"一元化"管理；另一方面，"在留卡"具有与日本本国居民同样的登录性质，便于日本对在日外国人的诸多方面提供更加便捷的服务①。

二 我国人才发展的时代要求

自新中国成立以来，我国逐步从人才资源相对匮乏的国家发展为人才资源大国，人才规模日益壮大，人才结构不断优化，人才素质显著提高，各类人才在改革开放和社会主义现代化建设中大显身手，发挥了重要作用。但是，我国人才发展总体水平与世界先进水平相比还有较大差距，与我国经济社会发展的需要相比还有很多不适应的地方，特别是高层次创新型人才匮乏，人才创新创业能力不强，人才资源开发投入不足，人才竞争力在全球范围内依然处于弱势地位。

虽然我国人才资源总量较多，但高层次人才比例不足。瑞士洛桑管理学院在 2010 年《世界竞争力年鉴》中将中国的排名定在第 18 位，令人颇为吃惊的是，虽然我国经济增长速度飞快，但整体竞争力竟然与 2006 年持平。我国在国际竞争力评比中排名靠后的一个重要原因，就是本土人才和教育培养滞后于社会发展，特别是滞后于国际社会发展的平均水平。在 2011 年全球大学排行榜上，内地高校进入排行榜百强的数量甚至只有中国香港的 2/3（内地入榜的为北京大学和清华大学，香港入榜的为香港大学、香港科技大学和香港中文大学），并且排名均在香港的三所高校之后。在没有人文意识形态差异的自然科学领域，本土培养的科学家也一直没有实现诺贝尔奖零的突破。

据 2010 年第六次全国人口普查主要数据公报统计，截至 2010 年底，我国接受过高等教育的全部人口仅占 15 岁及以上劳动人口（15～59 岁）的 12.73%，而据《国际统计年鉴》（2010 年）数据显示，受过高等教育的人

---

① 《在日外国人签证最长可延至 5 年 明年 7 月起执行》，中国新闻网，http://www.chinanews.com/hr/2011/12-23/3554314.shtml，2011 年 12 月 23 日。

口占 15 岁及以上劳动人口的比例，美国是 61.1%，加拿大是 46.2%，日本是 39.9%，英国是 31.9%，法国是 29.4%，德国是 23.9%（见图 0-1）。

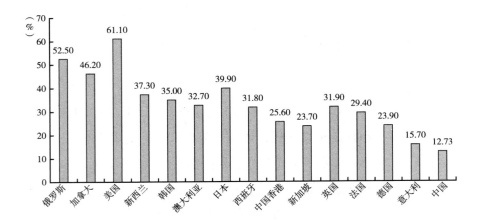

图 0-1　世界 15 个国家和地区 15 岁及以上劳动人口接受高等教育的比例

资料来源：《国际统计年鉴》，国家统计局，2010。

人才国际竞争力影响到国家科技竞争力的提升，科技竞争力作为"先进"生产力的基础和前提，是现代经济发展的最重要的推动力量。而提升科技竞争力的关键是人才，核心是自主创新能力[①]。我国人才资源总量尽管位居世界前列，但整体创新能力不强，目前我国真正做出原始性创新成果的科学家不多，能够跻身世界前列参与国际竞争的人才很少，从而导致我国在国际竞争力评价、高水平研究成果的数量和质量等方面与发达国家存在较大差距，我国科技实力仍处于世界主要国家的中下游水平。据 2010 年《世界竞争力年度报告》对 49 个国家和地区的排名，我国总体排名第 18 位，其中科技竞争力排名第 25 位[②]；国内劳动力市场上合格工程师和合格信息技术人才两项指标均为第 32 位。同年出版的《全球竞争力报告》对 75 个国家

---

① 徐坚成：《人才国际竞争力研究——以上海为例》，上海社会科学院出版社，2011，第 90 页。

② 宿景祥：《2010 年〈世界竞争力年度报告〉》，http://www.techcn.com.cn/index.php? doc - view - 144280#1，2010 年 5 月 21 日。

和地区进行了排名，中国排名第26位，但创新能力排名第43位，低于巴西（第33位）和印度（第38位）①。

三　研究意义

在以知识、技术、能力和信息为取向的经济发展态势下，世界上大多数国家都开始把第一资源定位于人力资源尤其是人才资源。随着全球化进程的逐步深入以及国际交流的日渐频繁，各类人才的国际流动也日渐频繁，若将海外人才回流行为放置于国际迁移大背景下，他们的流动也是国际迁移的方式之一。关于人口迁移，从最初R.赫伯尔的推拉理论，到之后发展起来的新古典经济理论、迁移新经济学理论、结构主义理论、跨国主义理论、社会网络理论等，学者们分别尝试从不同视角来分析国际人口迁移发生的原因，每一种理论都分别从各自不同的角度对国际人口迁移进行了理论解释。长期以来，国家或地区之间巨大的收入差距被视为国际移民中人才流动的最佳理由，但是随着研究的不断深入和学科之间的渗透，人们逐渐发现在很多情况下，这些做出迁移决定的个人不仅仅受到高薪的吸引，各种社会的、历史的、制度的因素都会促使其做出迁移的决定，并且在全球人力资本流动中出现的回流新现象也打破了收入差异促进人才流动的判断。因此，本书旨在通过对我国海外人才回流现象的研究，尤其是对回流意愿、动因及回流后社会适应的分析，尝试对传统经典的国际人口迁移理论和社会适应理论在我国的适用性加以进一步的验证。

从现实意义来说，自改革开放以来，上海在我国的经济建设过程中处于首要位置并起到带头作用，经过30多年的经济飞速发展，上海以其独特的区位条件、雄厚的经济技术基础，成为国家金融、经济发展中心。21世纪以来，随着全球经济一体化进程的加快，上海要发展成为新的国际经济、金

---

① 余丰慧：《中国全球竞争力排名提升背后》，http：//zqb.cyol.com/html/2011 - 09/09/nw. D110000zgqnb_ 20110909_ 5 - 02. htm，2011年9月9日。

融、贸易中心之一，除了需要依靠必要的物质投入外，还必须在产业结构调整的基础上，加强人才资源的投资、开发与引进，提高人才资源在经济增长中的贡献率。处于后工业化的上海，人才已经成为推进其经济社会发展的第一要素，更是创造上海经济社会财富的第一资本。上海目前最大的优势是人才优势，最大的问题也是人才问题。上海的人才数量和质量虽然在全国范围内具有相当优势，但其人才影响力特别是上海国际化人才的影响力在减弱。虽然自1994年提出构筑人才高地战略以来，上海采取了多种途径吸引各类国际人才，经过十多年的努力，国际人才资源发展状况大有改观，但在数量上与国际水平差距依旧显著：国际上，新兴工业国的出国留学人员回归率超过60%，处于人才大量回归阶段，但上海仍处于少量回归的徘徊阶段①。在国际人才结构上，协调性仍需优化，以上海建设国际金融中心为例，《2008年上海国际金融中心建设蓝皮书》显示，全市各类金融人才总量约为18万人，其中有国际经历的仅占0.2%，而新加坡的这一比例已达到20%，由此可见上海国际化人才缺口很大。因此，本书旨在通过对海外人才回流意愿、海外人才回流动因以及海外人才回流后社会适应状况的研究，掌握上海海外人才回流行为特征，为相关部门未来制定、实施人才引进计划奠定理论基础。

第二节　研究目标

一　研究问题

本书以海外人才为研究对象，从宏观和微观两个层面考察在全球经济一体化的大背景下，我国海外人才的国际迁移特征，以及影响海外人才回流意愿和回流动因的个人、家庭和迁移因素，分析总结其回流行为特征，并深入探讨海外人才回流后在国内的社会适应状况。本书研究问题具体包括以下几点。

---

① 毛大立：《向往之地：上海国际人才高地建设构想》，上海社会科学院出版社，2009，第56页。

（1）在全球化进程逐步深入以及国际交流日渐频繁的今天，海外人才回流意愿究竟如何？影响他们回流意愿的因素有哪些？

（2）回流海外人才具有哪些社会人口学特征，迁移特征？

（3）选择回国者，其回国动因为何？主要受哪些因素影响？

（4）在经过国外的政治、文化熏陶后，海外人才回国后的社会适应性如何？

归纳起来，本书的研究问题可以表述如下：海外人才的回流意愿和影响因素主要有哪些？回流海外人才的回国动因及其影响因素是什么？海外人才回流后社会适应的过程和模式是哪些？现有的理论能否解释海外人才的回流行为？如何吸引更多的海外人才回流？

二 分析框架

本书在系统梳理国内外学者对海外人才回流问题研究成果的基础上，结合上海市海外人才回流的实际状况，概括海外人才的国际迁移特征，并重点探讨海外人才回流意愿、回流动因以及回流后的社会适应状况。本研究主要分为以下四个部分。

第一部分是本书的研究基础，包括绪论和第一章。在绪论简要介绍国际人才争夺战日益激烈的现状以及我国高层次人才数量短缺、结构不完善的基础上，第一章梳理国内外关于人才回流或返迁的理论研究和研究现状，总结国内外的研究进展，试图寻找国内关于海外人才回流的研究中可能存在的空白地带或者相关研究中有待完善的地方，从而得出本书的研究问题和研究内容。

第二部分主要分析人才国际迁移的历史、现状与特征，包括第二、第三章。第二章回顾近代以来我国人才国际流动历程以及人才外流和回流的进展，第三章通过对2004年上海市第一次侨情普查和2011年上海市第二次侨情普查数据的横向、纵向分析，从整体上把握上海市海外人才回流群体的数量变动、来源国特征、空间分布特征和就业特征。

第三部分是关于海外人才回流行为的研究，包括海外人才群体的回流意愿、回流动因和回流后社会适应研究，这是本研究的主体部分，包括第四、第五、第六章。第四章是关于海外人才回流意愿的研究，从海外人才具有的不同身份入手，通过对其个人特征、家庭特征和迁移特征的分析，利用分层结构模型从微观的视角，探寻影响海外人才回流意愿的因素。与回流意愿研究相对应的，第五章是关于海外人才回流动因的研究，探讨不同回流动因下，社会人口学特征、社会经济地位和家庭特征的差异。第六章试图利用访谈案例资料，从海外人才从事的不同行业入手，分析海外人才回国后的社会适应状况，掌握海外人才社会适应的过程，归纳其社会适应的模式。

第四部分，也就是结论，是本书的主要研究结论、政策启示以及相关的理论思考。该部分在总结归纳海外人才回流行为特征的基础上，得出对应的政策启示，并探讨西方国际人口迁移和社会适应理论对我国本土问题的解释力度。本书的研究技术线路见图 0 - 2。

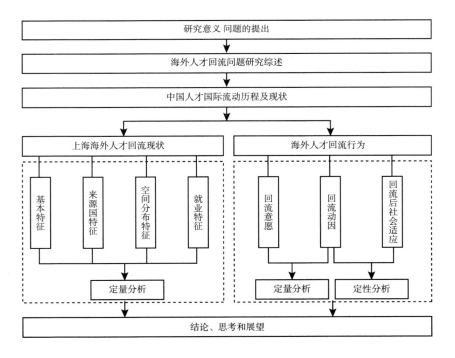

图 0 - 2 研究技术线路

第三节　研究方法

一　相关概念

1. 人才

"人才"，顾名思义，乃有才之人也。"人才"一词最早出现在《诗经》中，距今已有 2500 多年。随着时间的推移，人才的内涵也不断变化。《辞源》中认为人才乃"有才学的人"，《现代汉语词典》指出"德才兼备的人；有某种特长的人"为人才。

"人才"是个宽领域、多序列、多层次的概念，国内相关学者都曾对其进行定义和界定。我国著名的人才学专家王通讯认为"人才就是为社会发展和人类进步进行了创造性劳动，在某一领域、某一行业或某一工作上做出较大贡献的人"①。叶忠海认为，"人才是指在一定的社会条件下，能以其创造性劳动，对社会或某方面的发展，做出某种较大贡献的人"②。《中共中央、国务院关于进一步加强人才工作的决定》将人才界定为"只要具有一定的知识或技能，能够进行创造性劳动，为推进社会主义物质文明、政治文明、精神文明建设，在建设中国特色社会主义伟大事业中做出积极贡献，都是党和国家需要的人才"③。统计学对人才也有相关的界定，即"人才"是指具有一定的学历或职称的人，"文凭"或"职称"是其标志。1982 年，中华人民共和国人事部规定：具有中专学历以上或初级专业技术职称的人为人才。这是研究者从统计工作可操作性角度对人才的界定，这一定义方法弥

---

① 王通讯：《人才学通论》，天津人民出版社，1985，第 76 页。
② 叶忠海：《人才学概论》，湖南人民出版社，1983，第 13 页。
③ 中华人民共和国住房和城乡建设部：《建设部关于贯彻〈中共中央、国务院关于进一步加强人才工作的决定〉的意见》，http://www.mohurd.gov.cn/zcfg/jsbwj_0/jsbwjrsjy/200611/t20061101_153012.html，2004 年 7 月 7 日。

补了人才概念难以量化的缺陷，在人才识别的方法上另辟蹊径。

总结上述对人才的定义，会发现虽然提法不尽一致，但都有其共同点：一是强调人才劳动的"创造性"，二是强调人才劳动对社会进步和建设的"促进性"，三是强调人才劳动对社会的"贡献性"。由此我们可以知道，人才的概念包含以下几种内涵：其一，人才是相对于从事重复性机械劳动的劳动者而言的，具有相对性；其二，在社会发展的不同阶段，人才标准也有所不同，人才具有阶段性；其三，人才必须与生产要素中的其他要素结合，为社会做出贡献。因此，从不同表现形式来看，人才又可分为现实人才和潜在人才。已经在社会中从事创造性劳动，为社会做出贡献的人才为现实人才；而大学生具有进行创造性劳动、为社会进步和建设做出贡献的能力，但由于仍在求学阶段，没有将这些能力实际表现出来，是社会发展的潜在人才。

按照以上分析，"人才"应该是国家内接受过长期的学校教育或受过长期训练，具有一定的创造能力，可以为国家社会、经济、文化、科技等方面做出贡献，对社会进步有一定促进作用的人士。一般来说，凡是受过中等教育或具有同等水平的专业人员和技术人员，都应归入"人才"之列，既包括已取得较显著成就的科学家、工程师、医生、教师等，也包括具有较熟练生产技能的技术工人，还包括尚未参加工作，但具有较大发展潜能的大、中专毕业生和硕士、博士研究生等。本书所研究的"海外人才"中的"人才"，其涵盖面相对要窄一些，主要是通过受教育程度来界定的，指接受过或正在接受大学专科、大学本科或研究生阶段教育的人。

2. 海外人才

关于海外人才，首先需要指出的是它不等同于在海外的中国人、外籍华人和华裔群体。后者是一个较宽泛的概念，包含了在海外、祖国或祖籍国为中国的所有个体，而不论他的职业、年龄、受教育程度等，因此它可能包括国家劳务贸易输出的普通工人，也可能包括没有合法签证通过非正规途径进入外国的人。而海外人才概念对国际迁移的主体——人才有着特定的要求，海外人才中的人才首先为合法国际迁移者，此外一般拥有较多知识或掌握丰富技能，因此从这个角度说，海外人才与教育成就有着密切的联系。一般而言，我们所谓的海外人才指在海外的、接受过 12 年的初等教育和中等教育之后，还继续接受 3 年或 4 年以上教育的人，它的内涵包括具有较高学术积累（指具有高等教育以上学历的）、拥有专业技能（拥有某些职业证照）或丰富工作经历的人员，比如专家、独立经理人、资深主管、专业技术人员、贸易人员、投资者、商业人士等①。因此，本书的主要研究对象即在海外的中国人、外籍华人和华裔中具有较高人力资本的人，但是高人力资本群体内部按职业、行业和能力不同，也有所差异，所以除了"在海外的中国人、外籍华人和华裔"这一群体外，还需要辨析的两个概念是"海外高层次人才"和"海外高层次留学人才"。

关于"海外高层次人才"，2008 年 12 月，中共中央办公厅转发了《中央人才工作协调小组关于实施海外高层次人才引进计划的意见》，该意见指出，"所谓海外高层次人才引进计划，简称'千人计划'，主要是围绕国家发展战略目标，从 2008 年开始，用 5 到 10 年，在国家重点创新项目、重点学科和重点实验室、中央企业和国有商业金融机构、以高新技术产业开发区为主的各类园区等，引进并有重点地支持一批能够突破关键技术、发展高新产业、带动新兴学科的战略科学家和领军人才回国（来华）创新创业"②。"千人计划"中对"海外高层次人才"有着明确的界定："引进的海外高层次人才一般应在海外取得博士学位，不超过 55 岁，引进后每年在京工作不少于 6 个月，并具备以下条件之一：（一）在国外著名高校、科研院所担任相当于教授职务的专家学者；（二）在国际知名企业和金融机构担任高级职务的专业技术人才和经营管理人才；（三）拥有自主知识产权或掌握核心技术，具有海外自主创业经验，熟悉相关产业领域和国际规则的创业人才；

---

① Lowell，B. L.，*Trends in International Migration Flows and Stocks，1975 - 2005*（Paris：OECD Document de Travail interne，2007），p. 63.

② 《最权威的海外人才回国、来华工作网站》，千人计划网，http：//www. 1000plan. org/。

（四）国家急需紧缺的其他高层次创新创业人才"①。由此可以看出，"海外高层次人才"是"在海外的中国人、外籍华人和华裔"里具有较高层次学术科研能力、专业技术或企业经营管理经验的人才，换句话说，"海外高层次人才"是国外高等学校、研究机构和企业里"精英中的精英"。这些人才回国后，搞学术科学研究的，可以在国家重点实验室、重点学科、国家基础平台建设里起到带头作用；搞企业的，要拥有高新技术、回国后能够进行自主创业。虽然该意见中并未对"海外高层次人才"的国籍做出明文规定，但在国家有关部门为海外高层次人才提供一系列特定生活待遇的规定②中可以看出，祖（籍）国为中国，已加入外国国籍的人才也包括在海外高层次人才行列中。对比《上海市海外高层次人才引进计划》（以下简称"上海千人计划"）中对"海外高层次人才"的界定③，虽然"上海千人计划"在年龄和对创新人才海外学历的要求上略有不同，但对"海外高层次人才"学术科研能力、专业技术和企业经营管理能力的要求一致，对国籍也没有严格的限制。而本书的研究对象"海外人才"既包括这些"精英中的精英"，也包括一般的"精英"，因此"海外高层次人才"是本书"海外人才"中的一部分，但不是全部。

关于"海外高层次留学人才"，教育部留学服务中心（中国留学服务中心）将其界定为④："（一）被我高等院校或科研院所聘为校级或院所级领

---

① 《千人计划》，千人计划网，http：//www.1000plan.org/qrjh/section/2？m＝rcrd。
② 《中央组织部就引进海外高层次人才"千人计划"问答》，中国共青团网，http：//www.gqt.org.cn/ocss/gzdt/200908/t20090825_285439.htm，2009年3月30日。
③ "上海千人计划"引进人才分创新和创业两大类，创新人才一般应在海外取得博士学位，创业人才一般应在海外获得学位。引进人才应在本领域有较高的知名度，得到同行专家认可，并符合下列条件之一：（1）在国（境）外著名高等学校、科研院所、知名实验室担任相当于副教授及以上职务的专家学者；（2）在国际知名企业、金融机构、其他相关专业机构和国际组织中担任重要职务的专业技术人才和经营管理人才；（3）拥有自主知识产权或掌握核心技术，具有海外自主创业经验，熟悉相关产业发展和国际规则的创业人才；（4）推进"四个率先"、加快"四个中心"建设紧缺急需的，具有国际领先或国内一流专业水平的其他海外高层次人才。
④ 《关于为海外高层次留学人才提供入境居留便利的说明》，中国留学网，http：//www.cscse.edu.cn/publish/portal0/tab107/info5461.htm。

导职务的，正、副教授或正、副研究员（含特聘、讲座、名誉、客座等）的已入外籍的留学人才；（二）与我高等院校、科研院所签有一年以上执行其他教学、科研、学术活动合作协议需经常回国的已入外籍的留学人才；（三）在国内企业或国内本人创办的公司内担任高级管理（副总经理以上）职务的已入外籍的留学人才；（四）执行中央和地方政府与国外签署的国家级、省、部级科技项目、重点工程协议的已入外籍的留学人才；（五）来华投资数额为本地投资额中上线的已入外籍的留学人才；（六）赴西部地区从事教学、科研、创办企业等为国家西部大开发战略服务的已入外籍的留学人才。"分析以上六种海外高层次留学人才界定条件，与海外高层次人才相似，海外高层次留学人才也是海外人才"精英中的精英"。两者界定角度有所不同，对海外高层次人才的界定更强调人才在国外的成就，旨在有针对性地吸引仍在海外未回国的高端人才；对海外高层次留学人才的界定偏重海外人才在国内的贡献，主要为已回国的海外高端人才服务，同时海外高层次留学人才更强调海外人才的身份问题，也就是说，海外高层次留学人才都为已加入外国国籍的留学人才。因此从这个角度来说，"海外高层次留学人才"也是本书"海外人才"中的一部分，但不是全部，并且"海外高层次留学人才"是已经回国的海外人才。

通过前文对"海外高层次人才"和"海外高层次留学人才"的讨论发现，对本书"海外人才"的界定还涉及他们的国籍问题。依据海外人才自身条件和在国外居留时间的长短，当满足居住国入籍或永久居民申请条件时，海外人才通过自主申请，可以获得居住国的永久居留权（俗称"绿卡"）或居住国公民身份，我国按法律规定将这部分群体称为华侨或外籍华人。因此，从所具有的身份来说，本书研究的海外人才包含居住在国外的华侨、外籍华人、正在国外求学和已完成学业留在国外工作的留学生。当华侨选择回国定居，申请并获得相关部门签发的回国定居证明后，我国侨务部门将其称为归侨，以便与华侨区分开来。当留学生学业完成或取得国外工作经验后选择回国发展，我们一般把他们称为归国留学人员。

因此本书中关于回流海外人才的界定包含归国留学人员、归侨、在大陆居住和工作的华侨、外籍华人以及港澳台居民。其中有两个问题需要说明：首先，本书研究主要针对国际人才的回流，因此港澳台居民来到内地的迁移行为不在本书的研究范围之内；其次，回流海外人才中很多人具有多重身份，比如华侨归侨中很多人以留学生的身份出国学习或工作，之后申请获得了居住国的永久居留权，按照归国留学人员和归侨的界定，他们既属于归国留学人员的范畴，也具有归侨的身份。本研究为了分析不同身份海外人才的回流行为差异，将既是归国留学人员也是华侨归侨的海外人才归入华侨归侨的行列，外籍华人亦然。

通过对海外人才知识、能力和身份的解析，本书认为海外人才是指仍在国外的留学生、华侨和外籍华人中具有大专及以上文化程度的个体。

华侨：按《中华人民共和国归侨侨眷权益保护法》的规定，"华侨是指定居在国外的中国公民"。《辞海》中对华侨的解释是："侨居国外的中国人。" 在实际工作中，我国侨务部门还把那些虽未取得居住国长期或者永久居留权，但已取得居住国连续 5 年以上（含 5 年）合法居留资格，并在国外居住的中国公民视为"定居"（其中因公出国人员不具有华侨身份）。

归侨：回国定居的华侨。来华定居的外籍华人，在恢复中国国籍后，也称为归侨。

留学生：居住在国外，在国外学校接受教育，持有学生签证的我国学生，以及学业完成后留在国外工作，但未取得居住国长期或永久居留证和国籍的中国人都被称为留学生。

归国留学人员：在国（境）外获得大专及以上学历（须经我国教育部确认）；或在国内获得中级以上职称或大专及以上学历，并在国（境）外学习或进修一年以及以上，现已回国者。

外籍华人：已加入外国国籍的原中国公民及其外国籍后裔，及中国公民的外国籍后裔。《辞海》的注释是："具有中国血统的华侨，经取得外国国籍即成为外国公民。"

3. 海外人才回流

与海外人才外流概念相对应的是海外人才回流，这是两股方向相反的人才国际流动趋势。著名经济学家谭崇台认为人才外流是指"穷国的高级专门人才在国内完成学业后迁移到另外一个国家的一种国际移民活动"[①]。而人才回流的内涵目前在学术界还未形成一个统一的规定，查阅已有的关于海外人才的研究发现，由于缺少相关的官方统计数据，多数学者在研究中将留学生回国的数据视作回流海外人才处理。翻阅统计年鉴、教育年鉴和地方年鉴等众多年鉴资料，发现官方公布的回流人才数据也较多的是指留学生回国人员。本书认为这样对海外人才回流的定义略显不够严谨，没有充分考虑回流海外人才的主体和回流具体形式的差别。笔者认为海外人才回流这一定义包含了以下几个内涵。

流动主体：海外人才回流强调的是上文所提到的海外人才的迁移过程，也即我国海外留学生、华侨和外籍华人中具有大专及以上文化程度的人员从外国回到国内的迁移过程，回到国内后其身份分别为归国留学人员、华侨、归侨和外籍华人。

流动方向：海外人才回流特指从本国以外的国家流回本国的流动趋势，这排除了本国区域内或特别行政区人才的迁移行为，比如我国香港特别行政区、澳门特别行政区和台湾地区与我国大陆之间的人才流动现象。

因此，回流的海外人才指已回国的归国留学人员、归侨以及在大陆居住和工作的华侨、外籍华人。关于海外人才回流主体，有个值得思考的问题是：回流的海外人才是否一定需要强调是先从国内迁移至国外，再回流至国内？由于国外一些国家政策和国籍法的规定，凡出生在所在国的外国人，可以自动取得所在国国籍或永久居留权，即侨务部门所谓的华裔新生代，这部

---

① 谭崇台：《发展经济学》，山西经济出版社，2004，第56页。

分群体生在海外、长在海外，基本上属于"西化了的一代"，但"黄皮肤"又显示着他们的中国血统。美国人口普查局 2007 年的一份社区普查报告显示，"在 25 岁及以上人群中，华裔接受过高等教育的人口比例超过 50%，受教育程度高于美国同龄人群平均水平，从职业类别看，华裔从事专业领域、管理及相关领域的比重为 52.2%，其中从事科学技术及相关专业和管理人才的占 13.2%"[①]。"虽然目前海外华裔新生代回祖籍国成功创业的实例仍较少，但他们回祖籍国正呈现出良好的势头。"[②] 本书认为，虽然海外华裔新生代并非从国内迁往国外，但其祖籍国依然为中国，是中华儿女，他们回中国的国际迁移过程在一定程度上也可以理解为海外人才回流。

二　研究方法

第一，实证分析方法，通过对事实陈述的证实，辅以定性个案访谈和理论思辨，探讨海外人才的回流规律。

第二，运用横向和纵向比较研究法，对 2011 年上海市侨情普查数据进行横向比较，掌握不同身份、不同个人特征、不同家庭背景、不同来沪动因等回流海外人才的国际迁移特点；与 2004 年上海侨情普查数据进行纵向比较，以发现上海海外人才迁移特征的变化。

第三，运用定性分析与定量分析相结合的方法，依据上海市两次侨情普查资料中的回流海外人才个人特征、迁移特征及其来沪动因等相关数据，探讨回流海外人才的回流意愿和回流动因，以及个人、家庭和迁移特征对他们的影响。

其中定性分析主要通过半结构化访谈实现。半结构化访谈是按照一个粗线条式的访谈提纲，与访谈对象面对面，围绕调查的核心问题进行询问的非正式的访谈。

---

① 李珍玉：《美国华人生存状态大扫描》，《侨报》2009 年 11 月 16 日，第 4 版。

② 桂世勋：《海外华侨华人及其对祖（籍）国的贡献》，载丘进主编《华侨华人研究报告（2011）》，社会科学文献出版社，2011，第 118 页。

定量分析主要运用统计学中已较为成熟的社会统计软件 SPSS 和 EXCEL 进行前期大量的数据清理和整理工作，后期统计分析主要利用 HLM 软件。在一些研究内容和结果的陈述中，运用 ArcGIS 软件以地图的方式进行可视化表达。

三　数据来源

本研究中定量微观数据主要来自 2004 年和 2011 年上海市人民政府侨务办公室和上海市归国华侨联合会组织的上海市两次侨情普查资料。

两次侨情普查调查地域范围均为上海市全市行政区，在正式调查前均选取有代表性的某一个行政区和某几个街道进行试调查，及早发现问题、解决问题后，再进行大规模的全市普查。普查采用全数调查的方法，以现居住地登记为原则。调查采用入户问卷调查的方式，以家庭成员关系为主、居住一处共同生活的人口作为一个家庭户；单身居住独自生活的，也作为一个家庭户。相互没有家庭成员关系，集体居住共同生活的人口，作为集体户，集体户以一个住房单元为一户进行调查登记。调查内容涉及本市归侨、侨眷、港澳居民眷属、归国留学人员、留学生眷属及其海外亲属（留学生、华侨、外籍华人、港澳居民）的数量、年龄结构、分布国家（地区）、受教育程度、从业类型等基本情况；在沪华侨、港澳居民和外籍华人及其海外亲属（留学生、华侨、外籍华人、港澳居民）的数量、年龄结构、分布国家（地区）、受教育程度、从业类型等基本情况。

本研究针对不同的研究内容和研究目的，分别选取了普查中不同的调查对象。其中对海外人才回流意愿的研究主要针对本市归侨、侨眷、港澳居民眷属、归国留学人员、留学生眷属在海外的亲属，也即仍在国外未回流的海外人才群体。对海外人才回流特征及回流动因的分析主要针对目前已回流至上海的海外人才群体。

本书研究中定性数据来自 2011 年中国侨联举行的"新侨发展调研"三次大型座谈会，参加座谈会的对象为回国科技新侨、留学回国创业新侨、新侨领导人、新侨侨商四种类型的回流海外人才。此外，笔者通过滚雪球的方法进行半结构化访谈，访谈每次均持续 1 个小时左右，属于深度访谈。

第四节　创新之处

本书的创新之处主要体现在以下几个方面。

1. 研究视角创新

本书按照海外人才具有的不同身份，将研究对象具体为外籍华人、华侨和留学生，分析不同身份下海外人才回流意愿的差异，发现留学生回流意愿最强，华侨其次，外籍华人最弱。

2. 分析方法创新

利用可视化的地图分析特定人群的空间分布特征在人口学研究中已不再新鲜，但本书在此基础上引入交通运输地理学的研究方法，分析回流海外人才在国内的空间分布特征，发现海外人才对通勤的便捷性极为敏感，回国后对居住地的选择受城市轨道交通影响较大。

利用人口重心和标准离差椭圆这两个指标讨论回流海外人才在国内空间分布的集中趋势和离散趋势，发现经过七年的变动，回流海外人才空间分布的集中趋势没有大的改变，虽然空间分布有郊区化的趋势，但集中的主要区域仍是中心城区和近郊区，并且呈现朝经济发展较快的地区扩散的趋势。

不再将世界范围内的海外人才一概而论，而是按照海外人才所在的不同国家将其视为具有层次之分的数据，利用分层结构模型在控制不同国家对海外人才回流意愿的影响的前提下，分析微观个人、迁移和家庭特征对海外人才回流意愿的影响。研究发现，国家的差异对海外人才回流意愿的影响不能忽视，在各种微观影响因素中，家庭因素对海外人才回流意愿影响最大，并且身份不同，个人、迁移和家庭因素对海外人才回流意愿的影响也有所不同。

分析海外人才回流后的社会适应状况时，将其操作化为特定的文化背景和一定场域，具体选取职业和经济成就、家庭和社会关系、文化认同三个方面，并借用经济社会学的弱嵌入性理论对其社会适应过程及适应模式进行分析，发现海外人才回国后的社会适应呈现高期待值下的被动适应特点，部分海外人才重构"国外社会"以达到社会适应。

3. 理论系统创新

根据本书对海外人才回流行为过程的研究结果，深入探讨了西方人口迁移和社会适应理论在我国的本土化问题，并认为国际人口迁移理论对我国海外人才回流行为的解释力有限，经典社会适应理论对我国海外人才回流后社会适应问题依然适用，但对社会适应过程和社会适应结果的解释力存在一定的局限。

·第一章·
人才回流研究的理论基础和研究进展

第一节　人才回流研究的理论基础

传统上，迁移被视为人口跨越一定行政区域边界的永久性迁移。在人口迁移理论发展初期，研究者较多关注人口从居住地或居住国迁往其他地区或国家的相关问题。自 20 世纪 60 年代以后，国际迁移研究者们开始较多关注人口返迁/回流问题。本书所研究的海外人才从别的国家返回祖（籍）国的过程属于国际迁移方式之一，既有研究多从国际迁移视角分析人才回流现象，从最初 R. 赫伯尔的推拉理论，到之后的新古典经济理论、劳动力迁移经济学理论、结构主义理论、跨国主义理论、社会网络理论等，学者们分别尝试从以上视角来分析海外人才返迁至祖（籍）国的原因。本书中，笔者将其归纳为宏观、中观和微观三个层面的理论解释。

一　人才回流的宏观层面解释

（一）推拉理论

现代西方迁移理论的研究最早始于英国统计学家 E. G. 雷文斯坦对英国

和其他 20 个国家国内迁移的深入研究，并总结出七条人口迁移规律，也就是著名的"迁移七大定律"：①大部分迁移行为是短距离迁移；②快速发展区域对移民的影响呈阶梯形，一个特定的吸引中心统计到的迁移者会随距离的延长而减少；③扩散过程正好与吸引和展示相同特征的过程相反；④每一个大迁移流都会相应产生一个补偿性的逆迁移流；⑤长距离迁移者多偏好迁往大的商业和工业中心；⑥农村居民比城市居民更可能迁移；⑦女性比男性更具有迁移性①。由于雷文斯坦是基于对英国国内迁移研究得出的迁移规律，在我国更多的适用于对城乡劳动力迁移行为的研究，有些规律仍然能够解释海外人才国际迁移行为的特征，比如对补偿性逆迁移流的总结就与目前人才外流和人才回流并存的现状相吻合。

在"迁移七大定律"的基础上，R. 赫伯尔是最早提出推拉理论模式的学者，而 D. J. 博格较为全面而又简明地概括出推拉理论。博格认为，人口迁移的目的是改善生活条件，迁入地的那些有利于改善生活条件的因素就成为拉力，而迁出地的不利的生活条件就是推力，人口流动就是由这两股力量的前拉后推所决定的。E. S. Lee 在 D. J. 博格的理论基础上，认为迁出地和迁入地实际上都既有拉力又有推力，同时又补充了第三个因素：中间障碍因素。中间障碍因素主要包括距离远近、物质障碍、语言文化的差异，以及移民本人对于以上这些因素的价值判断，人口流动是这三个因素综合作用的结果。但是随着一些研究者不断细化、深化对"推拉"因素的剖析，研究者们认为不能用简单的"推"和"拉"来解释各种复杂的迁移活动。推拉作用是因人而异的，例如，对于智力型人才和体力型人才，他们对迁移后的预期和对影响迁移因素的评判标准是有很大不同的；同样，个人对现状的满意程度也影响推拉因素的效力②。

作为经典的总体理论模型，时至今日，推拉理论仍然是解释移民返迁的

---

① 李竞能：《现代西方人口理论》，复旦大学出版社，2004，第 29 页。
② 何亚平、骆克任：《海外科技人才引进结构分析》，《人才开发》2003 年第 10 期，第 14 ~ 15 页。

有力工具和基础理论①。20 世纪 80 年代后，学者们在推拉理论的基础上，根据返迁过程的多元化和异质性特点，吸纳其他学科领域的理论，对返迁特别是国际移民的返迁提出不同视角的经典理论解释。

（二）结构主义理论

从 20 世纪 70 年代中期开始，学者们在借鉴马克思主义政治经济学、依附理论和世界体系理论等理论的基础上，从更广泛的社会和政治视角来分析国际迁移，形成一种新的迁移分析视角——结构主义理论。结构主义理论对迁移行为进行解释的核心理念是：国际迁移是由于全球经济和政治力量的分配不均而产生的，这种分配不均是殖民主义和帝国主义以及不同地区加入世界市场的方式和程度不同而导致的。迁移不再被视为一种平衡化收入的方式，而是被视为一种为富裕国家资本动员廉价劳动力的机制。

结构主义理论学者认为，移民个人做出迁移选择的假定不切实际，因为国家间固有的结构性不平等通过让贫困国家永不翻身的方式从其身上汲取资源。人们可能为养活自己和家人而被迫迁移，但经济大国通过选择性迁移政策来控制移民以满足其劳动力需求。因此，有的结构主义理论学者倾向于把移民工人视为"在惊涛骇浪的国际资本主义海洋中随波逐流的被动者"，而不是在他们面临的机会和制约中做出积极选择的个人，人类的主观能动性沦落为全球工人阶级的集体利益②。

到了 20 世纪 90 年代，随着经济全球一体化进程的不断深入，结构主义理论学者们认为人才国际流动的缘由是经济结构转型和产业结构调整对劳动力市场需求的影响③。随着学术界对产业结构理论中的地理分布和部门结构

---

① Hauser, P. M, *The Study of Population*：*An Inventory and Appraisal*（Chicago：University Of Chicago Press，1959），p. 153.

② Anthias, F., Lazaridis, G., *Gender and Migration in Southern Europe*：*Women on the Move*（London：Berg Publishers，2000），p. 89.

③ Piore, M. J., *Birds of Passage*：*Migrant Labor and Industrial Societies*（Cambridge：Cambridge University Press，1980），p. 51.

的深入研究，结构主义理论学者们利用"中心－外围"理论①对人才流动现象有了进一步的分析。当产业运输成本较低或贸易障碍较少时，产业趋向于在一些国家集中，由此必然带来劳动力的国际迁移，尤其当某些高科技产业集中在一些国家时，高层次人才也会随之迁移到这些国家。例如，近年软件行业逐渐从美国转向印度，不仅软件人才迁移至印度的数量大量增加，在其他国家留学或工作的印度本国人才返迁的趋势也较为显著。

二　人才回流的中观层面解释

（一）社会网络理论

在 20 世纪 80 年代，社会网络对迁移的作用成为迁移理论的主流。社会网络由家庭、朋友和社区纽带组成，将移民和迁出地连接在一起，对促进和维持迁移流具有重要作用。一旦迁移发生，网络就发挥作用，成为迁移动因，降低迁移成本和风险，增加预期回报。这些网络的形成通常和迁入迁出国源远流长的历史联系在一起，移民网络往往是不稳定的，一般在移民适应新环境后才得到维持。社会网络是否存在对移民迁移决策以及特定目的地的选择可能是一个重要的推动因素。而且，社会网络有助于维持迁移流的稳定，它为移民提供多方面的信息和实际支持，包括迁移旅程的安排以及如何通过帮助寻找住处和就业机会等为其在迁入国找到安身之所。对于非法移民而言，社会网络的支持显得更为重要。

Oakley 认为社会网络对移民提供的支持主要分为三种：情感型、信息型和工具型。情感型支持一般来自家人和朋友，这对防止社会隔离至关重要；信息型支持一般由朋友和诸如咨询中心和社区中心之类的正规渠道提供；工具型支持涉及更广泛的社会网络，包括寻找就业机会、翻译和法律服务等。这三个方面的支持之间并没有固定的界限，社会网络可能在不同阶段提供不

---

① "中心－外围"理论是经济学里的概念，由普雷维什－辛格提出，该理论认为在世界经济体系中，技术先进的国家成为"中心"，处于落后地位的国家沦为"外围"，两者在经济结构上存在巨大差异，两者之间的关系也是不对称、不对等的。

同类别的支持①。此外，随着移动电话和互联网的普及，通信变得十分便利，移民既可以在情感性支持方面，也可以在实际性支持方面更多的依赖祖（籍）国的家人和朋友。

由于孩子、父母以及其他亲人会暂时或永远留守在家乡，因此迁移往往会导致移民与家人地理空间上的分离。社会网络对家庭维持跨国关系非常重要，家庭网络在为移民提供情感性和实际性支持的同时，也会产生经济型和情感型需求。不同的支持内容在不同的生命阶段具有不同的意义。例如祖父母在假期提供照料孩子的帮助，照料行为可以在老家完成，也可以在迁入国通过延长居留时间实现。而当他们自己年老体弱时，他们会产生照料需求，这常常导致迁移者频繁的国际迁移②。而对于返迁行为而言，除了一直留在祖（籍）国的家人和朋友会对移民产生影响以外，先期回国人群的创业和工作经验也会通过一定的社会网络关系的分享，对仍留在海外的移民起到示范作用，从而对后者最终迁移决策起着极为重要的作用。

（二）跨国主义理论

对移民社会网络的研究也引起了学者们对跨国主义现象的兴趣，这是国际移民所留存的和祖（籍）国之间社会、经济和政治的纽带。移民可能在两个或两个以上的国家之间定期来回迁移，他们和家乡的人还保持着意识观念上的联系。总体来说，跨国主义是移民跨越地理、文化、政治边界而建立的维系与联结祖（籍）国与所居住国之间的多重社会关系和互动模式。有的学者将移民和祖（籍）国之间的"同步性"和"过着同时融合迁入国和其他国家日常活动的生活"描绘成当代移民的迁移特征③。在现有的移民研

---

① Oakley, A., *Social Support and Motherhood*: *The Natural History of a Research Project* (Oxford: Blackwell Oxford, 1992), p. 68.

② Ackers, L., *Shifting Spaces*: *Women*, *Citizenship and Migration Within the European Union* (Bristol: The Policy Press, 1998), p. 183.

③ Vertovec, S., "Migrant Transnationalism and Modes of Transformation," *International Migration Review*, 38 (2004): 970 – 1001.

究中，跨国主义概念已经得到公认，但跨国主义行动的程度和形式随着人们的迁出国背景以及在迁入国融入状况的不同而有所不同。在不同的生命阶段，他们也会有所不同。Levitt 和 Glick Schiller 认为，在结婚或者抚养孩子之际，平时对祖（籍）国表现出无所谓态度的移民，可能为了寻找配偶或教育子女而重新激活他们的跨国联系①。跨国联系包括三个维度：政治维度，如加入祖（籍）国的政党；文化维度，包括参与祖（籍）国传统文化的庆祝活动；经济维度，范围从多国贸易、小型出国企业到个人汇款。汇款已被公认为跨国活动中一项日益重要的内容，它可以资助祖（籍）国的家庭成员或社群获得教育和健康照料服务，这会提高生产力，产生广泛的社会影响，也会促进新一轮的国际迁移。随着经济全球一体化程度的不断加深，跨国主义学者更多的从跨国联系的经济维度来分析人才流动的原因，他们认为随着全球化进程的加深和世界市场的产生，商品、资本、信息的国际流动必然推动人才的国际流动②。

Portes 曾对跨国主义进行了深入的分析，他认为，虽然交通和通信技术的发展大大促进了国家之间长距离的便捷沟通方式，跨国主义的重要性与日俱增，但这只是代表了一种新的研究视角，而非一种新现象的产生。由于距离较远，跨国联系的范围和强度都受到制约，但是跨国联系已成为国际迁移中一个长期的而且可能是不可避免的特征③。

三　人才回流的微观层面解释

（一）新古典经济学迁移理论

新古典经济学关于国际迁移理论的产生源于 W. 阿瑟·刘易斯的 "利

---

① Levitt, P., Schiller, N.G., "Conceptualizing Simultaneity: A Transnational Social Field Perspective on Society," *International Migration Review* 38 (2004): 1002 – 1039.

② Sassen, S., *Globalization and its Discontents* (New York: New Press, 1998), p.27.

③ Portes, A. Conclusion, "Theoretical Convergencies and Empirical Evidence in the Study of Immigrant Transnationalism," *International Migration Review* 37 (2003): 874 – 892.

用无穷劳动力资源来促进经济发展"的模型，这是基于经济发展过程中对劳动迁移行为的研究而构建的模型。研究者们以该模型为基础，将经济学的供给和需求关系引入对人口迁移的研究中，由此提出了新古典经济学的迁移理论。该理论将微观的个人取舍同宏观的结构因素这两种视野结合起来，并提出期望收入的概念，奉行个人效用最大化的国际迁移分析方法。新古典移民理论学者认为，区域间劳动力和资本分布不均衡时，迁移便随之产生，这一现象直到迁移成本与区域间收入差异相差无几时才有所减少，也即两个地区之间工资率和就业率的差异是国际迁移行为最终发生的动因，两者之间的差额决定迁移流的规模。具体来分析，对于国际迁移而言，国际人口迁移源于国际劳动力市场的不平衡，这种不平衡主要是由于劳动力供给与需求之间存在国际差异。当某一个国家的劳动力资源较为丰富且需求量不大时，根据马克思主义政治经济学理论，该国劳动力工资水平必然较低；反之，若另一个国家劳动力资源较为匮乏且需求量较大，该国劳动力价格必然较高，这种工资水平上的差异导致低工资水平国家的劳动力迁往高工资水平的国家。国家间劳动力工资水平差异越大，劳动力迁出量也越大。由此，在国家劳动力需求总量不变的情况下，随着劳动力的迁出，低工资水平的国家劳动力将减少，反而工资有所上升；同时，高工资水平国家的劳动力增加，在劳动力需求总量不变的情况下，劳动力工资将有所下降。这一过程将一直持续，直到最终两个国家的工资水平趋于一致，迁移行为才有所减缓。

在解释返迁时，新古典经济学者通常从工资差异和移民预期来解释。当迁入国工资水平低于迁出国时，抑或迁入国的工资水平未达到迁移者预期工资水平时，返迁的可能性较大。此外，新古典经济学者认为，迁移者不仅要让收入最大化，而且要让居留时间最大化，以实现永久性定居和家庭团聚之目的。因此，只有当迁移者在国外"折戟沉沙"（包括预期收入、就业和居留时间等方面的挫败），或人力资本未获得预期回报时，迁移者才会返迁，即返迁被视为失败的迁移经验。

（二）迁移新经济学理论

同样来源于古典经济学，迁移新经济学和新古典经济学迁移理论分析迁移行为的基调均为理性选择。但相对于新古典经济学迁移理论，迁移新经济学者不再局限于从个人层面分析人才流动问题，也就是说，人才流动不仅是个人的行为决策过程，不能简单地从不同国家之间的工资差来解释迁移，还要考虑个人所处的家庭环境等因素，唯有着眼于整个家庭的经济，才有可能理解来自海外的汇款解决消费和投资问题的做法①。根据迁移新经济学理论，迁移者的迁移目标不仅仅限于获得工资水平差，还在于将家庭的生存风险降至最低。对于国际迁移来说，一般将部分家庭成员分配至其他国家的劳动力市场，而其他家庭成员留在家庭所在地或国内其他地方工作，通过这种家庭劳动力资源分配方式将家庭生存风险分散化。当本地经济状况较好时，家庭总收入主要来自本地、外地和国外家庭成员工作的共同收入；当本地经济状况不佳时，本地家庭劳动力无法获得足够的经济收入，但由于外地和国外的家庭成员均有经济收入，家庭仍可以依赖他们的移民汇款得以维持，从而家庭并未因为本地经济环境的萧条而陷入困境，风险降低。

在解释国际移民的返迁行为时，迁移新经济学者认为迁移是基于家庭的风险分化机制，即透过家庭劳动力外出打工来分散家庭面临的经济风险，而返迁是经过精心测算之移民家庭迁移决策的一部分，是移民成功实现迁移目标的表现。在往家里寄回部分收入的同时，移民在国外实现迁移目标（如获得高收入或积累资金）后会返迁，因此该理论认为回流是当事人从家庭层面衡量效用最大化后的结果。这些回流的人群多数是在流入国获得一定的成就（比如达到较高的学历、获得丰厚的收入等），并为国内家庭汇回足够的财富后回流的。由此来看，迁移者返迁与否受经济因素影响较大。一项在菲律宾的研究就发现，当迁出国受到正向的汇率冲击，也即国内货币贬值

---

① 赵敏：《国际人口迁移理论评述》，《上海社会科学院学术季刊》1997 年第 4 期，第 127 ～ 135 页。

时，海外人才的回流率随之降低；反之亦然，当迁入国购买力增强时，国际移民更倾向留在迁入国工作，再将工资收入寄回国内消费①。除了经济因素之外，家庭因素也会对海外人才的回流决定产生影响，Constant 和 Massey 通过对德国外籍人才的研究发现，配偶留在祖籍国的人才返迁的可能性就较大②。

第二节　人才回流意愿和动因的国内外研究进展

21 世纪，人才资源是国家经济发展的宝贵资源。由于国际劳动力市场对科技型人才和知识型人才的需求不断增加，高层次人才相对短缺甚至匮乏的问题日趋突出，人才成为比物质资源、金融资源更为紧缺的资源，人才国际竞争力也已成为衡量一个国家国际竞争力的重要指标。随着国际人才从发达国家返迁至祖（籍）国逐渐成为一种新的国际迁移趋势，人才回流这一现象也引起学者们的广泛关注。在人才回流的现状、影响人才回流的因素、吸引人才回流的政策以及人才回流的国际经验比较等方面，学者们在理论和现实层面上都取得了丰硕的成果。

一　人才回流规模及特征

改革开放以来，国家大力发展教育事业，国民整体受教育水平显著提高，劳动力素质也大幅度提高，16 岁及以上人口的平均受教育年限从 1982 年的 5.3 年上升至 2007 年的 8.4 年，提高了 3.1 年。近年来，受高校扩招和各种成人教育迅速发展的影响，我国大专及以上受教育程度的人口数量迅

---

① Yang, D., "Why Do Migrants Return to Poor Countries? Evidence from Philippine Migrants' Responses to Exchange Rate Shocks," *The Review of Economics and Statistics* 88 (2006): 715 – 735.

② Constant, A., Massey, D. S., "Self-selection, Earnings, and Out-migration: A Longitudinal Study of Immigrants to Germany," *J Popul Econ* 16 (2003): 631 – 653.

速增加。2007 年底，我国总人口中具有大专及以上受教育程度的人口占6.2%，比 1982 年的 0.6% 增加了 5.6 个百分点。受过高等教育的人口比重也快速增加，1982～2007 年的 25 年间，具有大专及以上受教育程度的人口占总人口的比重从 0.6% 上升至 6.2%，年均增加 9.7 个百分点[①]。由此可见，21 世纪以来，我国人力资源总量大幅度增加，国家科技部调研室主任胥和平曾经在一次报告中指出，"2007 年，我国科技人力资源总量约为 3500万人，居世界第一位，我国已成为名副其实的科技人力资源大国"[②]。2008年，由中国科学技术学会发布的《中国科技人力资源发展研究报告》公布了如下数据：当前中国科技人力资源总量已达 4246 万人，略高于美国的4200 万人，低于欧盟的 5400 万人，中国已经成为国际上科技人力资源第一大国[③]。这些骄人的数据似乎令国人甚感欣慰，但人力资源大国并非意味着我国为成为人才资源大国。根据《人才国际竞争力：探寻中国的方位》一书中的人才国际竞争力指标体系的测算方法，在 2006 年全球人才综合竞争力排名中，美国以 0.550 的人才综合指数位居全球第一，中国以 0.327 的人才综合指数位居第 25，落后于美国 0.223，落后于同处亚洲地区的新加坡0.141，落后于日本 0.109，在参与全球人才国际竞争力排名的 58 个国家中处于中等水平[④]。虽然目前我国经济总量已跻身世界前列，经济增长速度也处于世界领先水平，但人才国际竞争力不强将对我国未来经济的可持续发展产生负面的影响，这一现象应该引起我国的高度重视[⑤]。

为了快速提高我国人才国际竞争力，吸引海外人才回国创业、工作是个有效且重要的捷径。尽管 21 世纪以来我国回流海外人才数量逐年增长，但孙健通过对改革开放以来历年留学生出国和回国数量的分析认为，我国人才

---

① 国家统计局：《改革开放 30 年人口素质全面提高就业人员成倍增加》，http：//www.gov.cn/gzdt/2008 - 11/03/content_ 1138587. htm，2008 年 11 月 3 日。
② 杨健：《中国科技人力资源已居世界第一》，《人民日报》2009 年 1 月 9 日，第 5 版。
③ 中国科学技术协会中国科学技术协会调研宣传部：《中国科技人力资源发展研究报告》，2008。
④ 倪鹏飞：《人才国际竞争力：探寻中国的方位》，社会科学文献出版社，2010，第 139 页。
⑤ 潘晨光：《中国人才发展报告 NO.3》，社会科学文献出版社，2006，第 29 页。

回流的增加幅度和增长速度远不及人才外流的增加幅度和增长速度，两者差距越来越大，由此孙健认为我国海外人才回流的现状仍不容乐观，人才流失现象十分严重①。

根据教育部统计数据，截至 2009 年底，以留学生身份出国在外未归的留学人员有 112.34 万人，除去 82.29 万人正在国外进行专科、本科、硕士和博士等阶段的学习以及从事博士后研究或学术访问的留学人员，仍有近 30 万名留学人员滞留海外未归，他们其中一部分可能已取得国外长期或永久居留证成为华侨，或已加入外国国籍成为外籍华人。他们是我国丰富的可供引进的人才资源②，并且华侨和外籍华人中的高层次、创新型人才也是我国社会、经济发展过程中亟须引进的人才③。但由于华侨和外籍华人的回流行为十分复杂，在实际研究中很难收集到历年华侨和外籍华人回国的详细准确的数据资料，学者们更多的利用地方出入境管理部门或侨务部门的有关统计数据进行分析和推断。上海市人民政府侨务办公室和华东师范大学人口研究所课题组通过对 1996～2005 年来沪定居的华侨进行抽样调查发现，自 20 世纪 90 年代末以来，回沪定居的华侨数量逐年增加，21 世纪后增长速度也逐渐加快④；据浙江省公安厅出入境管理局的统计数据，2003～2007 年华侨回国定居的数量逐年增长，2003 年经有关部门批准回浙定居的华侨为 7 人，2007 年已增长至 2324 人，年均增长 327%⑤。但居民以出国定居为由领取护照的数量仍高于华侨回国定居的数量，2007 年浙江省内出国定居的人数为

① 孙健、朱雨顺、纪建悦：《我国海外人才回流的动因分析》，《人才资源开发》2005 年第 3 期，第 6～7 页。
② 林勇：《国际人才竞争与我国海外华人高层次人才战略》，《八桂侨刊》2004 年第 4 期，第 22～24 页。
③ 刘祖华：《金融海啸危中有机，积极谨慎"抄底人才"》，《中国人事报》2009 年 2 月 20 日，第 6 版。
④ 上海市人民政府侨务办公室/华东师范大学人口研究所课题组：《近年来沪定居的新归侨现状及工作对策研究》，http://www.chinaqw.com/zgqj/qkjc_qwgzy/200712/17/99356.shtml，2007 年 12 月 17 日。
⑤ 季安照、袁靖华：《当前浙江华侨回国定居现象探析》，《华侨华人历史研究》2008 年第 2 期，第 25～31 页。

6337 人，是同年回国定居华侨数量的 2.7 倍。由此可见，无论是增长幅度还是增长速度，海外人才回流群体仍抵不过出国大军。

　　由于回流海外人才存量对今后中国经济、科技和文化等方面的发展有重要影响，对中国在国际上的影响力也具有重要意义，因此学者们不仅高度关注目前海外人才回流现状，他们也极为关注海外人才未来回流趋势。2011 年上海年鉴统计数据显示，我国留学回国人员数量增速较快，2009 年末已有 9 万多人，据骆克任和何亚平预测，目前回流至上海的海外人才数量正以三次多项式模型高速增加，到 2015 年末，除去回流到外资企业的海外人才，回流至上海的海外人才总量可达到 18.29 万余人，若包括回流到外资企业的海外人才，则可达到 24.30 万人①。上海作为我国最大的城市和全国经济发展中心，创业环境较好，就业机会较多，业已成为海外人才回国的首选城市之一。回流至上海的海外人才中不仅包括出国前户籍所在地为上海的人才，也包括出国前户籍所在地为其他城市的人才，因此相比国内其他城市，回流至上海的海外人才数量必然较多，回流趋势也较为乐观。但从全国整体回流趋势来分析，张榉榉以中国统计年鉴中 1974~2006 年留学生出国和回国数量为分析依据，利用时间序列的分析方法，对回国人数和出国人数进行三年短期预测，在此基础上预测未来三年我国人才的流失量，结果表明人才流失量呈现逐年扩大的趋势，我国海外人才流失问题较为严重，未来发展形势也很严峻②。

　　从已回流的海外人才的社会人口学特征来看，早期归国留学人员年龄偏高、正副教授比例高、学历较高、工资收入偏低③、性别比偏高④，自 21 世

---

①　骆克任、何亚平：《海外人才回流规模的预测及引进策略的若干思考》，《上海交通大学学报》（哲学社会科学版）2005 年第 13 期，第 48~52 页。

②　张榉榉：《我国人才集聚的理论分析与实证研究》，博士学位论文，首都经济贸易大学，2009，第 29 页。

③　中共福建师大党委统战部：《福建师大归国留学人员基本情况及思考》，《福建省社会主义学院学报》2004 年第 1 期，第 14~17 页。

④　张秀明：《改革开放以来留学生的回归及处境，根据归国留学生问卷调查的分析》，《华侨华人历史研究》1999 年第 2 期，第 50~62 页。骆克任、何亚平：《海外回流人才基本状况的调查》，《社会》2003 年第 12 期，第 33~35 页。

纪以来，回流海外人才性别比趋于均衡，年龄较往年呈低龄化趋势，学历层次有所下降，专业上更为多元化①。

二　人才回流意愿、动因及影响因素研究

早在新中国成立初期，我国著名科学家钱学森欲回国投身新中国建设，对于这样一位重量级的海外人才，美国国防部海军次长金贝尔通知司法部："决不能放走钱学森，他知道的太多了，我宁可把这家伙枪毙了，也不让他离开美国，因为无论在哪里，他都抵得上五个师。"60 多年后，已进入 21世纪的今天，我国海外人才的回流潮也引起了海外学者的广泛关注和担忧。美国杜克大学 Vivek Wadhwa 教授于 2009 年在美国对华裔和印裔学生以及技术人员的调查显示，越来越多的人才决定返回他们的出生地或者他们父母的出生地，美国的创新能力由此会下降，在另外一项对 1200 多名已被美国大学录取的外国学生进行的类似调查中，只有 10% 的中国学生表示愿意长期留在美国②。

1999 年，王震宇与日本筑波大学合作对国内 1000 多名归国留学人员进行研究。研究结果显示，有 80.6% 的中国海外留学人员有回国的意愿，其中包括准备在 5 年之内回国、5~10 年回国和 10 年以后回国三种打算③。有回国意愿，并不意味着他们肯定会回国，但至少表明回国发展已经成为广大海外人才的共识。21 世纪以来，回国发展已成为许多中国海外留学生的第一选择，"吸引他们回国的主要原因是中国快速发展的经济建设、日益开放与改善的投资环境、正在逐步形成的新的激励机制和信息网络，以及建立与高科技开发配套运作的服务体系"。国外就业市场的低迷也是促

---

① 崔源：《我国海外人才回流现状、问题及对策研究》，硕士学位论文，山东大学，2010，第 97 页。

② Wadhwa, V., "Why Immigrant Entrepreneurs Are Leaving the U. S. – BusinessWeek", http://www.businessweek.com/smallbiz/content/apr2011/sb20110427_111253.htm, 2011 – 4 – 27.

③ 王辉长：《留学人员最新动向调查》，《神州学人》2001 年第 2 期，第 8~15 页。

使中国留学生回国的主要因素，在很多海外人才眼中，中国已成为巨大市场的代名词，回国创业是其主要目的①。此外，在外籍华人尤其是华人第一代移民中还掀起了一股回国买房的热潮，他们大多已经退休，出于对故土生活的向往和文化的认同而回国，由此可见落叶归根型回流群体数量也较多，且多为退休人员。

　　关于影响海外人才回流与否的原因，从经典的推拉理论视角来分析，在"推"力方面，20世纪90年代国内对留学生和知识分子的重视程度是影响当时留学生是否回国的主要因素，国内外收入水平的差距对留学生最终的回流抉择也有重要影响。王辉耀将影响海外人才回流的推力因素主要分为七个方面：政治、政策、经济、人文、服务、生活和学术②。总结来看，即政治环境、经济环境、社会环境和学术环境四个方面。在"拉"力方面，经济和科技因素是影响海外人才回流的主要因素，这是国内外学者研究得出的共识。Barrientos对发展中国家的研究也证实了这一点，发达国家的高收入和低失业率会在人才的回流抉择中产生较大的拉力作用③；此外，高层次人才对税率较为敏感，当祖（籍）国赋税过高时他们返迁的概率不高④，不同国家的货币购买力以及真实的汇率差额也会在很大程度上影响人才的回流行为⑤。我国学者较多的利用统计部门公布的历年出国留学人数、回国人数、科研投入、教育投入、人均GDP、高科技产业发展指数等变量进行回归分析。结果显示，当人均GDP增加、科技投入力度加大、海外人才集中部门的工资增长、教育事业和国内高新技术产业快速发展时，我国人才回流数量

---

① 王晓莺：《海外华人专业人才回流态势》，《人才开发》2004年第1期，第31~33页。
② 王辉耀：《人才战争》，中信出版社，2009，第97页。
③ Barrientos, P., "Analysis of International Migration and its Impacts on Developing Countries," *Development Research Working Paper Series*12 (2007): 1-29.
④ Bucovetsky, S., "Efficient Migration and Income Tax Competition," *Journal of Public Economic Theory*5 (2003): 249-278.
⑤ Agiomirgianakis, G. M., "Monetary Policy Games and International Migration of Labor in Interdependent Economies," *Journal of Macroeconomics* 20 (1998): 243-266.

也随之增长①。Adda 认为回国和留在居住国两者之间的效用差，是海外人才决定是否回流时考虑的主要因素②。回流还可能源于人们对祖（籍）国的消费有较高的偏好，或者是因为外币在祖（籍）国有较高的购买力从而可以提高个人效用水平③。

此外，学者们在分析人才回流的影响因素时，也认识到除了大环境的经济、政策因素，其个人特征，比如年龄、性别、婚姻状况，以及家庭特征，比如配偶回流意愿、孩子年龄、求学状况等都会影响海外人才最终的回流抉择④。然而，这些对海外人才回流制约的微观因素的剖析，一方面仅仅基于对已有数据的简单描述分析，另一方面数据多来源于小范围调查，对海外人才大范围翔实的调查较为缺乏，分析结果的普适性尚需验证。

三　吸引人才回流的对策研究

由于回国创业是我国海外人才回国的主要目的⑤，因此如何扶持海外人才回国创业是学者较为关注的问题。宋卫国等人对此提出七大建议，从政府层面到社会层面均应为海外人才回国创业提供帮助，比如政府可以加大对海外人才回国创业者的投资，改善融资环境、建立切实有效的融资渠道，还应

① 中国海洋大学课题组：《我国海外人才回流的动因分析》，《软科学》2004 年第 5 期，第 58～60 页。周桂荣、刘宁：《吸引人才资源回流的经济与科技因素》，《天津财经学院学报》2006 年第 2 期，第 71～75 页。林琳、孟舒：《中国智力回流动因的实证检验》，《统计与决策》2009 年第 17 期，第 94～95 页。王玉婷：《我国人才回流动因分析》，《人力资源管理（学术版）》2010 年第 4 期，第 44 页。

② Adda, J., Dustmann, C., Mestres, J., "A dynamic Model of Return Migration," *IZA Ninth Summer School Paper* (2006): 1－18.

③ Dustmann, C., et al., "Eturn Migration, Human Capital Accumulation and the Brain Drain," *Journal of Development Economics*95 (2011): 58－67.

④ 复印报刊资料编辑部：《图书评介》，中国人民大学书报资料社，1999，第 90 页。陈昌贵、阎月勤：《我国留学人员回归原因与发挥作用状况的调查报告（一）》，《黑龙江高教研究》2000 年第 5 期，第 13～18 页。陈昌贵、阎月勤：《我国留学人员回归原因与发挥作用状况的调查报告（二）》，《黑龙江高教研究》2000 年第 6 期，第 13～19 页。

⑤ 王晓莺：《海外华人专业人才回流态势》，《人才开发》2004 年第 1 期，第 31～33 页。

加强和海外人才出入境有关部门间的合作和信息互通，加强对留学人员国际流动的统计监测从而为政府宏观决策提供数据支持；社会中可以成立一个以解决海外人才回国创业问题为宗旨的民间中介服务机构，从而为他们提供法律、人才招聘等专业服务和咨询工作①，帮助他们更好地适应国内创业环境，提高创业成功率。

在已回流的海外人才或意愿回国的海外人才群体中，为创业回国的只是其中一部分群体，还有大部分海外人才为了将在国外所学习的先进知识和工作经验带回国内，寻求个人发展而回国，这些人才也是我国亟须引进的，如何吸引更多的人才回国成为学术界讨论的焦点。孙健是我国最早通过定量方法对海外人才回流问题进行研究的学者，他将改革开放以来历年学成回国人数与经济因素、科技因素、高等教育发展因素和政策因素进行回归分析，结果显示科技因素、经济因素和教育因素对我国海外人才回流具有显著影响，因此他认为为吸引更多的海外人才回国，应加强科技人文环境和经济环境的建设和完善②。此后，关于海外人才回流问题的研究方法逐渐从以定性分析为主转向定性分析和定量分析平分秋色，但无论采用何种研究方法，从经济、科技和人文环境入手吸引人才回流是众学者达成的共识。

由于国内学术界对海外人才没有一个规范统一的界定，《中国统计年鉴》和《中国教育年鉴》中公布的统计数据也仅为出国留学人数和留学回国人数，但实际回流的海外人才中，不仅包含留学回国人员，也包括已获得居住国长期或永久居留权的华侨，以及已加入外国国籍的外籍华人。身份不同，海外人才在回流决策中考虑的因素也会有所差异，首要的是国籍对回流行为的实现以及回国后在国内权益的影响问题，因此在王辉耀总结的十大战

---

① 宋卫国：《对我国扶持海外人才回国创业的政策建议》，《决策咨询通讯》2004 年第 15 期，第 35 ~ 36 页。

② 孙健、朱雨顺、纪建悦：《我国海外人才回流的动因分析》，《人才资源开发》2005 年第 3 期，第 6 ~ 7 页。

略中一项很重要的战略即双重国籍战略①。为了吸引本国人才回流，世界上很多国家都已承认或默认海外人才的双重国籍，其中又以发展中国家居多，比如印度、越南、巴西、墨西哥等国家，而中国于 1980 年公布的《国籍法》就已明确规定："中华人民共和国不承认中国公民具有双重国籍。""定居外国的中国公民，自愿加入或取得外国国籍的，即自动丧失中国国籍。"这无疑影响了部分海外人才，特别是外籍华人回祖籍国发展。虽然 2003 年我国外交部和公安部曾出台了"中国绿卡"，但它主要发给已经回到中国的专家，作为对其贡献的认可，与国外绿卡相比仍有所差异。随着外籍华人回中国的数量越来越多，双重国籍问题成为学者们争论的热点。杨诚从法律的角度进行探讨，认为我国在立法上应承认双重国籍②。第十一届全国人民代表大会第五次会议和政协第十一届全国委员会第五次会议中，全国政协委员、农工党中央常委、华东师范大学博导叶建农教授在小组讨论中也就双重国籍问题提出了他的看法，"我国要么使之合法化，要么就要认真监管，按照《国籍法》严格'堵死'这种现象，'以维护法律的严肃性'"③。石凯等学者认为创业平台的搭建和创业环境的完善固然重要，吸引人才回流还应上升至法律的高度，应制定"回国留学人员权益保障法"逐步取代政策层面的优惠政策④。

四　人才回流的国际经验研究

在吸引人才回流的国际经验中，"亚洲四小龙"最具有发言权，他们都曾经历人才从流失到回归的过程，各自都针对本国或本地区的特征采取了一

---

① 王辉耀：《人才战争》，中信出版社，2009，第 289 页。
② 杨诚：《吸引海外留学人才的政策与法律探讨》，《太平洋学报》2009 年第 1 期，第 52 ~ 60 页。
③ 王海亮：《政协委员叶建农："双重国籍没人管"成潜规则》，http：//www.chinanews.com/ gn/2012/03 - 09/3729710.shtml，2012 年 3 月 9 日。
④ 石凯、胡伟：《海外科技人才回流动因，规律与引进策略研究》，《中国人力资源开发》2006 年第 2 期，第 23 ~ 26 页。

系列的政策措施吸引人才回流。新加坡这个曾经被联合国认为无法存活的国家经过三十年的辛勤建设昂首跨入较发达国家的行列，其中海外优秀人才功不可没。崔志鹰认为，新加坡从建立吸纳海外人才的专门机构、营造适合海外人才发展的工作环境，至放宽移民政策吸引人才定居付出了诸多努力，其成果令世界惊叹①。在韩国的建设与发展历程中，也曾尝人才外流之苦，得人才回归之益。面对科技人才供不应求的困难局面，韩国制定实施的吸引人才回归政策为其吸引了大量人才回流。刘昌明从科技发展的角度对韩国人才外流与回国现象进行解读，发现建立吸引人才平台、制定科技计划、建设科研基地、推进国际合作、注重科技奖励等措施都极大地激励着海外人才回国并努力工作②。在此基础上，刘昌明和陈昌贵还认为，吸引人才回流要树立打持久战的思想，不能急于求成，更不能以是否回国论成败；新加坡、韩国的高薪政策不符合中国国情，唯有加快经济高速发展才是正确的战略对策；练好内功，创造人才的发展机遇与成才环境是我国吸引人才的关键；在人才管理中要坚持民主宽松的原则和来去自由的方针，为解除海外人才对回国后再难出国的担忧，要确保来去自由③。此外，还有学者采用归纳分析的方法，对世界主要国家或地区人才引进策略进行比较，总结归纳了国外引进人才的九大策略④。

如果说由于地域、文化的差异，国际上其他国家吸引人才回流的政策措施于我国操作性不强，那么我国台湾地区与大陆空间地理距离近，均深受中国传统文化影响，虽然经济发展程度有差别，但在人才竞争中所处的国际环境类似，所吸引的对象也都是海外华人人才群体，其经验

---

① 《如何吸引海外人才（二）新加坡吸引海外人才的经验》，《上海微型计算机》2000年第27期，第24页。
② 刘昌明：《韩国是怎样吸引海外人才回国服务的——从科技发展的角度解读韩国的人才外流与回归现象》，《国际人才交流》2004年第7期，第54~56页。
③ 刘昌明、陈昌贵：《韩国人才回流的社会成因及启示》，《高等教育研究》1996年第17期，第77~84页。
④ 李建钟：《国外吸引人才的主要策略》，《中国人事报》2009年第1期。

与教训更值得借鉴。通过对台湾地区吸引人才回流政策的梳理，曾建权总结台湾的政策措施主要包括四个方面：设立专门机构服务并招揽海外人才；制定完善政策法规，为回流人才提供优惠条件；建立科技工业园区，吸引人才回流；加强人才交流①。刘权和董英华还就大陆与台湾吸引人才回流的政策措施进行比较分析，建议大陆可以吸取台湾的经验与教训，改变对人才判断和使用方面的陈旧理念，营造良好的研究工作环境，从整体上改善海外人才回归条件，若将各部分、各地区自建的海外人才数据库整合统筹管理，实现人才信息共享将大大提高吸引人才回流工作的效率②。

第三节　人才回流后社会适应的国内外研究进展

"社会适应"一词最早由著名心理学家和社会学家赫伯特·斯宾塞提出，他认为社会适应是个体为了适应社会生活环境而调整自己行为习惯或态度的过程，通常表现为顺应、自制、遵从、服从、同化等适应方式③。《社会学词典》中对"社会适应"的解释与赫伯特·斯宾塞的界定较为类似：个人和群体调整自己的行为使其适应所处社会环境的过程为社会适应④。按照适应的内容，社会适应可以分为文化适应、职业适应、学校适应与学习适应、人际关系适应和心理适应等类型⑤。

具体到海外人才回国后的社会适应，当出国人员初至异国他乡、置身于异国不同的文化环境中时，会经历文化冲击，当经过一段时间适应了异国文

---

① 曾建权：《台湾地区对海外留学人才的开发策略与启示》，《特区经济》2006 年第 5 期，第 248～249 页。
② 刘权、董英华：《祖国大陆与台湾吸引海外华人人才措施之比较》，《华侨华人历史研究》 2003 年第 1 期，第 16～23 页。
③ 杨善华、谢立中：《西方社会学理论》，北京大学出版社，2006，第 269 页。
④ 王康：《社会学词典》，山东人民出版社，1988，第 157 页。
⑤ 杨彦平：《社会适应心理学》，上海社会科学院出版社，2010，第 216 页。

化后，回到祖国时，往往出现文化上的逆向冲击和对自己本国生活和文化的种种不适应，也即出现重返文化休克。因此，海外人才回国后的社会适应更多地表现为社会文化上的适应，或者称为对母文化的再适应。

文化适应概念最早由美国人类学家 Red Field、Ralf Linton 和 Melville Herskovits 等人于 1936 年提出。他们起草和发表了《文化适应研究备忘录》，在这个备忘录中第一次对文化适应的概念做了比较明确的解释："文化适应是指两种不同文化的群体在连续接触的过程中所导致的文化模式的变化。"[①] 文化适应主要是针对两种及以上的文化，是移民对新文化内涵的理解过程，是文化的融入或同化过程。

对于社会适应，国内外将研究对象主要分为三个方面。

1. 国内移民的社会适应

将移民分为非自愿移民和自愿移民之后，叶继红和吴帅琴对非自愿移民的社会适应做了研究。叶继红研究了城郊失地农民的社会适应问题[②]，指出农民移至城市后社会适应主要表现在就业适应、制度适应和观念适应三个方面，并且具有整体性、差异性、过渡性和可塑性的特点。吴帅琴以湖南省一个移民安置村为例，从价值观、语言、生活方式、社会网络和生产方式五个方面研究三峡农村外迁移民的社会适应状况[③]。关于自愿移民的社会适应，梁飞和雷丹从文化社会学视角出发，研究农民工在城市的文化过程，结果发现农民工在城市文化适应过程中在生活方式、思维方式、人际交往等方面遇到困境，这些困境主要由城乡文化差距、文化堕距、文化震惊、认知差异等原因引起[④]。陆芳萍从社会性别视角出发研究了上海市女性劳动力移民在

---

①　Redfield, R., Linton, R., Herskovits, M. J., "Memorandum for the Study of Acculturation," *American Anthropologist* 38 (1936): 149 – 152.

②　叶继红：《城郊失地农民的集中居住与移民文化适应》，《思想战线》2010 年第 2 期，第 61 ~ 65 页。

③　吴帅琴：《三峡农村外迁移民文化适应研究》，硕士学位论文，山东大学，2007，第 53 页。

④　梁飞、雷丹：《城市农民工文化适应问题探析》，《中国 – 东盟博览》2011 年第 1 期，第 94 ~ 96 页。

城市的社会适应过程，发现女性劳动力移民的社会适应具有低期待值下的生存适应、复杂性和处于结构劣势和边缘处境等特点①。王培鑫研究了返乡青年农民工的社会适应状况，研究表明在金融危机影响下，青年农民工返乡后在物质生活、社会生活和精神生活层面均出现了不同程度的不适应问题②。

弱势群体的社会适应状况也备受学者们关注。李珊对大连农村移民城市老人的社会适应情况进行了研究，结果表明受教育程度和参与社区互动的频率是影响农村移居老年人社会适应的主要客观因素，而地区归属感和生活满意度是影响移居农村老人社会适应的主要主观因素③。农民工子女进城后受户籍制度、教育资源有限等因素的影响，也属于城市中的弱势群体。通过对农民工子女进城后，在城市学校课堂文化适应过程的研究，查啸虎和黄育文认为进城农民工子女之所以难以适应城市学校的课堂文化，主要受原有乡村课堂文化等诸多因素的影响，甚至两者之间还会发生冲突，主要表现在价值倾向、符号体系、规范意识和教学行为等层面④。冯帮也关注流动儿童的城市社会适应研究，基于社会排斥的分析视角，发现流动儿童城市社会适应难主要表现在前期语言交流困难和风俗习惯差异两方面⑤。

青少年和在校学生进入社会的适应状况也备受学者们关注。李树娜对上海市中学生的调查分析结果表明：上海市中学生的社会适应状况在中等水平；性别差异显著；年纪差异显著；社会适应水平与学习成绩呈正相关关系⑥。

---

① 陆芳萍：《上海市女性劳动力移民的社会适应过程研究》，硕士学位论文，华东师范大学，2005，第93页。
② 王培鑫：《返乡青年农民工的文化适应研究》，硕士学位论文，安徽大学，2010，第57页。
③ 李珊：《农村移居老年人的社会适应及其影响因素探析》，《安徽农业科学》2011年第13期，第8107~8108页。
④ 查啸虎、黄育文：《从冲突到融合：进城农民工子女的课堂文化适应研究》，《教育科学研究》2011年第1期，第27~30页。
⑤ 冯帮：《流动儿童的城市文化适应研究——基于社会排斥的分析视角》，《现代教育管理》2011年第5期，第17~21页。
⑥ 李树娜：《上海市中学生社会适应状况调查与分析》，《上海教育科研》2011年第5期，第40~43页。

2. 跨国移民的社会适应

关于国际移民的社会适应，学术界的研究主要针对两类人群：移居海外的华人华侨、留学生和在我国工作、生活和学习的外国人。关于跨国移民的社会适应问题早在 20 世纪中期西方学者即展开了研究，Lysgaard 通过对挪威人在美国的社会适应过程研究提出了跨文化适应的 U 形曲线：在刚出国的前 6 个月里移民在当地的社会适应过程是轻松而容易的，感觉到适应困难和心情不佳主要发生在之后的 6~18 个月里，当经历了 18 个月的适应期后，社会适应显得相对容易些[①]。在我国，由于我国海外华侨和外籍华人数量逐渐增多，关于他们在当地的社会适应和生活状况才逐渐引起我国学者们的兴趣。郑雪和美国学者 Beny 通过对居住在加拿大的中国学生和访问学者（他们来自中国内地和中国香港）、加拿大籍华人、居住在中国的中国学生、学者以及加拿大其他国家移民四个群体进行比较分析，结果表明与加拿大其他国家移民和加拿大籍华人相比，居住在加拿大的中国学生和访问学者会遇到语言、人际交往等方面的问题，他们遇到的心理适应问题也最多[②]；陈向明在关于中国留学生在美国适应问题的研究中，主要在美国人际交往中基本原则、情绪倾向、理想形态、自我评价和对个体文化身份影响等方面探讨了中国留学生在美国的社会适应问题，指出中国留学生在美国的人际交往需要经历自我适应、自我超越和自我重新定位的过程[③]；印度尼西亚也是我国外籍华人聚集较多的国家之一，陈秀容通过分析近 30 年印尼华人适应印尼文化、融入当地主流社会的过程，指出当地政府对待印尼华人的政策是影响他们社会适应的重要因素[④]；

---

① Lysgaand, S., "Adjustment in a Foreign Society: Norwegian Fulbright Grantees Visiting the United States," *International Social Science Bulletin* (1955): 76–79.

② Zheng, X., Berry, J.W., "Psychological Adaptation of Chinese Sojourners in Canada," *International Journal of Psychology* 26 (1991): 451–470.

③ 陈向明：《旅居者和"外国人"：留美中国学生跨文化人际交往研究》，湖南教育出版社，1998，第 248 页。

④ 陈秀容：《近三十年印尼华人族群文化适应初探》，《人文地理》1999 年第 3 期，第 56~60 页。

徐光兴通过对中国学生在日本的社会适应研究，探讨中国留学生的心理健康与援助方式①；暨南大学的曹云华教授认为，东南亚华人的文化适应需经历两个阶段，即初级阶段的文化适应和高级阶段的文化适应，前者是指华人基于生存环境的变化而不得不做出调整与改变，这些和同化没有必然的关联，完全是适者生存的生存法则使然，主要体现在语言、生活方式以及跨民族的人际关系与人际交往等方面；而后者主要是指华人对本民族文化和价值体系的部分或全部放弃，表现出不同程度的同化或融合现象②；阎琨以跨文化的角度从文化、社会生活和就业移民的状况研究了中国留学生在美国的跨文化适应情况③。刘莉莎对40名有海外留学经历的中国留学生进行访谈，结果发现大部分调查对象在跨文化适应过程中都经历了"文化休克"，出国年龄、旅居时间、教育背景、外语水平等内部因素和所在留学国家的客观因素共同影响着中国海外留学生在异国的社会适应过程④。

邱婧婧运用定性研究和定量研究相结合的研究方法，对在上海的韩国留学生的跨文化适应状况进行研究，结果表明韩国留学生在我国的社会适应状况总体上较好，影响他们适应的因素主要包括来华动因、自身适应过程中采取的策略和自我效能感等方面⑤。唐洁对厦门市外籍人员生活状况的调查研究表明，外籍人员自身的特点决定了他们对旅居地文化的态度，外因和内因共同影响了外籍人员在旅居地的社会适应结果⑥。

---

① 徐光兴：《跨文化适应的留学生活：中国留学生的心理健康与援助》，上海辞书出版社，2000，第176页。
② 曹云华：《变异与保持：东南亚华人的文化适应》，中国华侨出版社，2001，第211页。
③ 阎琨：《中国留学生在美国状况探析：跨文化适应和挑战》，《清华大学教育研究》2011年第2期，第100~109页。
④ 刘莉莎：《中国海外留学生跨文化适应研究》，硕士学位论文，辽宁师范大学，2008，第106页。
⑤ 邱婧婧：《韩国人在华的跨文化沟通与适应》，硕士学位论文，华东师范大学，2011，第53页。
⑥ 唐洁：《在中国城市生活的外籍旅居者：生活状况，文化适应及社会互动研究》，硕士学位论文，厦门大学，2009，第131页。

3. 国际移民回祖（籍）国后的社会适应

对于国际移民回祖（籍）国后的社会适应研究较早就在西方社会发展起来。早在 20 世纪 60 年代，通过对 5300 名回国学生的调查和访谈，Gullahorn① 认为回国后的社会适应模式与 Lysgaard② 提出的跨国社会适应的 U 形曲线很相似，并将跨国适应和归国适应结合，提出 "W 曲线" 假说。在此基础上，Rhinesmith 又提出了完整的、不同文化间社会适应循环的十个阶段③。除了理论研究之外，学者们对国际移民在回流后社会不适应的方面和具体遇到的问题也极为关注。利用定性研究的手段对 157 个具有海外学习经历的学生进行访谈后，Gleason 发现他们回国后在社会适应过程中遇到的问题主要表现在经济、学业、择业、人际关系和个人身份认同等方面④。Gama 和 Pedersen 分两次对 31 位巴西学者进行访谈，这些学者都有在美国完成研究生阶段学习的经历，两次访谈间隔 16 个月，研究结果表明除了一些价值冲突和缺乏隐私，他们在生活中极少遇到适应障碍，但在工作中适应状况不佳，问题较为严重，比如缺乏新知识的刺激、缺乏研究设备和材料、过度的繁文缛节、缺少时间和机会做研究都是他们反映的在工作中极为不适应的方面⑤。Kidder 通过对 45 位从国外回来的日本大学生进行访谈，发现他们或多或少处于矛盾之中，只因海外经历改变了他们的日常行为、人际交往模式和价值观等方面⑥，而这些改变给他们回国后的社会适应增加了困难。海外华侨和外籍华人的子女或子女的后代在国

---

① Gullahorn, J. T., Gullahorn, J. E., "An Extension of the U-Curve Hypothesis," *Journal of Social Issues* 19 (1963): 33 – 47.

② Lysgaand, S., "Adjustment in a Foreign Society: Norwegian Fulbright Grantees Visiting the United States," *International Social Science Bulletin* (1955): 76 – 79.

③ Rhinesmith, S. H., *Bring Home the World: A Management Guide for Community Leaders of International Exchange Programs* (New York: Walker, 1985), p. 279.

④ Gleason, T. P., "The Overseas-experienced American Adolescent and Patterns of Worldmindedness," *Adolescence* 8 (1973): 481 – 490.

⑤ Gama, E. M. P., Pedersen, P., "Readjustment Problems of Brazilian Returnees from Graduate Studies in the United States," *International Journal of Intercultural Relations* 1 (1977): 46 – 59.

⑥ Kidder, L. H., "Requirements for Being 'Japanese': Stories of Returnees," *International Journal of Intercultural Relations* 16 (1992): 383 – 393.

外出生后多可取得居住国国籍或永久居留权，按有关部门规定，他们在习惯上被称为海外华裔，取得外国国籍的海外华裔按国籍法规定为外籍人士，他们回祖籍国后的社会适应问题也备受关注。文峰对海外华裔青年来华留学的社会适应进行研究发现，其社会适应过程表现为多样性，对不同方面适应问题的反应也具有多样性的特点，但他们对中华文化不仅表示认同，还有一定的责任感①。

关于社会适应和海外人才回国后社会适应之间的关系，国外学者中主要存在三种争论。有的学者认为社会适应的内容和过程不因研究对象而有所差异，也就是说无论是国际移民的跨文化社会适应，还是海外人才回国后的社会适应，抑或是国内移民在不同地域迁移后的适应，三者社会适应的内容和过程是一样的；有的学者强调文化适应和其他社会适应的不同，对于海外人才而言，他们回国和初次出国一样，都是面对一个相对陌生的社会生活环境、面对不同的人际关系模式、面对较为陌生的文化环境，因此持这种观点的学者认为海外人才回国后的社会再适应和跨文化适应没有较大的差异，但应与其他社会适应区别对待②。还有的学者认为海外人才回国后的社会适应内容和适应过程有其特殊性：首先，与出国所面对的跨文化社会适应不同，海外人才回国后不存在语言适应问题；其次，由于国内文化是海外人才出国前所熟悉的母文化，所以多数海外人才回国前过于忽视回国后可能面对的逆向文化冲击，从而在心理和行动上均没有准备，这可能加剧他们回国后社会不适应的心理压力；最后，由于文化的影响是潜移默化的，海外人才回国前多已适应国外的生活和工作方式，当他们没有意识到自己的改变，仍以国外的生活和工作方式看待或处理回国后的事物时，将加大他们回国后的社会适应难度③。

---

① 文峰、周聿峨：《海外华裔青年来华留学的文化适应研究——基于暨南大学个案调查的分析》，《中国青年研究》2009 年第 10 期，第 52～55 页。
② Craig, S. , *Art of Coming Home* (United Kingdom：Nicholas Brealey Intl, 2001), p. 286.
③ Martin, J. N. , "The Intercultural Reentry: Conceptualization and Directions for Future Research," *International Journal of Intercultural Relations*8 (1984): 115 – 134.
Sussman, N. M. , "The Dynamic Nature of Cultural Identity Throughout Cultural Transitions: Why Home is not so Sweet," *Personality and Social Psychology Review*4 (2000): 355 – 373.

纵观国内海外人才回流后社会适应的研究现状，直接相关的文献较少。与"文化适应"、"文化冲击"和"文化休克"相关的文献也以中国留学生在海外的适应和外国留学生在我国的文化适应为主。在已有的几篇关于海外人才回国后社会适应研究的文献中，殷实从心理学角度探究了归国文化冲击对归国留学人员的影响，结果表明归国文化冲击在海归中普遍存在，"海归"和"非海归"相比对祖国文化认同较低，若归国前做好心理准备可以较好地应对归国后的文化冲击[①]，更好地适应国内的生活、工作环境。李晶从传播学的角度研究了海归人员回国后的社会适应问题，指出海归社会再适应的程度与当地的人际交流、当地的社会交流、介入当地大众传播媒介的程度以及个人文化策略的选择相关[②]。总的来说，国内对于海外人才回国后社会再适应的研究角度主要聚集在心理学、传播学和语言学，但是海外人才回国后的社会适应问题还是个社会学问题，我们应该更多地从社会学角度来研究这一现象。

第四节　国内外相关研究评析

综上所述，我们可以看出学者们均已认识到吸引海外人才回流的重要性，并探讨了人才回流的诸多方面。在迁移动因的解释上，以上的分析方法不论是从宏观层面（如结构主义）还是从微观角度（比如新古典主义和移民新经济学），都不同程度地对产生人才回流现象的原因进行了科学的探讨。但每种分析思路都存在一定的不足，比如在发展中国家和发达国家之间的收入差距真实存在时，新古典主义的效用理论很难就人才回流现象给出令人信服的解释；而移民新经济学总让人觉得这些海外人才仅仅被看成"海外薪酬传递者"或是"财务协调员"，很难从分析中看出他们对流出国所起

---

① 殷实：《文化认同与归国文化冲击》，硕士学位论文，华东师范大学，2008，第174页。
② 李晶：《逆向文化冲击中的文化适应》，硕士学位论文，复旦大学，2008，第129页。

的作用和贡献；至于结构主义提到的产业集聚现象有部门和地区的限制，因此在分析全球的人才流动现象时缺乏普适性；跨国主义将人才流动归因于全球化的发展和世界市场的产生，却忽略了个人在迁移行为中的主要决策作用；社会关系网络理论虽接近于社会学分析方法，但对于如何与人口学的研究范式相融合仍缺乏研究。

在分析人才迁移原因时，虽然不得不承认人才流动，归根结底都是追求利益最大化的结果，但是不同身份的群体、不同迁移形式背后的迁移意愿、动因可能不尽相同。人才迁移作为一种个人行为，微观个体的特征常常会对其行为决定产生重要影响，如身份、年龄、受教育程度、婚姻状况、子女状况等都会成为人才迁移或不迁移的原因。而目前学术界，尤其是国内学术界极度缺乏微观个体的调查数据，大多只停留在宏观分析层面，因此如何从人口学的视角解释这些因素就成了理论界亟待解决的问题之一。

对于回流的海外人才而言，传统观念中海外人才在国外"镀金"后归国多少带着"衣锦还乡"的意味。早些年国内市场巨大、发展机会多、回流海外人才数量少，加上政府对海外人才的诸多优惠政策条件，海外人才回国发展似乎比本土人才有着明显的优势；但经历了异国文化的洗礼后，海外人才回国后的社会适应状况不容乐观。有国外研究学者发现，海外人才归国后会出现重返文化休克的情况。随着出国留学人数的激增，回国发展的海外人才数量也不断增加，各年龄层、不同家庭类型、从事不同行业、不同回流动因的海外人才类型也随之增加，那么以上不同的人群在归国后的社会适应是否一样？回国后作为社会的一员，其社会网络对社会再适应有无影响？"海归"对自身的角色定位是否也会影响其社会适应？具有不同人口学特征的群体的社会适应状况是否有区别？上海作为我国国际化大都市，其国际化水平是否会缩短海归们的社会再适应过程？不同的文化距离是否使海归的社会再适应状况也有所不同？这些都有待研究者们去进一步深入探讨。

第二章

中国人才国际流动历程

中国在很长的一段历史时期内，一直处于世界文明的先列，多有外国人来中国学习，少有出国学习者，更没有对外派遣过留学生。直至鸦片战争爆发，中国门户被迫打开，才有了国人走出国门、留学异国的可能。若将 1847 年香港马礼逊学校校长布朗因病回美国，携带容闳、黄胜、黄宽三人赴美留学作为近代中国人留学西方的先河的话，中国留学生史迄今已有 172 年之久①。这一百多年间，中国经历了清政府被推翻、北洋军阀混战、"黄金十年"和抗日战争等历史事件，中国的人才国际流动也走过了风风雨雨的坎坷之路。在不同的历史时期，人才国际流动的背景不同，影响机制也存在差异，体现了我国人才国际流动的演变历程。本章共包含两个部分，第一部分通过概述我国人才国际流动的历史演变和历代关于人才国际流动政策的历史变迁过程，描述了中国近现代人才国际流动的状况。第二部分围绕我国目前人才国际流动的现状，从人才外流和人才回流两个方面展开论述。

---

① 陈潮：《近代留学生》，中华书局，2010，第 283 页。

第一节　中国近现代人才国际流动的历史演变

　　纵观中国 170 多年的留学生史，不同的学者有不同的断代方法。既有研究中有学者按时代变迁将百年留学历程划分为三个主要时期：清朝末年、民国时期和新中国时期。也有学者将清朝末年至今的留学生史，按年代顺序分为十代：第一代为洋务运动初期官派留美学生；第二代为洋务运动中期派出的船政留学生；第三代为甲午战争中国失败背景下，20 世纪初的留日学生；第四代是庚款（庚子赔款）留美生；第五代是留法勤工俭学生；第六代是俄国十月革命胜利后 19 世纪 20 年代的留苏学生；第七代是在 1927～1937 年由南京国民政府向美、英和西欧各国派遣的官费留学生；第八代是指 1938～1948 年赴欧、美的留学生[①]；第九代为 1950～1960 年留苏、欧的留学生；第十代即"文化大革命"之后的留学生。欧美同学会副会长、人才问题专家王耀辉结合前人的断代方法，从大体的和易记的角度，将中国百年留学生分为五代，本书比较赞同王耀辉的划分方法，但从更广泛的角度来看，本书将留学生史主要分为改革开放前的"精英式"留学和改革开放后的"大众化"留学两个大阶段。

一　改革开放前的"精英式"留学

（一）1900 年前出国留学

　　1900 年前出国的留学生主要是 1872 年容闳发起的留美幼童和 1877 年李鸿章和沈葆桢发起的分赴英法深造的海军留欧学生。幼童留美是"中国留学生史创始者"容闳向曾国藩和李鸿章提出选派幼童留学的计划，由曾、李二人联名向清政府上奏。最终在 1872 年，30 名幼童留美正式拉开了中国

---

① 李尚敏、朱芹：《中国近代留学运动的现代启示》，《文史杂志》2007 年第 6 页，第 22～24 页。

近代官费留学活动的帷幕。此后三年间清政府分别派出 30 名 9~15 岁少年赴美留学。但后来随着幼童受西方文化影响出现剪辫、改穿西装、做礼拜、不行跪拜等行为，引起清政府的强烈不满，于 1881 年 9 月开始分三批陆续回国，回国时尚有 3/4 的留学生还在大学和高中学习，仅詹天佑、欧阳赓 2 人最终完成学业，获得学士学位。回国后留学生们分别被派至津沪电报局、福州船政局、江南机器制造局、天津水师、机器厂、医院等地方当差[①]。

海军留欧学生是清政府出于洋务运动的需要，尤其是海军建设的人才需求，在 1877 年、1881 年、1895 年和 1897 年先后派出 94 人分四批分赴英法，学习驾驶、制造、矿业和枪炮鱼雷等专业，但后期因资金缺乏也最终断线。与留美的幼童相比，海军留欧学生有一些新的特点。首先是人员集中、目的明确，主要为建设北洋海军。与容闳到处招募选拔留美幼童相比，留欧的学生全出自当时的福州船政学堂和北洋水师学堂，因回国致力于海军建设，其在海外学习课程的安排也具有针对性。其次是学生基础扎实。留欧学生因来自福州船政学堂和北洋水师学堂，在出国前多是掌握了一定的基础科学知识和基本专业技能的青年，独立生活和学习能力比幼童要强。最后是投资收效快。留美幼童预定学成归来需要 15 年，而留欧生外出留学的期限为 3~6 年，因此留欧的留学生比留美幼童可以更早回国服务[②]。

据统计资料显示，留美幼童和海军留欧学生在甲午战争前结业回国的，共 200 人左右。尽管幼童留美最终夭折，留欧学生后期投入资金不足，但部分留学生回国后对中国后来的政治、军事、造船工业和教育等事业做出了较大的贡献。其中留美幼童中的杰出代表人物有民国政府第一任国务总理、复旦大学创办人唐绍仪，清华大学第一任校长唐国安，北洋大学创办人之一曹绍基，著名铁路工程师詹天佑，著名矿业工程师邝荣光等。留欧学生回国后也成为中国造船工业和海军建设等方面的重要骨干，中国近代翻译大师、资

① 钱钢、胡劲草：《大清留美幼童记》，当代中国出版社，2010，第 69 页。
② 马祖圣：《历年出国/回国科技人员总览：1840~1949》，社会科学文献出版社，2007，第 126 页。

产阶级启蒙思想家严复就是这一时期的赴英留学生。

（二）1900～1927 年留日、庚款留美、留法和早期留苏

1900～1927 年是中国政治发生巨大变革的时期，这期间经历了清朝的衰落、中华民国的兴起，不同的时期留学生外出留学的方向和目的也有所差异。

1895 年中日甲午战争中国战败，举国开始关注日本，发现日本经过明治维新一跃成为强国，并战胜了曾经的"天朝"，这一不争的事实让清王朝上上下下都提出以日本为师，鼓励留学日本，至此中国对外留学出现了新的转向，兴起了一股东渡留日潮。1896 年，清政府派出 13 人赴日进入东京高等师范学院学习，由此拉开了留学日本的序幕。此后，1898 年又有 61 名官派生赴日留学。1903 年，清政府采纳张之洞奉诏拟定的《奖励游学毕业生章程》并公布实施。于是，官费、公费、自费留学生东渡扶桑，络绎不绝，留日运动形成高潮。据统计，从甲午战争到辛亥革命爆发，先后有两万多人赴日留学，是近代历史上出国留学人数最多的一个时期。留日学生在日本学习专业以政治、法律和师范教育为主，因此留日学生回国的贡献主要在政治领域，在清末民主革命的运动中，留日归国留学生们起到了关键作用。

庚款留学源于 1908 年美国退还部分庚子赔款，约 1078 万美元。这部分赔款计划主要用于在中国办高等教育及资助中国学生赴美留学，所以庚款留学的主要流向国家是美国，此外还有少数人留学英国、日本和法国等。根据当时的中美协议，自 1909 年起，最初四年中国每年向美国派遣 100 名留学生，从第五年起，每年至少派出 50 名学生；留学生中 80% 学理工科，20% 学文科。庚款留学前后持续了 30 余年，因为前期对留学生的选拔和在美所修专业规定得严格，该项目为中国造就了近 2000 名素质出众、贡献出色的留学生，并直接促成了著名大学——清华大学的成立。20 世纪 20～30 年代，庚款留美学生大量回国，其中 1/3 的人投身教育事业，或出任高校校长或从事教学科研，如清华大学校长梅贻琦、浙江大学校长竺可桢、厦门大学校长萨本栋等。其余庚款留美学生许多成为中国现代科技事业的开拓者和学科奠基人、学术栋梁。

留法勤工俭学的学生很多是由于马克思主义在中国的传播和新型政党在中国的建立，主要流向是法国、俄国等。1915 年，中国知识界一些曾经外出留学的教育家和政治家为了振兴中国的科学技术，鼓励青年向西方学习，提倡"勤以做工、俭以求学"，发起成立"留法勤工俭学会"，在里昂、北京等地设立分会，招寻自愿赴法求学的青年。截至 1920 年，赴法求学人数已达 1600 人，逐步形成全国性潮流，这些留学生回国后为中国的政治、科技、文化、艺术各项事业的发展做出了重大贡献。比如周恩来、邓小平、陈毅、聂荣臻、李立三等都是 1920 年左右赴法勤工俭学，童第周、巴金、徐悲鸿、钱三强、冼星海等著名科学家、艺术家都在留法大潮期间在法国学习和工作过。

早期留苏学生出国的时间和背景与留法学生类似，俄国十月革命胜利后，1919 年成立的第三共产国际于 1920 年决定建立莫斯科东方大学，招生对象是苏联远东各少数民族和亚洲各国的革命青年。中国国内一些先进青年受俄国十月革命影响，纷纷慕名去俄国学习。瞿秋白、刘少奇、任弼时等即首批去东方大学学习的留学生。此后，东方大学中国部改名为中山大学，也接收了大批有志青年学习，刘伯坚、蒋经国、朱德、邓小平等都曾在中山大学求学。截至 1930 年中山大学关闭为止，留学生总数在千人以上。

从历史来看，1900～1927 年留日、庚款留美、留法和早期留苏的留学生在中国近代史上产生了不可磨灭的影响，很多人成为推动中国政治发展的核心人物，也成为后来中共领导革命战争的支柱力量。绝大部分留学生成为优秀的文学家和艺术家，为中国文化事业的发展做出了巨大贡献。

（三） 1928～1949 年赴欧、美留学

1927 年国民政府定都南京以后，中央和地方政府仍然继续向美、英和西欧各国派遣官费留学生，每年有 100 人左右，最多时每年达千人，自费留学的人数也日益增长。除清华大学继续选派庚款留美生外，英、法所退部分庚款和一些慈善机构的支持也有利于中国留学潮保持不衰。由于二战后交通不便，很多人毕业后留在国外长期工作。据原高教部统计，到 1950 年滞留在各国的留学生和学者有 5000 多人，大多是抗战前后出国留学或工作的。中华人民共和国成立后，学子们受国家和老一代科学家们的召唤纷纷回国，1949～1954 年回国的有 1424 人，至 20 世纪 50 年代末回国人数已增至 2500 人。该时期的留学生和学者们回国时多为卓有成就的科学家和熟习现代产业技术的工程师，他们为开拓和发展新中国的教育、科技、国防事业发挥了不可替代的作用。

（四） 1949～1965 年留学苏联和东欧

1949 年新中国成立，但是受国内长期战争的影响，工业经济的发展较为落后，因此国家制定了工业建设计划，希望通过发展工业使中国从农业国转变为工业国。因此这一时期的留学生计划也与国家工业建设计划有关。由于中国在抗战期间与苏联和东欧各国建立的友好关系，中国也将这一友好关系发展至留学事业中。从 1950 年之后的十年间中国每年都向苏联和东欧各国派遣留学生，据统计，共派出留学生约 900 人。直到 20 世纪 60 年代初，中苏关系紧张后，留学生派出的人数才开始减少，1964 年基本停止派遣。其间派出的大部分留苏学生也在 1958 年以后纷纷回国，接手国内科学技术研究、重点学科建设、人才培养等重要工作，并为新中国乃至未来几十年国家的建设发挥了重要作用。

二 改革开放后"大众化"留学

改革开放前中国经历了"文化大革命"，这十年是中国历史上非常独特的十年，其间几乎没有人出国留学，中国留学事业几乎停滞。十年间中国的大学也没有正式招生，青年的求知欲被压制，乃至在"文化大革命"结束后最初的 1～2 年内，即直到 1978 年上半年，中国教育对外交流领域仍然处在一个"小步慢走"的状态。在多年的思想与政策的禁锢后，一些人对于开展出国留学事务持有比较谨慎和观望的态度，出国留学政策发展缓慢。

1978 年 6 月，邓小平同志与当时的国务院副总理方毅、教育部部长刘西尧、清华大学校长刘达等座谈时，谈到派遣留学生问题时表示："我赞成留学生的数量增大，主要搞自然科学。留学生的管理办法也要注意，不能那么死。……跟人家搞到一块，才能学到东西。这是五年快见成效，提高我国水平的重要方法之一。要成千成万的派，不是只派十个八个。……我们要从外语基础好的高中毕业生中选派一批到国外进大学。今年三四千，明年万把人。"① 18 天后教育部即向中共中央和国务院提交了《关于加大选派留学生数量的报告》②，制定了与"扩大派遣"意见相一致的一系列政策原则。后来邓小平同志也多次表示，同发达国家相比，我国的科学技术和教育水平整整落后了 20 年："我们要实现现代化，关键是科学技术要能上去。发展科学技术，不抓教育不行。"③ 他还强调，我们国家要想赶上世界先进水平，派人出国留学"是一项具体措施"。邓小平的上述意见加速了新中国出国留学政策的形成和调整，也掀起了我国出国留学的又一轮热潮。

教育部于 1978 年 7 月 11 日向中央提出了《关于加大选派留学生数量的报告》，同年教育部接到中央指示，除原已选拔出来的 500 名留学生以外，另外增选 2500 人以上的进修生和研究生，主要学习理、工、农、医等专业，并确定每年派遣 3000 人，连续派遣 5 年。并且在国内增设留学生管理司，在国外领事馆设立教育处管理公派留学生和自费生的相关事务。1978 年 12 月 26 日，改革开放后的首批 52 名访问学者起程赴美，这标志着中国的出国留学活动以及出国留学政策进入了一个新的快速发展时期。

1981 年，国务院转发了教育部、外交部等 7 个部门的《关于自费出国留学的请示》和《关于自费出国留学的暂行规定》，指出：自费出国留学是我国留学工作的组成部分，自费留学是培养人才的一条渠道，对自费留学人员和公费留学人员在政治上应一视同仁。1982 年，国务院还批转了教育部、

---

① 李滔：《中华留学教育史录：1949 年以后》，高等教育出版社，2000，第 57 页。
② 国家教育委员会外事司：《教育外事工作历史沿革及现行政策》，北京师范大学出版社，1998，第 62 页。
③ 《邓小平文选》第 2 卷，人民出版社，1994，第 40 页。

公安部、外交部、劳动人事部的《关于自费出国留学的规定》。1984 年，国家明确提出：自费出国留学也是培养人才的一条渠道，国家对自费出国留学人员在政治上与公派出国留学人员一视同仁。至此，公费留学和自费留学成为国人走出国门，接受异国教育的两种主要的、并存的方式，留学也不再是只有"精英"才能拥有的机会。

回顾我国的留学历史，从容闳的个案留学到政府派遣的团体留学，从公派留学到自费留学，从"DIY 留学"到通过中介留学，我国的留学市场逐渐变大，出国留学不再是少数人才能实现的梦想，如今的留学，已经大众化，有了全民留学的趋势。人们自主留学的空间更大了，选择的渠道也更多了。曾经，中国人留学，对申请的流程十分迷茫，不知道如何与学校取得联系，不知道如何写申请信；现在，越来越多的人具备了出国留学的常识，也懂得更加理性、更加系统地来规划自己的留学人生。

教育部数据显示，2009 年全年出国留学规模达到了 22.93 万人，出国留学人数比上一年度增加 4.95 万人，增加了 27.5%。其中，自费出国人数达到 9.18 万人，同比增长 61.6%。从相关数据中我们不难看出，改革开放以来，留学市场在迅速扩大，留学人员的自主意识也在不断增强。市场的需求催生了一大批留学服务机构，产业链条也逐渐形成和发展起来。人们的需求和市场的建设形成了一个良性循环，为留学大众化时代的到来奠定了基础。中国留学进入大众化时代，这是由中国留学市场的既成现实来确定的。从人数上看，我国留学生人群已经达到了一定的规模并有不断增长的趋势，从 1978 年到 2009 年底，各类出国留学人员总数达 162.07 万人，留学回国人员总数达 49.74 万人，有 62.3% 的留学人员学成后选择回国发展。从范围上说，中国留学生的足迹已经遍布全世界 100 多个国家和地区，所学专业覆盖当代所有学科，不像当初只局限于个别发达国家。从出国方式上看，人们选择出国留学的方式更加多样，也更加灵活。最初多是通过公派出国，出国人员多为行业精英；如今，中国的大学生、中学生，甚至小学生都可以跨出国门了，低龄化留学的趋势明显。从市场的成长来看，留学行业从无到有，再到遍地开花，在数量上和质量上都有了较大的进步，行业规范逐渐树立，行业竞争日益激烈，留学市场逐渐成熟。

新中国成立 70 年以来，中国的出国留学活动走过了辉煌和坎坷的历程，出国留学政策日臻完善，并始终与社会的进步、公民的意愿、经济的发展和政治的成熟紧密关联。改革开放 40 年来，中国政府采取了不断扩大派遣公费留学人员和不断放宽留学限制的政策，出国留学与留学回国两组政策体系相得益彰。我国的出国留学政策作为改革开放的重要内容和组成部分，对出国留学活动的走向起到了指导和引领的作用，同时社会环境、国际形势以及留学活动的实践又对留学政策的制定和调整产生了重要影响。

第二节　中国人才国际流动现状分析

一　我国人才外流现状

自 1978 年底中国共产党十一届三中全会召开以后，中国进入了对内改革、对外开放、以经济建设为中心、建设有中国特色的社会主义的新时期。面对"文化大革命"所造成的经济濒于崩溃、人才匮乏、百废待兴的严峻形势，邓小平同志发出了向国外大批派遣留学生的指示。国门被重新打开，国民再次接触外界，当有机会踏出国门时，随即引发了改革开放后的第一次移民潮和留学热。当时的留学包含两种情况，一种情况是国家当时经过十年的封闭，经济、教育等方面与国际水平相差较大，为了工业、经济和教育的长期发展，国家急需一批了解世界发展趋势和国外先进管理知识的人才，因此国家公派了出国深造的干部和优秀人才，这部分留学生的成分比较单纯，回国后很多都被安排在政府部门或科研单位，为国家建设做出很大的贡献。另一种情况是当时有一大批在新中国成立初期归国投身新中国建设，后受"文革"冲击的华侨或爱国人士，以及有"海外关系"的年轻人，在落实政策或政策放宽后有机会出国探亲，很多人一去不返。

　　此后随着公派留学的恢复，政府一系列放开留学政策的实施，自费留学开始逐渐走入平常百姓的家庭，出国留学人数逐年增长。1981年，国务院批转了教育部、外交部等七个部门的《关于自费出国留学的请示》和《关于自费出国留学的暂行规定》，明确对自费留学人员和公费留学人员在政治上应一视同仁。托福考试也于这一年进入中国，但由于信息不对称、手续烦琐、经济尚不富裕等方面因素，真正能自费出去的人还是凤毛麟角。据教育管理机构统计，1978年9月至1981年底，中国向50个国家派出各类留学人员10356人。其中国家公派7456人，占72%；单位公派2900人，占28%。在教育部选送的7456名国家公派留学人员中，进修和访问学者有5946人，占79.8%；研究生642人，占8.6%；本科生有868人，占11.6%。同期学成并先后回国的约有2000人，其中1981年回国1143人。截至1981年底，在国外的各类公派留学人员有8151人，其中美国3726人、联邦德国857人、日本830人、英国486人、法国427人、加拿大413人，其他40多个国家有1413人。截至1981年底，在外自费留学人员约有6000人①，回国留学人员为2499人。

　　1985年，国家取消了"自费出国留学资格审核"，中国向外派遣留学生的大门完全打开，"出国热"在全国迅速升温，出国留学人数在这一年也达到高峰。1989年3月，旨在为"海归"解决工作及生活等诸多问题的中国留学服务中心成立。教育部专门成立了一个处理留学生事务的班子。1993年，"支持留学，鼓励回国，来去自由"的出国留学方针被写进中共十四届三中全会文件。越来越多的人通过托福、雅思考试，以申请国外大学奖学金的形式出国留学，从图2-1可以看出，20世纪90年代出国留学人数较80年代有了快速的增长。截至1999年，出国留学人数已达2.37万人，回国人员达1.9万人，回国率为80.16%。

---

　　①　王雪萍、廖赤阳、李恩民：《大潮涌动：改革开放与留学日本》，社会科学文献出版社，2010，第199页。

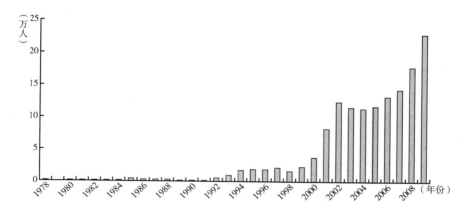

图 2 - 1　1978 ~ 2008 年出国留学人数统计

资料来源:《中国统计年鉴》(2000 ~ 2010 年),《新中国六十年统计资料汇编》。

进入 21 世纪,中国国力不断增强,国际地位不断提升,和国际的联系越发密切,与中国有教育合作项目的国家和学校也越来越多,国内高等教育事业快速发展。此外,20 世纪 90 年代起我国自费出国留学中级机构发展趋于成熟,自 2000 年以来出国留学人数以前所未有的速度急速增长。据教育部的统计,1978 年至 2009 年我国出国留学总人数达 162.07 万人,留学回国人员总数达 49.74 万人。其中,2000 ~ 2009 年出国留学人数为 128.59 万人,占 1978 年以来出国留学人员总数的 79.34%,10 年的留学生数量比之前 20 年的留学生总数还要多。其间自费留学人员的数量也不断增长,每年自费留学人员数量占当年出国留学人员总数的比重也逐年增加 (见图 2 -2)。2009 年,出国留学人数为 22.93 万人,其中 21.01 万人为自费出国留学,占留学人员总数的 91.6%。由此可见,21 世纪以来,我国出国留学数量呈现以下两个特征:出国留学人员数量不断上升,并且数量增长速度较快。新时期出国留学人员与新中国成立前、新中国成立初期的留学生不同的是,自费留学生的比例越来越高。尽管国家公派和单位公派的留学生数量近年来增长幅度较大,但仍抵不过自费留学大军增长的速度。

从出国留学生的年龄来看,新中国成立后至改革开放初期,国家公派留

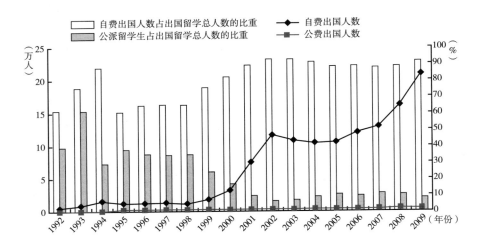

图 2 - 2 1992～2009 年自费留学人数及占外出留学总人数的比重

资料来源：《中国统计年鉴》（2000～2010 年），《新中国六十年统计资料汇编》。

学生多为出国进修人员，或以访问学者身份外出访学，或为已在国内取得本科学历和研究生学历的青年。这其中不乏曾经"上山下乡"的知识青年，他们在经历"插队"之后考上大学，再出国留学，而此时这部分人早已过了而立之年。到了 20 世纪 90 年代，留学生队伍越来越年轻，20 多岁的大学毕业生成为留学的主体。21 世纪以来，留学生年龄有越来越小的趋势，留学热向中小学生，甚至幼儿园蔓延。据《南方日报》2011 年初的报道，国内某留学中介机构对北京、上海等 14 个大城市 1.75 万名大中学生和家长的调查显示，2010 年我国出国留学的高中及以下学历学生所占比例约为 19.8%，中国教育国际交流协会公布的《2011 中国出国留学趋势报告》指出，高中生出境学习人数占我国总留学人数的 22.6%。此外，据人民网报道，新浪网的一项在线调查结果表明，50% 以上的 90 后学生表示，如果条件允许会选择出国留学，高考不再是他们唯一的选择。教育部公布的数据显示，2010 年放弃高考人数达 100 万，其中因出国留学选择弃考的比例达 21.1%[①]。与 100 多年前政府

——————

[①] 向楠：《高中生出境学习人数已占我国留学总人数的 22.6%》，《中国青年报》2011 年 12 月 9 日，第 7 版。

公派最后必须回国服务的留美幼童不同，现在的小留学生很多背负家长移民的重托。许多家长希望孩子尽早出去学习，以便更易于升读国外大学，更快融入当地主流社会，成为留学国公民①。美国国际教育研究所于 2011 年 11 月 14 日发布的 2011 年"开放门户"报告显示，当年来自中国大陆的学生人数为 157558 人，其中，本科生数量为 56976 人，相比上年的 39921 人，增长幅度达到 42.7%；研究生数量为 76830 人，与上年的 66453 人相比，增长了 15.6%。虽然研究生的绝对数量仍占据多数，但留学生低龄化、本科生数量后来居上的趋势明显②。

出国留学人员选择留学的国家也从清朝末期的美国、日本、苏联等几个国家发展到现在世界各国。北美、西欧、东欧各国，还有大洋洲、东南亚甚至中东等地都有中国留学生。其中，澳大利亚、新西兰、新加坡、马来西亚、韩国等许多国家是 20 世纪 90 年代以来留学生主要流向的新的留学国，现在，留学潮甚至波及非洲和拉丁美洲，已有一些中国学生到发展中国家留学③。

二　海外人才回流现状

随着我国经济的高速增长，人才瓶颈越来越成为阻碍经济健康增长的因素之一，同时国际经济、技术竞争的加剧，对我国高素质创新性人才提出了更高要求，海外人才无疑是我国现成的宝贵资源，因此，鼓励和吸引更多的海外人才回国工作和回国服务，对中国经济可持续发展有十分重要的战略意义。

1. 我国吸引人才回流政策梳理

改革开放初期，为了减小中国与其他国家在科技、教育、工业、经济等

---

① 周炽成：《海归：中西文化冲击波》，中山大学出版社，2007，第 193 页。
② 《中国留美学生年龄越来越小》，美国留学网，http://us. liuxue360. com/news/00016693. html，2011 年 11 月 16 日。
③ 周炽成：《海归：中西文化冲击波》，中山大学出版社，2007，第 193 页。

方面的差距，政府通过制定一系列政策措施，投入大量资金鼓励和支持国内"精英"出国访学、进修，或到国外著名大学学习获得硕士或博士学位，也开放政策支持有经济条件的家庭自费送子女出国读书。一系列政策措施的最终目的是留学生们学有所成以后可以回国，利用在国外所学到的先进知识为国家服务，用知识反哺祖国、强大祖国，从而增强祖国的国际竞争力，提升祖国的国际地位。因此，在大力支持留学生出国留学的同时，政府对留学人员归国工作也非常重视，采取了一系列政策措施吸引学有所成的留学人员归国服务。

改革开放初期，国家从多方面争取出国留学人员回国工作，思路从毕业留学生的国家分配工作到用人单位和留学生本人相互选择逐渐转变。劳动人事部和教育部于1983年提出的《关于1983年毕业留学生分配问题的报告》指出，今后回国留学生的工作分配原则为：进修人员、单位公派留学人员回国后回原单位工作；国家统一计划选派的留学人员，除了选派时有特殊规定的人员外，毕业回国后一律由国家统一分配工作；自费留学生毕业回国后由各单位量才录用。这一规定在一定程度上限制了海外人才回国后选择工作的自主性，也影响了海外人才回国的积极性。1985年，中央引进国外智力领导小组办公室，国家教委、国家科委联名向国务院呈报了《关于争取留学博士毕业生早日回国工作的请示》，提出留学生毕业回国工作的分配制度需要大力改革：在保证国家重点需要和学用一致的原则下，允许用人单位和留学生本人相互选择，从而鼓励留学回国人员不用局限于国家计划的范围，开辟新的工作领域，发挥最大的作用。1989年，"中国留学服务中心"成立，并在全国多个省市建立分中心，逐步建立起全方位、多功能的留学人员回国服务体系。此时制定鼓励留学人员回国的政策还处在起步阶段，国家还组织国内用人单位出国招聘留学人员，表彰做出突出贡献的留学回国人员，为留学回国人员提供经费资助等。例如，国家教委自1987年开始，每年拨出1000万元专款，作为留学回国人员的科研资助费；1990年设立"留学回国人员科研资助费"项目（1997年更名为"教育部留学回国人员科研启动基金"）；1990年开始，每年从出国留学经费中拿出20%，作为留学回国人员的科研资助经费。这些都为留学人员回国后的初期科研工作提供了资助和保障，对稳定回国人员、吸引留学人员回国工作起到了积极作用。

1989年以后，一度出现了大批留学人员滞留不归的现象，如何对待学成未归的出国留学人员以及是否坚持既定的留学方针成为当时社会关注的焦点。1992年初，邓小平发表了具有深远历史意义的南方谈话，他指出："希望所有出国学习的人回来。不管他们过去的政治态度怎么样，都可以回来，回来后妥善安排。这个政策不能变。……要做出贡献，还是回国好。"① 按照邓小平的指示，1992年8月，国务院办公厅发出了《关于在外留学人员有关问题的通知》（即著名的"44号通知"），全面阐述国家对滞留海外的留学人员的一系列具体政策，并明确把"支持留学，鼓励回国，来去自由"作为我国出国留学工作的总方针。围绕这个总方针，国家对公派留学选派管理体制实行了一系列改革，自费留学政策进一步调整和放开，从"鼓励回国工作"到"鼓励海外留学人员以多种形式为国服务"，并取得了较为显著的成效。44号通知指出：党和政府一贯关怀、团结广大出国留学人员，期待他们早日学成回国，建功立业；重申了公派出国留学人员有义务为国家服务；同时鼓励留学人员以各种方式回国服务；国家保证留学人员来去自由。自此，"支持留学，鼓励回国，来去自由"成为我国出国留学工作的总方针。

2. 我国海外人才回流数量统计②

如前文所述，由于学术界对海外人才的概念没有统一明确的界定，研究

① 《邓小平文选》第3卷，人民出版社，1993，第378页。

② 这里需要说明的是，由于对海外人才的概念没有统一明确的界定，各研究者均根据自己的研究目的界定海外人才包含的对象范围，笔者也未发现国内针对海外人才的相关统计数据，因此本部分针对我国海外人才回流数量的分析基于《中国统计年鉴》和《新中国60年》中对历年留学回国人员数量的统计。

者多根据自己的研究目的和数据的可获得性来界定海外人才包含的对象范围，笔者也未发现国内专门针对海外人才的相关统计数据，因此此处借助相关文献中关于华侨和外籍华人回国的统计数据以及相关年鉴中留学回国人员的数量统计进行分析。

对于外籍华人而言，学者们认为，中国经济的快速发展是吸引外籍华人回国发展的主要拉力，在外籍华人尤其是华人第一代移民中还掀起一股回国买房的热潮，他们大多已经退休，出于对故土生活的向往和文化的认同而回国①。有报道显示，外籍华人在国内投资买房的人数逐年递增，据统计，有着强烈到中国买房意愿的华人占北美全部华人的 15% ~ 20%②。

华侨和外籍华人的回流行为十分复杂，在实际研究中很难收集到历年华侨和外籍华人回国的详细准确的数据资料，学者们更多的利用地方出入境管理部门或侨务部门的有关统计数据进行分析和推断。通过对 1996 ~ 2005 年来沪定居的华侨进行抽样调查发现，自 20 世纪 90 年代末以来，回沪定居的华侨数量逐年增加，21 世纪后增长速度也逐渐加快③。据浙江省公安厅出入境管理局的统计数据，2003 ~ 2007 年华侨回国定居的数量逐年增长，2003 年经有关部门批准回浙定居的华侨为 7 人，2007 年已增长至 2324 人，年均增长 327%（见图 2 – 3）。

从《中国统计年鉴》和《新中国 60 年》统计的历年归国留学人员回国数量来看，20 世纪 90 年代之前我国海外人才回流人数较少，平均每年在 1000 ~ 2000 人，1974 ~ 1989 年留学人员回国人数总共为 1.9 万人。21 世纪

---

① 晓波文：《海外华人回国养老》，http：//newspaper1. duxiu. com/readbz. jsp? npid = 58946957&qwid = 22036543&d = 77DEAE65D99DD01E0D7F90302780FBB4&sw = &ecode = utf – 8，2009 年 12 月 31 日。

② 杜宇、辛义：《海外华侨华人回国正火热》，http：//newspaper1. duxiu. com/readbz. jsp? npid = 30909086&qwid = 46300054&d = AA3D321C8D901EC4DE164DB304EC5D34&sw = &ecode = utf – 8，2010 年 1 月 26 日。

③ 华东师范大学人口研究所课题组上海市人民政府侨务办公室：《近年来沪定居的新归侨现状及工作对策研究》，http：//www. chinaqw. com/zgqj/qkjc _ qwgzy/200712/17/99356. shtml，2007 年 12 月 17 日。

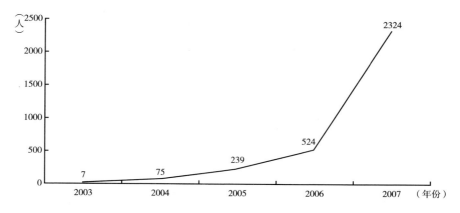

图 2 - 3　2003 ~ 2007 年回浙定居的华侨数量变动

资料来源：季安照、袁靖华：《当前浙江华侨回国定居现象探析》，《华侨华人历史研究》2008 年第 2 期。

初各类回国人数逐年增长（见图 2 - 4），1990 ~ 1999 年回国人数达 5.09 万，是之前二十几年留学回国总人数的 2 倍多。从图 2 - 4、图 2 - 5 中可以看出，进入 21 世纪以后回国人数的曲线斜率不断增加，留学回国人数的增长速度逐渐加快，从 2000 年的 0.91 万人增长至 2009 年的 10.83 万人，增长约 9.92 万人。

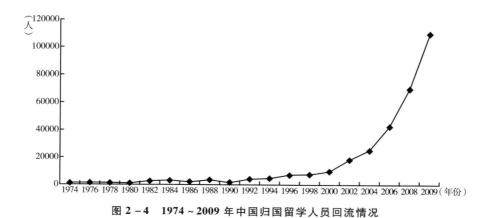

图 2 - 4　1974 ~ 2009 年中国归国留学人员回流情况

资料来源：1974 ~ 1999 年数据摘自国家统计局编《新中国 60 年》，中国统计出版社；2000 ~ 2009 年数据摘自《中国统计年鉴》，中国统计出版社。

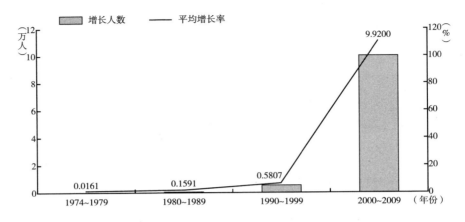

图 2 - 5　1974～2009 年留学回国人员数量平均增长率

资料来源：根据《新中国 60 年》和《中国统计年鉴》（2001～2009 年）相关数据整理。

虽然回流海外人才的数量逐年增长，但根据中国统计年鉴公布的数据，计算得出的我国海外人才回流率总体不高，2008 年回流率为 38.5%，2009 年上升至 47.2%。究其原因，从回流人员留学资金来源分类来看，公派留学人员的回流率是最高的，据国家留学基金委统计，1996～2008 年国家公派出国留学人员 48605 人，应回国 37494 人，实际回国 36614 人，回归率平均为 97.65%①。而自费留学人员的回归情况则在这几十年间有了巨大的变化。在 1997 年前自费留学人员的回归率非常低，只有 2.3%，但可喜的是，这几年来自费留学生回流率逐年递增，从 2003 年的 13.5% 增长至 2009 年的 43.7%，增长了 30 多个百分点。

从主要几个留学目的国的回流情况来看，虽然美国回流的人数最多，但回流率趋势是最低的，其他几个国家的回流率基本保持在 50% 以上，这可能与各个国家的移民政策以及劳动力市场的开放度有关（见表 2 - 1）。

---

① 教育部：《教育部介绍 2008 年中国教育对外开放总体情况等》，http://www.gov.cn/xwfb/2009 - 03/26/content_ 1268988. htm，2009 年 3 月 26 日。

表 2 – 1 1978～1998 年几个主要留学目的国留学生回流情况

单位：人，%

留学国家	留学人数	回国人数	回归率
美国	160000	30000	18.8
日本	50000	25000	50
加拿大	20000	10000	50
德国	20000	10000	50
英国	16000	10000	50
法国	11000	7000	63.6
澳大利亚	10000	6000	60
其他	13000	2000	15.4
总计	300000	100000	33.3

资料来源：叶傅升：《人才战争》，中国文联出版社，2001。

第三章

上海市海外人才回流的现状
及社会人口学特征

第一节　海外人才回流群体数量变动

一　新中国成立初期海外人才回流数量出现小高峰

20 世纪初，中国政府向国外输送了一批批留学生，这批留学生完成学业后在 20 世纪二三十年代纷纷回国，为中国的政治、教育、科技、文化等方面的发展做出了巨大的贡献。二战期间，由于军事、政治等多方面的影响，很多早期出国的中国留学生毕业后随即留在国外工作，回国人数较少。二战结束后，特别是新中国成立后，很多爱国人士纷纷回国投身新中国的建设。

从图 3 - 1 可以看出，中华人民共和国成立前，海外人才回流至上海的数量开始有所上升。虽然据资料记载，20 世纪二三十年代回国的留学生数量较多，但根据推算，至 21 世纪初这批回国人员多年事已高，因此在 2011 年上海市第二次侨情普查时调查到的该部分海外人才数量很少。受二战的影响，20 世纪 40 年代回上海的留学生人数也较少。自 1946 年起，海外人才回流至上海的数量才开始有所上升，根据普查数据统计，新中国成立之前回上海的海外人才至 21 世纪初尚健在的有 200 人左右。

新中国成立之初，由于受长期战争的影响，国内工业、教育、经济的发展较为落后，国家一方面大量往国外输送留学生学习国外先进的技术、文化和发展理念，另一方面积极地召唤学有所成或事业上有成就的海外人才回国参与新中国的建设。此时，大量的海外人才突破重重困难回国服务，回国人数在 20 世纪 50 年代初达到顶峰。

新中国成立初期，由于以美国为首的西方资本主义国家对新中国实行敌对政策，进行全面的经济封锁，当时我国只与以苏联为首的东欧社会主义国家建立了互派留学生的交流计划。然而在 20 世纪 60 年代初中苏关系紧张后，留学生派出的人数逐渐减少，1964 年基本停止派遣。其间派出的大部分留苏学生也在 1958 年以后纷纷回国，接手国内科学技术研究、重点学科建设、人才培养等重要工作。上海市第二次侨情普查的数据显示，20 世纪 50 年代末 60 年代初也是上海海外人才回流数量较多的时期。

20 世纪 60 年代末至 70 年代中期，我国由于受国际环境以及国内政治、经济形势上的诸多影响，一方面派遣出国留学人员的数量大幅度下降，另一方面海外人才回国的数量也急剧减少，在此期间回上海的海外人才数量也较少。

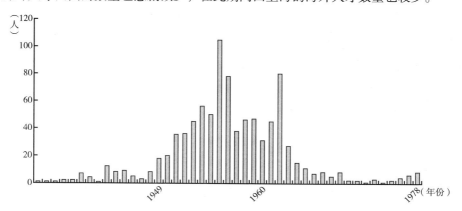

图 3 - 1　改革开放前海外人才回流至上海的数量变动

资料来源：2011 年上海市侨情普查原始数据。

二　改革开放以后海外人才回流数量初现增长趋势

1977 年，邓小平提出抓科技和教育工作。他提出要"尊重知识、尊重人才"①，不仅增加派遣出国留学人员的数量，还加强做好留学人员回国动员和安置工作等方面的工作。虽然那时制定的鼓励留学人员回国工作的政策还处于起步阶段，但海外人才回国的数量已初现增长趋势。改革开放以后，国内经济快速发展，政策环境良好，吸引了 20 世纪 60 年代和 70 年代在国外学有所成或在事业上有所成就的海外人才回国。此外，由于改革开放以后政府放松了对自费出国留学的限制，自费留学人员数量的增长也是 20 世纪八九十年代我国海外人才回国数量逐年上升的主要原因之一。上海市第二次侨情普查的数据也显示了这一海外人才回流趋势。

三　21 世纪海外人才回流数量急剧增长

21 世纪以来，我国加大了对公派留学的资助力度，越来越多的学生可以通过申请国家奖学金外出留学。政府对于自费留学的政策也逐步放开，学生和家长可以自主选择在国内或者在国外继续接受高等教育，在高中时就出国读书和出国读本科的人数增长幅度较大，此时自费出国的人数已经远远超过国家公派出国的人数，自费出国人员成为我国出国留学的主要群体。从上海调查的数据来看，2000 年以后回流至上海的海外人才数量呈指数函数的规模增长，2005 年以后平均每年回国的人数在 2000 人左右（见图 3 - 2），2010 年回国人数在 4000 人左右，与 2000 年相比增长了5.2 倍。

图 3 - 3 显示了上海第二次侨情普查调查数据以及笔者调查到的历年回流至上海的海外人才数量变动。从图 3 - 3 中可以看到 1945 年以前海

---

① 《邓小平同志论教育》，人民教育出版社，1990，第 274 页。

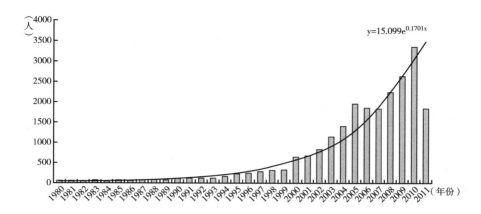

图3-2 改革开放后海外人才回流至上海的数量变动

资料来源：同图3-1。

外人才回流至上海的人数较少，新中国成立前后成为海外人才回流的高峰期，1963年后受国际国内因素的影响，此后的十几年间人才回流趋于停滞状态。直至1978年改革开放以后，海外人才回流数量才开始逐渐增长。

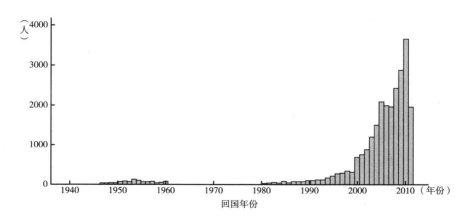

图3-3 历年回流至上海的海外人才数量变动

资料来源：同图3-1。

四 不同身份海外人才回流数量分析

按照海外人才回国时所具有的身份，将海外人才分为归国留学人员、归侨和华侨、华人三种身份类型。通过对 2004 年和 2011 年两次侨情普查数据的分析可以看出：在数量上，三种身份的海外人才回流的人数均有所增加；从占回流海外人才总量的比例来看，归国留学人员和华人回流的比例有所上升，归国留学人员依然是我国海外人才回流的主要来源，占回流海外人才总量的 51.37%。另一方面，归侨和华侨回国的比例略有下降，回流海外人才中归侨和华侨、华人所占比例相差无几，虽然华人回流增长的人数不多，但其增长率是三种身份海外人才中最快的，达325.47%（见表 3 – 1）。

表 3 – 1 2004 年和 2011 年不同身份海外人才回流数量比例变动

单位：%

	2004 年占比	2011 年占比	人数增长率
归国留学人员	46.27	51.37	295.70
归侨和华侨	33.19	24.12	158.91
华人	20.54	24.51	325.47
合计	100	100	256.4

注：2004 年第一次侨情普查未将归国留学人员纳入普查对象范畴，表中数据为通过 2011 年普查数据中归国留学人员的回国时间来估算的。

资料来源：同图 3 – 1。

将不同身份回流的海外人才按照回国时年龄来分析，归国留学人员回国时年龄集中在 21 ~ 30 岁，归侨和华侨、华人回国时年龄集中在 31 ~ 45 岁。按生命周期来分析，21 ~ 30 岁正是留学生处于求学阶段或完成学业不久的年龄，由此在一定程度上反映了归国留学人员多是在国外取得本科或研究生学历后迅速回国的；归侨和华侨、华人多选择在国外取得一定工作经验积累或经济实力积累后回国发展（见图 3 – 4）。

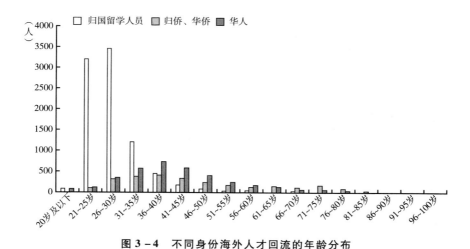

图 3 - 4　不同身份海外人才回流的年龄分布

资料来源：同图 3 - 1。

第二节　回流海外人才来源国分布

改革开放以来，随着我国经济社会的发展和国际地位的提升，海外人才的数量进入快速增长时期，其地域分布也从高度集中于东南亚开始逐渐向全球扩散，美洲的美国和加拿大，欧洲的英国、法国和德国，大洋洲的澳大利亚等发达国家是留学生、华侨和外籍华人主要流入地，这种地域分布也反映在回流海外人才的来源国分布上。从上海市 2004 年和 2011 年两次侨情普查数据可以看出，回流海外人才分布广泛，全球大部分国家都有我国海外人才的足迹。但是回流海外人才大部分来自美国、加拿大、英国、法国、德国、澳大利亚、新西兰和日本，这些国家既是我国留学生主要留学的国家也是华侨和外籍华人中海外人才的来源地。从两次侨情普查对比来看，上海市回流海外人才来源国分布表现出以下三个特点。

1. 回流海外人才来源国的宏观格局基本不变

美国、加拿大、澳大利亚、英国、日本等国经济、科技和文化比较发达，移民政策比较优惠，吸引了大量的留学生赶赴这些国家求学，攻读本科或硕士以上学位，成为高学历人才，其中部分人才有资格申请所在国的永久居留权或国民身份，从而转变身份成为华侨和外籍华人。这些优秀人才是我国重点引进和吸引的海外人才，所居住的国家和地区也是我国海外人才回流的主要来源地区。非洲和南美洲的国家经济社会不发达，由于历史的原因，本身经济发展缓慢，科技文化水平低下，难以吸引留学生前往求学，因此从这些国家回流的海外人才也相对较少。

2. 回流海外人才数量增长迅速

随着我国经济地位的提升，我国已经成为世界第二大经济体，上海作为我国最为发达的城市，已经能够为海外人才提供更多的发展机会。尤其是2008年世界金融危机后国外发达国家经济衰退、就业机会减少，而中国经济的快速发展、优厚的待遇和福利，吸引了大量海外人才回国，从2011年回流海外人才来源国可以看出，从发达国家回流的人才数量大幅度增长，其中美国、加拿大、英国、澳大利亚和日本的增量最为庞大，成为最显著的增长区域。由于欧债危机等经济因素影响，从欧洲回流的海外人才数量显著增长，而其他来源国的数量没有太大的变化。

3. 新兴经济体回流海外人才开始显现

2004年，从南美洲和非洲回流的海外人才数量极少，回流人数超过36人的国家几乎没有。随着巴西、南非等国家经济的崛起，留学人员在这些国家的数量开始增加，相应的回流海外人才数量也逐渐增多。值得注意的是，从印度回流上海的海外人才数量增幅不大，而从南美洲的阿根廷回流的海外人才数量增幅较大。

第三节　海外人才回流群体性别和年龄结构特征

一　回流海外人才中男性多于女性，性别比高于全市常住人口平均水平

2011年上海市侨情普查数据显示，居住在上海的回流海外人才中男性

占回流海外人才总体的 55.4%，女性占 44.6%，性别比为 124，略低于
2004 年上海市第一次侨情普查时的性别比（137）。据上海市统计局公布的
上海市第六次全国人口普查主要数据公报，上海市常住人口平均性别比为
106.18①。回流海外人才性别比高于全市水平，这说明海外人才中男性选择
回国发展的人数比女性多。

　　若按照海外人才回国时的年龄来分析海外人才回流的性别差异，由
图 3 - 5 可以看出，与上海市六普常住人口性别比相比较，除了 21 ~ 25
岁回国的海外人才性别比较低以外，其他年龄段回国的海外人才性别比
均较高。21 ~ 35 岁的海外人才回国时的性别比也低于 2011 年在上海市
居住的海外人才性别比平均水平，其余年龄回国的海外人才的性别比也
相对较高。因此，从回流的海外人才整体来看，选择回国发展的男性多
于女性（见图 3 - 6）。

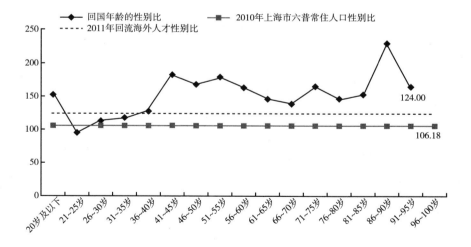

图 3 - 5　海外人才不同回国年龄的性别比

资料来源：同图 3 - 1。

---

①　上海统计局：《2010 年第六次全国人口普查主要数据公报》，http：//www.shanghai. gov. cn/
nw2/nw2314/nw2319/nw12344/u26aw25463. html，2011 年 5 月 3 日。

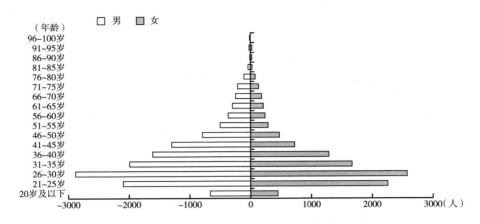

图 3 - 6　海外人才回国时分年龄的性别差异

资料来源：同图 3 - 1。

二　回流海外人才年龄结构分布从"葫芦"发展成"金字塔"

比较 2004 年和 2011 年上海市现存海外人才年龄结构分布可以发现，在数量上，2011 年普查与 2004 年普查相比增长幅度较大，在人口年龄结构分布上也有新的变化（见图 3 - 7）。

2004 年，上海市回流海外人才年龄分布呈葫芦形，主要年龄分布在41 ~ 50 岁，占回流海外人才总体的 27.3%，其次是 31 ~ 40 岁，占 21.31%，此外，71 ~ 80 岁的海外人才数量也较多，占总量的 16.59%，30 岁以下的海外人才所占比例仅为 5.8%。由此可以看出，2004 年上海市 30 岁以下的海外人才人数较少，老一代回流海外人才逐渐步入老年，中青年海外人才成为社会发展建设的中坚力量，海外人才年龄结构不稳定。

时隔 7 年，2011 年时上海市回流海外人才年龄分布已发生了较大的变化，从年龄结构分布来看，2011 年回流海外人才年龄分布已从 2004 年的葫芦形发展成金字塔形。26 ~ 30 岁的海外人才成为上海回流海外人才的主体，占回流海外人才总量的 19.71%，31 ~ 35 岁的海外人才所占比例为 14.92%，36 ~ 40 岁和 41 ~ 45 岁的海外人才所占比例分别为 11.64% 和 11.09%。此外，人才候补力量即21~25岁海外人才比重也有所上升，从2004年的0.73%增长至2011年的7.11%。这说明近几年，年轻一代的海外人才回国人数不断增加，一方面给社会的经济、文化、科技、教育等方面注入了新鲜血液，另一方面青年海外人才的回流改善了我国海外人才年龄结构，使我国人才后备力量不断壮大，也为上海人才高地的建设打下了坚实的人才基础。

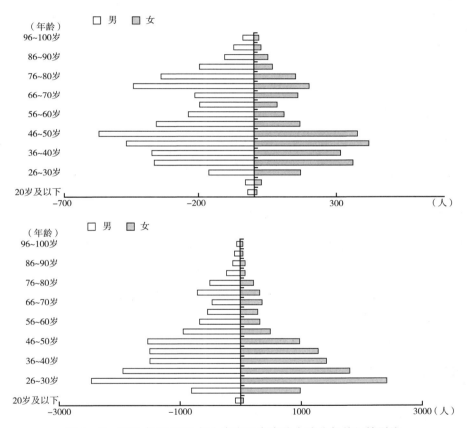

图3-7　2004年和2011年上海市现存海外人才分年龄组性别比

资料来源：根据2004年和2011年上海市侨情普查原始数据整理。

三　海外人才回国年龄呈近似正态分布

根据上海市第二次侨情普查中"出生年份"和"回国年份"两个变量，

用"回国年份"减去"出生年份"即得出海外人才回国时的年龄，由此可以得出历年海外人才回国时的年龄分布图。由图 3 – 8 可以看出，回流至上海的海外人才回国时的年龄分布呈近似正态分布，回国年龄均值为 35.15 岁，分布曲线偏度（Skewness）为 1.246，也即海外人才回国年龄分布曲线在右端有所延伸。这一方面是由于本书对海外人才受教育程度的界定，需要文化程度在大专及以上，也就意味着海外人才最少在学校接受 14 年教育①，加上入学时的初始年龄②，因此海外人才年龄一般在 20 岁及以上。另一方面，中国是个非常注重传统文化的国家，中国人热爱故土，重视乡土之情，虽远千里也不忘落叶归根，俗话说"亲不亲故乡人，美不美家乡水"，这也是中老年海外人才选择回国的主要原因。

将海外人才回国年龄按 5 岁一组进行划分后发现，海外人才回国年龄主要集中在 26 ~ 30 岁，其次是 21 ~ 25 岁，这两个年龄段主要是海外人才处于在国外读完本科、研究生，或者学业完成后在留学国家工作一段时间的阶段，由此可以得出结论，学业有成或在海外工作一段时间获得一定工作经验后回国的海外人才占回流海外人才总体的比重较大。海外人才在 30 岁以后回国的比例随着年龄的增长逐渐下降，一方面，在国外居留时间越久，事业上的成就也会越高，出于对个人未来发展的考量，选择回国的人数随之减少；另一方面，随着年龄增长其家庭状况也会发生改变，家庭、孩子都有可能成为海外人才回国时需要考虑的因素，从而影响了海外人才回国的决定。对于海外人才中的老年人来说，孩子也不再是"回家"的牵绊，落叶归根的思想影响着很多中老年海外人才回国的行为。

---

① 虽然目前义务教育阶段教育部规定学制为 9 年，即小学 6 年，初中 3 年，但由于在 20 年前全国绝大部分地区小学学制为 5 年，此外全日制大专教育学制为 3 年，所以这里计算得出在国内获得大专及以上文凭需要在学校至少学习 14 年。

② 《义务教育法》规定：凡年满六周岁的儿童，其父母或者其他法定监护人应当送其入学接受并完成义务教育；条件不具备的地区的儿童，可以推迟到七周岁。

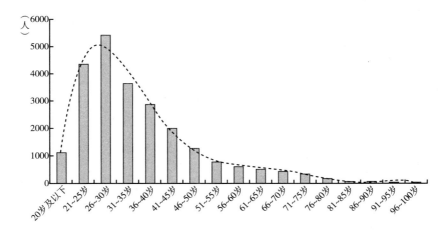

图 3 - 8　回流至上海的海外人才回国年龄分布

资料来源：同图 3 - 1。

第四节　海外人才回流群体空间分布特征

一　纵向比较：回流海外人才空间分布密度增加，范围扩大

（一）空间分布基本特征

将上海市 2004 年第一次侨情普查和 2011 年第二次侨情普查中回流海外人才的数量分别绘制在上海市地图中，可以直观地看到 2004 年回流海外人才主要分布在中心城区以及近郊区中离中心城区距离较近的街道、镇，从数据分析中可以得出其主要聚集在徐汇区、长宁区、闵行区和浦东新区。

通过对比可以发现，在数量上，2004 年回流海外人才在上海主要聚集的区域①除个别街道、镇以外，在 2011 年的调查中人数均有所上升，区域

———————————

①　本书中分析回流海外人才在上海市空间分布的最小单位为各区的街道、镇。

内回流海外人才密度增大①。同样在地图中可以发现，不同街道、镇回流海外人才数量增长幅度不同，很多中心城区周边的街道、镇不仅在数量上实现了"零"的突破，并且一跃成为回流海外人才的主要聚集区域之一。例如在浦东新区的张江镇，2004 年调查数据显示回流海外人才仅 8 人，2011 年调查时已增长至 425 人，成为回流海外人才分布较多的街道、镇之一，这与张江镇内拥有张江高科技园区不无关系，园区内生物医药、集成电路和软件三大主导产业吸引了大批海外人才。

2011 年侨情普查结果显示，回流海外人才在 2004 年空间分布的基础上向周边的街道、镇有所延伸，但主要聚集区依然为中心城区的徐汇区、长宁区和近郊区的闵行区、浦东新区。除去中心城区以外，崇明区、金山区、原南汇区、青浦区、嘉定区和宝山区由于地理位置比较偏僻，离市区较远，交通也较为不便，在 2004 年调查时，这几个区内回流海外人才数量较少，但在 2011 年调查时，各个区拥有的回流海外人才的数量均有了大幅度提高。并且从各区内部分布来看，与中心城区距离较近的街道、镇回流海外人才分布较为密集，远离中心城区的街道、镇回流海外人才存量依然较少，整体分布呈现以中心城区为"中心圆"往四周扩散的特点。

若按照回流海外人才具有的不同身份分别来分析，归国留学人员、华人、华侨和归侨在数量和空间上的变动特点与回流海外人才总量一致，均呈现区域人口密度增加、空间分布范围扩大的特点。只是针对不同身份的回流海外人才，不同区域内其相应的增长幅度有所不同。对于归国留学人员来说，2011 年与 2004 年相比，数量增长较多的主要在近郊区，如宝山区和嘉定区。而华人、华侨和归侨数量增长较多的为中心城区，如原卢湾区和静安区。由此也可以看出，归国留学人员在上海的分布有逐渐郊区化的趋势，华人、华侨和归侨虽然也在往近郊区移动，但其主要集聚区域仍以中心城区为主（见表 3 - 2）。

_____

① 此处的人口密度等于某一街道、镇回流海外人才数量与该街道、镇面积的比值。

表 3 - 2　2004 年和 2011 年回流海外人才在上海各区县数量比例分布

单位：%

区(县)名		归国留学人员		华侨和归侨		华人	
		2004 年	2011 年	2004 年	2011 年	2004 年	2011 年
中心城区	虹口区	5.81	7.27	10.37	8.50	2.53	4.54
	黄埔区	1.45	2.36	3.62	2.66	1.73	1.63
	静安区	2.07	2.20	4.16	4.30	4.12	4.42
	原卢湾区	3.65	3.23	2.55	5.77	0.14	4.24
	普陀区	9.07	8.76	6.75	7.29	1.59	5.18
	徐汇区	18.26	11.84	25.75	17.65	21.59	11.63
	杨浦区	9.34	7.48	10.19	6.99	0.94	2.51
	原闸北区	3.47	4.43	3.26	3.38	0.72	1.73
	长宁区	11.50	10.58	10.33	11.42	15.23	18.92
近郊区	嘉定区	2.22	3.20	1.03	1.23	0.14	0.85
	闵行区	11.59	10.24	12.11	11.90	18.70	12.64
	浦东新区	13.43	15.25	5.14	13.16	23.83	28.42
	宝山区	4.56	7.01	2.55	3.22	0.51	1.81
远郊区	崇明区	0.06	0.39	0.00	0.16	0.00	0.08
	奉贤区	0.53	1.42	0.27	0.54	0.43	0.65
	金山区	0.15	0.64	0.27	0.46	0.00	0.15
	青浦区	1.24	1.80	0.76	0.77	5.27	0.59
	松江区	1.60	1.91	0.89	0.60	2.53	0.00
合计		100.00	100.00	100.00	100.00	100.00	100.00

资料来源：同图 3 - 1。

　　关于城市人口分布，已有研究者指出大城市人口分布与城市交通的发展是相互影响、相互作用的，两者相互联系，互动发展[①]。曾智超等在城市交通对城市人口迁移的作用研究中认为，在上海城市发展的过程中，轨道交通的建设对于引导城市人口从中心城区向城市近郊区迁移具有重要的作用[②]。

---

① 　孟庆艳：《大城市人口分布与公交网点发展的互动关系研究》，硕士学位论文，华东师范大学，2006，第 178 页。

② 　曾智超、林逢春：《城市轨道交通对城市人口迁移的作用》，《城市轨道交通研究》2005 年第 2 期，第 19 ~ 22 页。

本书将 2011 年回流海外人才在上海的空间分布与上海市轨道交通分布图叠加后发现，回流海外人才的空间分布与轨道交通分布的关系很紧密。虽然无法验证轨道交通的发展和回流海外人才分布之间，究竟是轨道交通追随客流发展还是轨道交通的发展直接或间接影响回流海外人才的分布，但是可以发现，轨道交通线延伸的周边区域人口较为稠密。这也反映了回流海外人才对城市交通、对通勤的便捷极为敏感，他们更多将居住地选择在轨道交通覆盖范围内的周边地区，近郊区和远郊区中还未有轨道交通延伸的区域，其回流海外人才存量就相对较少。

（二） 空间分布的集中趋势和离散趋势分析

1. 集中趋势

为分析回流海外人才在上海空间分布的集中趋势，本书使用的是人口空间分析中用来度量人口分布的一个重要指标——人口重心。一般情况下，计算某一区域的人口重心不可能精确到每一个人，而是把所研究的区域按一定规则划分成若干个空间子单元，如区、县或者街道、镇，然后再计算得出该区域内人口重心的坐标值。因此，当区域内各空间子单元人口数量发生变化时，人口重心必然随之改变，人口重心移动的方向即人口再分布的方向，其移动的距离用来衡量人口再分布的强度[①]。

本书根据表 3 - 2 中的数据，利用 Arcgis 软件绘制 2004 年和 2011 年上海回流海外人才人口重心，可以发现两次普查的人口重心均位于中心城区徐汇区内。人口重心移动方向为朝东北方向移动，也即向浦东新区的方向移动。这主要是由于近年来浦东新区的回流海外人才数量增加很快，2011 年普查时比 2004 年增长了约 3500 人，增长率达 389.76%，且占回流海外人才总量的比例也有所上升，从 2004 年的 12.84% 增长至 2011 年的 17.90%。此外，可以发现人口重心的迁移距离很小，反映 7 年来上海市回流海外人才

---

① Plane, D. A., Rogerson, P. A., *The Geographical Analysis of Population: With Applications to Planning and Business* (New York: John Wiley & Sons New York, 1994), pp. 31 - 35.

空间分布的总体趋势没有大的改变，虽然分布范围有郊区化的趋势，但人口集中的主要区域仍是中心城区和近郊区。

2. 离散趋势

为分析回流海外人才在上海空间分布的离散趋势，本书使用标准离差椭圆来描述人口分布离散趋势。计算得出 2011 年回流海外人才的人口标准离差椭圆覆盖范围比 2004 年的大，说明经过 7 年的发展，回流海外人才的人口核心区域有所扩大。人口标准离差椭圆的长短轴都有不断延长的趋势，说明回流海外人才的人口分布在主要方向上有向外扩张的趋势，也即核心地区范围不断扩大。2004 年人口标准离差椭圆的范围基本包含了上海中心城区的九个区以及闵行区和浦东新区靠近中心城区的部分地区，在此基础上，2011 年的人口标准离差椭圆范围往外扩张，扩张方向主要朝向浦东新区、杨浦区和宝山区，闵行区方向变化不大。

二　横向比较：归国留学人员分布范围较广，华人、华侨和归侨主要聚集在中心城区边缘

由于回流海外人才根据具有的不同身份可以划分为归国留学人员、华人、归侨和华侨，他们在上海的居住空间分布是否也有所差别？下面将利用 2004 年和 2011 年两次侨情普查的数据，从横向的角度来比较分析。

2004 年和 2011 年的侨情普查数据显示，归国留学人员在上海的空间分布与回流海外人才总量相比，除了各区域内人数不同以外，分布的区域范围较为一致。究其原因，主要是由于归国留学人员数量在回流海外人才中所占比重较大。如前面分析得出的结论，2004 年归国留学人员占回流海外人才的比例为 46.27%，约为总量的一半，2011 年这一比例增长至 51.37%，因此归国留学人员在上海的空间分布在很大程度上影响着回流海外人才总体的分布。

与归国留学人员相比，华人、华侨和归侨在回流海外人才中所占比例相对较小，在空间上有着自己的分布特点。2004 年华人主要集中在徐汇区以及周边的长宁区、闵行区和浦东新区，人口分布重心偏向近郊区，呈扁宽的

方形分布，华侨和归侨主要集中在徐汇区、长宁区、虹口区和闵行区，人口分布重心偏向中心城区，呈细长状分布。2011 年调查时华人、华侨和归侨在数量上均有所上升，分布范围有所扩大，空间分布上二者也趋于一致，主要集中于浦东新区、长宁区、徐汇区和闵行区。因此在居住空间分布上，归国留学人员分布范围较广，全市各区均有涉及，但华人、华侨和归侨主要聚集在部分中心城区和近郊区，远郊区鲜有涉及。尽管分布范围大小有所差异，通过 ArcGIS 制图软件分析得出三种身份的海外人才在上海市的人口分布重心都集中在徐汇区内。徐汇区目前已发展成为上海城市副中心、市级商业中心、商务中心和公共活动中心，近年来经济发展和城市建设发展速度较快，吸引了大量海外人才回国后以徐汇区为中心在附近区域内聚集。

第五节　海外人才回流群体就业状况

一　归国留学人员受教育程度相对较高，归侨和华侨相对偏低

受研究对象的限制，本书研究的海外人才均接受过大专及以上的教育。整体来看，回流海外人才受教育程度主要为研究生和大学本科，分别占海外人才总量的 45.31% 和 42.53%，大专学历的仅占 12.16%。按海外人才的身份来分析，归国留学人员受教育程度以研究生为主，占归国留学人员总量的 58.1%，大学本科的为 34.85%，大专的为 7.05%。华人中受教育程度为研究生和大学本科的所占比例相差无几，分别为 40.07% 和 48.86%，大专的为 11.07%。归侨和华侨的受教育程度主要为大学本科，占归侨和华侨总量的 52.46%，研究生和大专的所占比例分别为 23.41% 和 24.14%（见图 3 - 9）。

将受教育程度折合成受教育年限①来分析，回流海外人才的平均受教育

① 按照中国目前的教育现状将受教育年限赋值如下：大学专科为 15 年，大学本科为 16 年，研究生为 20.5 年。由于研究生包括硕士研究生和博士研究生，硕士研究生的受教育年限为 19 年，博士研究生的受教育年限为 22 年以上，调查中未对研究生进行细分，因此这里将研究生受教育年限取硕士研究生和博士研究生的平均值即 20.5 年。

年限为 17.92 年，归国留学人员平均受教育年限为 18.54 年，华人平均受教育年限为 17.69 年，归侨和华侨平均受教育年限为 16.81 年。因此总体来看，与归侨和华侨、华人相比，归国留学人员的受教育程度相对较高，这与我国目前出国留学现状相符合。虽然我国低龄留学的比例逐渐增加，但更多的留学生是在国内读过大学本科或者硕士研究生以后，出国接受硕士阶段或博士阶段的教育，从而归国留学人员整体受教育程度较高。

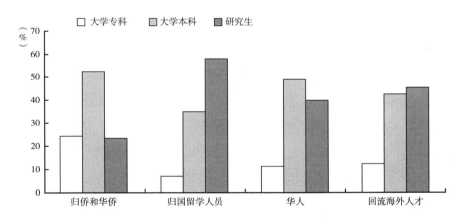

图 3 - 9　不同身份回流海外人才的受教育程度比例

资料来源：同图 3 - 1。

二　回流海外人才七成在业，专业技术人员和企事业单位负责人为主体

第二次侨情普查数据结果显示，70.49% 的回流海外人才在业，其中 26% 为专业技术人员，15.1% 为企事业单位负责人，11.63% 为办事人员和有关人员，6.14% 为商业服务人员，还有 11.3% 为其他在业人员，按照调查对象所填写的在业状况，选择"其他"的在业人员多为自主创业或从事自由职业，如翻译、画家等。29.5% 的回流海外人才在调查时处于不在业状态，其中 15.1% 为离退休人员，4.49% 是失业人员，1.38% 为在校学生，还有 8.54% 为其他不在业人员（见图 3 - 10）。

通过结合调查对象填写的所从事行业以及就职的单位等信息，除去行业及就职单位的缺失信息，失业人员和其他不在业的海外人才主要是由于刚从国外回来处于求职状态，或者由于怀孕和身体不适等暂时离开所从事岗位，或者回国后做家庭主妇，全力照顾孩子和家庭，以及少量下岗职工。总体来说，回流海外人才回国后就业比例较高，在单位中多从事专业技术和企事业管理工作，这使得海外人才可以在实际工作中利用在国外学习的知识、工作经验，给所在单位带来先进的工作和管理理念，从而进一步缩小我国与国际在经济、文化、教育、科技等方面的差距。

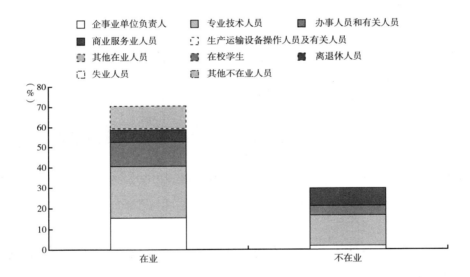

图 3 - 10　回流海外人才在业状况

资料来源：同图 3 - 1。

根据上海市第六次全国人口普查数据分析的《上海劳动力资源与就业状况》报告[①]，上海市在业人口职业分布中生产运输设备操作人员和商业服务人员所占比例较大，分别为 34.6% 和 28.6%，其次是各类专业技术人员

———————

① 上海统计局：《上海劳动力资源与就业状况》，http：//www. stats - sh. gov. cn/html/fxbg/201111/235037. html，2011 年 11 月 7 日。

（15%）和办事人员（13.5%），机关企事业单位负责人（5.2%）、农林牧渔水利生产人员（3%）和不便分类的其他劳动者（0.1%）所占比例相对较小。一方面是由于企事业单位负责人岗位数量较少，另一方面是21世纪以来上海产业经济不断改革，产业结构逐渐从"二、三、一"转变成"三、二、一"，第三产业迅速发展，第一产业的农林牧渔业发展相对较弱，从业人员数量也逐渐减少。总体来看，上海市在业人口以服务业和生产运输业为主，这和上海市不断增长的外来人口数量有关，与五普相比，上海外来常住人口总量已猛增至897.7万人，比五普时增长193.6%。此外，虽然外来人口受教育程度显著提高，但高中及以下文化程度的人口所占比例仍较高（69.6%），从而在一定程度上限制了外来人口的职业选择范围。

如图3-11，将回流海外人才在业分布与上海市在业人口相比较，回流海外人才所在职业主要为各类专业技术人员（27.9%）、企事业单位负责人（15%）和办事人员（14.9%），商业服务人员（6.1%）、不便分类的其他劳动者（5.1%）、生产运输设备操作人员（0.6%）和农林牧渔水利生产人员所占比例

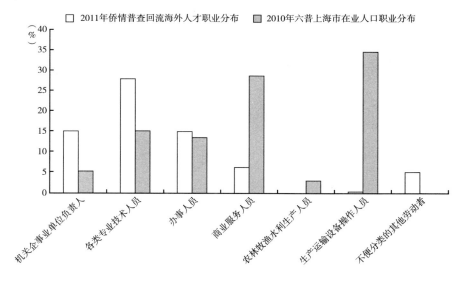

图3-11 回流海外人才和六普时上海在业人口职业分布比较

资料来源：同图3-1。

较小，不便分类的其他劳动者多为自由职业者。由此可以看出，回流海外人才在国内多为管理型人才和技术型人才，在业人口职业分布结构趋向技能化。

三 回流海外人才行业分布比较广泛，从事公共管理、社会组织和卫生、社会保障、社会福利行业的人才相对较少

从行业分布来看，回流海外人才从事的行业比较广泛，涉及制造业，信息传输、计算机服务和软件业，金融业，科学研究和技术服务业，教育、文化、体育和娱乐业等。其中，制造业和金融业是海外人才聚集较密集的行业，分别占回流海外人才总量的17.9%和18.7%，其次是教育、文化、体育和娱乐业以及信息传输、计算机服务和软件业，分别占回流海外人才总量的15.1%和14.8%，从事科学研究和技术服务业的海外人才比重为11.4%。调查数据显示，从事公共管理和社会组织，卫生、社会保障和社会福利业以及交通运输、仓储和邮政业的海外人才相对较少，分别为4%左右（见图3-12）。

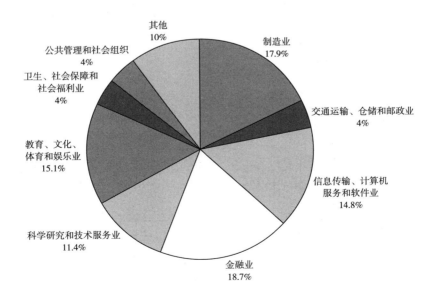

图3-12 回流海外人才从事行业分布

资料来源：同图3-1。

已有数据无法深入分析海外人才中从事公共管理和社会组织，卫生、社会保障和社会福利业以及交通运输、仓储和邮政业人数较少的原因，然而在访谈中发现，国内外行业制度和规范的差异，可能会使相关行业人才回流后产生工作不适应，进而影响他们对所从事行业和职业的重新选择。

案例：访谈对象 YB 的经历（根据录音整理）

　　我父亲他原来是在一个地方做民政方面的工作，因为他工作的关系，小时候家里没人，他就带着我上班，去民间看一看。那时候我就看到了民间的一些疾苦，真的，各种各样的人我都见到过，那种穷都穷得叮当响的人我都看过，还有其他一些生活中有各种各样问题的人。接触了这些人，我才发觉这个社会有这么多人生艰辛的人，我就希望自己通过做什么能改变一下吧。我觉得自己当时作为孩子，心灵是最纯真的。但是毕竟作为一个人，你说你能做什么呢，当时我可能隐约就觉得长大了能够通过上学什么的成为什么，然后进入中国相关的机关，去改变这些，后来也就一直有这个想法，隐隐约约的，虽然不是特别强烈，但是这个想法一直都有。后来有这个出国的机会学习这个专业，而且我在国内也听到很多关于公共管理对这个社会的影响力，尤其像一些非营利组织这些国际上的组织，其实对政府的功能是一种很大的辅助，我觉得通过这种方式其实也挺好的，所以当时我觉得还是要到国外去看看这些东西，去学学这些东西。因为中国的 MPA 它完全就是一种行政，跟国外的完全不同，而且它也没什么技术含量，整天就是一些打口号啊什么的，所以我非常好奇，也非常想去国外学学吧，就是说如果学了回来，看看能不能真正对这个社会起到什么作用，至于能有多大作用我也不知道……

　　不过说实在的，我觉得回来以后落差还是很大的，本来回来是想说进中国的政府机关，可是回来后发现跟我想象的是完全不一样的，所以我后来放弃了。哎呀，怎么说呢，我觉得梦想和现实总是有差距的。在国外毕业之后是直接回国的，但是在那边的地方政府也实习了一年，国外和国内是不同的行政机制，你知道吗，是完全不一样的。

其实当时回来后也问了一下，政府里各个方面条条框框的东西很多。就说最基本的，国内对于干部的任用不像国外是聘用制的，国内的主要是公务员，但是跟我要求的不太一样。国内公务员都是大学生毕业了直接去考，没有任何工作和社会经验就进政府机关工作（面露一些无奈）……像我要求的那种呢，基本上他们都是在基层待过，你在这个部门有一定的工作经验，然后再往上走。所以国内的这个对我来说，我就没兴趣了。

将回流海外人才的职业分布和所在行业交叉来分析，得到表3-3，回流海外人才中担任企事业单位负责人的主要聚集在制造业，信息传输、计算机服务和软件业，金融业以及教育、文化、体育和娱乐业等行业。由此可见，掌握上海经济、工业、信息和文化命脉的主要行业都已聚集了大批海外人才，并且海外人才担任了主要领导职务。这将使该行业的发展在决策过程中领先一步，即使不出国门也可以了解国际行业发展前景，并且利用国际先进的行业发展理念来完善、充实自我。海外人才中专业技术人员主要从事信息传输、计算机服务和软件业，科学研究和技术服务业以及教育、文化、体育和娱乐业等，技术型人才的不断涌入不仅给行业发展带来巨大的人力资源，也将在无形中优化行业人才的知识结构，促进行业的国内经验与国际知识、经验的有机结合，给行业发展带来丰富的创造力。其他办事人员和商业服务业人员等也主要聚集在金融业，制造业、文化和信息行业，他们将与海外人才中企事业单位负责人和专业技术人员相辅相成，为城市经济、文化、信息等方面的发展带来活力。

表 3 - 3 　 2011 年上海回流海外人才职业和行业交叉分析

单位：%

	企事业单位负责人	专业技术人员	办事人员和有关人员	商业服务业人员	生产运输设备操作人员及有关人员	其他在业人员
制造业	27.80	15.90	17.10	10.50	35.70	10.40
交通运输、仓储和邮政业	4.30	3.00	5.80	5.10	40.70	3.80
信息传输、计算机服务和软件业	13.30	20.10	11.70	8.10	9.30	10.10
金融业	12.20	13.30	19.90	29.60	1.40	18.00
科学研究和技术服务业	9.60	16.90	6.40	5.90	6.40	6.00
教育、文化、体育和娱乐业	11.90	16.40	14.10	13.80	2.10	17.00
卫生、社会保障和社会福利业	2.60	4.80	3.00	2.50	0.00	2.80
公共管理和社会组织	2.90	1.50	7.30	4.40	0.00	4.00
其他行业	15.40	8.20	14.70	20.10	4.30	27.90
合计	100.00	100.00	100.00	100.00	100.00	100.00

资料来源：同表 3 - 1。

· 第四章 ·

海外人才回流意愿分析

21 世纪以来，随着国际迁移理论的发展以及世界范围内人才回流现象的出现，关于人才回流的研究得到广泛的重视，并且从国际迁移的视角出发，针对影响人才回流行为的因素展开深入探讨，并取得了丰硕的成果。然而，既有研究多把人才完全当作一个经济个体，从经济学的视角研究吸引海外人才回流的各种经济、政策等宏观因素，却忽视了群体内部回流意愿的差异性，更忽视了作为社会人，个人因素、家庭因素和迁移因素对海外人才回流意愿的影响。因此，从人口学的视角研究影响海外人才回流意愿的微观因素显得十分重要。

第一节　影响海外人才回流意愿的因素分析

海外人才在面临回国与不回国的抉择时，会受到很多因素的影响，学者们也分别从各个方面对影响海外人才回流的因素做了深入的分析。基于前人的研究结果，本书将影响海外人才回流的因素总结为两类：宏观因素和微观因素。宏观因素主要是指海外人才选择回流时所面对的国内经济环境、政策制度环境和社会文化因素，微观因素主要是海外人才选择回流时对自身因素和家庭因素的考虑。

一 海外人才回流的宏观影响因素分析

(一) 经济因素

海外人才作为社会理性人，尽管回流后从事的工作性质和行业类型不同，但对于回流成本、收益的权衡是海外人才抉择是否回流时的首要考虑。当回流后各种经济和心理收益大于成本，或者与成本相差不大时，回流行为才成为可能，从而无论是对于回国创业者，还是回国寻求个人发展者，国内的经济发展状况极大影响着他们的回流行为。

在各种衡量经济变动的指标中，国内生产总值即 GDP，是衡量国家或地区经济发展综合水平的主要指标之一，其不仅反映了一个国家或地区的经济实力，也反映了市场规模。将国民生产总值分摊至每个国民身上时，人均 GDP 被公认为是衡量国民经济发展状况最重要的一个指标。当国家人均 GDP 较高时，意味着这个国家经济发展状况较好，也即国家的经济环境和技术环境较好，可以为国民提供更多的创业机会和发挥自身才能的机会，从而可以吸引海外人才纷纷回国发展。经济因素对海外人才回流的宏观影响，无论是人才回流的国际经验还是在我国人才回流的现实中都得到了很好的验证。

从海外人才回流的国际经验来看，"亚洲四小龙" 的韩国也经历了从 "人才外流" 到 "人才回流" 的艰难过程，其中经济因素在吸引人才回流中起到了非常重要的作用。"当人均 GNP 在 1500 美元以下时，人才回归率只有 6% 左右，即每年回归几十人，而人均 GNP 在 1500～2000 美元时，人才回归开始增长，人均 GNP 在 4000 美元以上时，人才回归大幅度增长，每年 2000～3000 人，人均 GNP 在 6000 美元以上时，回归人才达 5000 名以上。"[①] 同为 "亚洲四小龙" 的中国台湾在 20 世纪 80 年代也开

[①] 刘昌明、陈昌贵：《韩国人才回流的社会成因及启示》，《高等教育研究》1996 年第 17 期，第 77～84 页。

始出现海外人才回流现象，其经济因素的作用不容小觑。在海外人才初现回流趋势的 20 世纪 80 年代，台湾的经济每年保持 6%～7% 的增长速度，尽管不如六七十年代增长迅猛，但在当时国际普遍经济低速增长的环境下可谓"一枝独秀"。当时台湾人均 GDP 已是 3000～4000 美元，再加上 800亿美元左右的外汇存底和台币大幅度升值所显示出的雄厚发展潜力，让台湾赢来了大量人才回流①，到了 90 年代海外人才大量回流的高潮期，台湾人均 GDP 更是高达 1 万美元。根据国际经验，经济的快速发展对人才的回流起着首要影响作用，当 GDP 增长速度较快时，人才回流的数量也将大幅度增加。

国内学者们针对我国近年海外人才回流数量大幅度增加的现象，在对海外人才回流数量和宏观经济因素进行实证分析后，也认为国家的经济实力增强是我国海外人才回流的主要原因。国内人均 GDP 与海外人才回流数量呈显著的正向关系，当国内人均 GDP 增加时，我国回流海外人才增长数量也随之大幅度上升②，更有学者指出"在其他因素不变的情况下，GDP 每增加1000 亿元，学成回国人数将增加 959 人"③。韩国三星电子集团前董事长尹钟龙也曾预言"中国将是从留学归国的学工程的留学生中获益的另一个国家，当中国的国民生产总值达到 3000 美元时，许多优秀的中国留学生就可能决定回国了"④。由此可以看出，国内经济的发展状况是海外人才做出回流抉择时考量的主要因素。

（二）政策制度环境

人才的回流与否虽是个人迁移抉择，但同样会受到政策、制度的影响。

---

① 传瑛：《台湾人才回流热潮透视》，《中国人才》1994 年第 8 期，第 36～37 页。
② 王玉婷：《我国人才回流动因分析》，《人力资源管理（学术版）》2010 年第 4 期，第 44 页。林琳、孟舒：《中国智力回流动因的实证检验》，《统计与决策》2009 年第 17 期，第 94～95 页。
③ 中国海洋大学课题组：《我国海外人才回流的动因分析》，《软科学》2004 年第 5 期，第 58～60 页。
④ 刘昌明、陈昌贵：《韩国人才回流的社会成因及启示》，《高等教育研究》1996 年第 2 期，第 77～84 页。

在全球范围内的人才争夺战中，对于人才迁入国（通常是发达国家）来说，他们总是出台各种优惠政策，创造良好的制度环境来增加对异国人才的吸引力，希望可以留住人才为本国服务，提高本国人才竞争力，而移民就是他们最常用和最有效的手段。与此同时，为了吸引本国海外人才回流，人才流出国（通常是发展中国家或新兴工业国）也会根据自身的人才现状和人才发展要求，制定适合本国需要的人才政策和措施，吸引人才回流。从国际经验和我国实际情况来看，国家的政策和制度环境的改善确实对吸引海外人才回流起到了一定的促进作用。

"亚洲四小龙"之一的新加坡为了吸引海外人才回国，早在20世纪70年代就设立科技部，并针对海外人才实施了一系列人才计划，如"长期回国计划""临时回国计划""外国学者访问计划"，为人才回流打下良好的政策环境基础。之后从80年代起，将吸引人才回流与政府科技发展相结合，制定了"国际技术合作五年计划""产业技术开发计划"等①，在促进科研成果向企业转移的同时，拓宽海外人才回国服务的渠道，这些计划和政策为新加坡吸引了大批人才回流。

韩国在20世纪60年代即拟定了"人才回归计划"，不仅成立了专为吸引海外人才回流的韩国科学和技术研究所，还为了"确保研究所及科研人员学术活动的自主权，相继制定了《科技成绩法》、《技术开发促进法》和《工程技术人员晋升法》等一系列法律条例"②，从而为海外人才创造了良好的科研学术环境，赢得了人才回流高峰。

我国作为世界上最大的发展中国家，也是人才外流数量较多的国家之一，为了扭转人才外流不断扩大的趋势，我国早在20世纪90年代就设立了教育部中国留学人员服务中心〔现为中国（教育部）留学服务中心〕、人事

---

① 袁旭东：《中国引进海外人才的理论分析与实证研究》，博士学位论文，吉林大学，2009，第271页。

② 袁旭东：《中国引进海外人才的理论分析与实证研究》，博士学位论文，吉林大学，2009，第287页。

部留学人员和专家服务中心（现为人力资源和社会保障部留学人员和专家服务中心）、教育部国际司留学回国工作办公室等部门，这些都是专门为回流海外人才服务的机构。此外，在国家层面制定并出台了一系列吸引海外人才回流的计划，例如教育部的"百人计划""春晖计划""长江学者奖励计划"等，人事部印发了《关于鼓励海外高层次留学人才回国工作的意义》和《留学人员创业园管理办法》等通知，2008 年中央人才工作协调小组组织实施的"海外高层次人才引进计划"（"千人计划"）更是为我国吸引了大批海外高端人才。

各地方政府也针对地区需要推出各种吸引海外人才的政策，例如北京于2000 年出台了"绿色通道"——《北京市鼓励留学人员来京创业工作的若干规定》，引起了海外留学人员的强烈反响；上海市政府继 1997 年出台《上海市引进海外高层次留学人员的若干规定》后，于 2005 年颁布《鼓励留学人员来上海工作和创业的若干规定》，之后的"引进百名领军人才""雏鹰归巢计划""浦江人才计划""归谷计划""上海千人计划"更是为上海国际人才高地建设引进了一大批国际人才。种种海外人才政策和针对性的服务虽然无法定量地衡量其效用，但从各年回流的海外人才数量来看，自20 世纪 90 年代以来我国回流海外人才数量较 80 年代确实有了明显的增长，这与我国政策环境的逐步完善不无关系。

（三）社会文化因素

中国是一个拥有五千年历史的文明古国，文化底蕴深厚。对于那些出生在中国，并在国内接受家庭教育和学校教育的人来说，他们在东方传统文化的熏陶下，逐渐形成了东方式的思维模式、学习模式以及人际交往模式。当一部分人成为留学生走进异国他乡，接触另一种完全不同的文化时，由于文化体系不同，难免受到文化冲击，其社会适应过程不但艰难，社会适应的结果也因人而异。文化冲击首先会反映在语言上，虽然在国内就会接触到外语（通常是英语），会基本的听说读写，但是当真正走进全英文的语言环境时会发现之前会的听说读写只是九牛一毛，很多中国人在国外说 Chinglish 式的英语，写着具有中国特色的 Chinglish 句子，并且各地的地方英语口音也会给平时的交流带来难度。当社会适应中的首要一关——语言关无法突破时，就会影响海外人才在国外学习、生活和工作的其他方面，从而会进一步影响海外人才最终的回流与否。其次，由于东西方文化的差异，海外人才在异国他乡会面临在生活习惯、思维方式、人际关系等方面的适应问题，特别是人际关系。虽然西方强调多元文化和对异文化的包容，但实际上仅实现在形式上，其文化核心层对于外来者来说很难进入，这一点笔者在后期的访谈中也深有体会。如果说西方文化的玻璃门对于海外人才来说，是回流的"推力"的话，那么中国传统文化所造就的社会文化环境即海外人才回流的"拉力"，国内熟悉的环境更容易让他们产生亲切感，拉动海外人才回流。

此外，爱国主义情怀是促使众多海外人才回流的另一主要因素。"报效祖国"的信念让一大批海外人才在学有所成后纷纷回国，投入对祖国的建设中。中国近年经济的快速发展、国际地位的提升无不让海外人才感到骄傲。早在新中国成立初期，我国一大批科学家就是因为这份爱国主义情怀，纷纷放弃国外已有的优厚经济条件，毅然回到当时贫穷落后的中国，希望以自己所学报效祖国；在 21 世纪的今天，这种情怀依然影响了一代代的海外人才，王震宇教授的一项对中国留学归国人员的抽样调查发现，有 50% 的留学人员因为认为有责任为国家做贡献而选择回国发展①。

二 海外人才回流的微观影响因素分析

宏观环境是每个海外人才都会面对的大环境，然而在大环境相同的背景下，有的海外人才选择回国，也依然有海外人才选择不回国，这可能就涉及海外人才做出回流抉择时所考虑的微观影响因素，也即个人因素、家庭因素对海外人才回流意愿的影响。比如男性受性别因素的影响，在异国的社会融入相比女性要差，从而影响他们的回流抉择；在 36～50 岁年龄组中，回国

---

① 王辉耀：《留学人员最新动向调查》，《神州学人》2001 年第 2 期，第 8～15 页。

服务者比不回国者高 10 个百分点，退休人员更多的倾向于落叶归根；在公司担任经理或执行官的人，要比技术或其他专业人员更可能回国服务①。家庭方面，配偶对于回国发展的态度和子女的受教育状况②都会影响到海外人才的回流抉择。但是这些都是对已有现象的简单描述，缺乏严谨的统计分析，因此关于海外人才回流的微观影响因素分析是本章重点讨论的问题。

第二节　海外人才回流意愿微观分析的研究设计

一　分析框架

Jones 提出了分析迁出行为的概念框架。他认为，迁移行为受到两个方面因素的相互作用：压力或动力和移动能力。前者主要受到诸如住房、就业或环境等客观因素的影响，而后者主要取决于年龄、社会经济状况等因素③。这两者的不同组合构成人口的迁移可能曲线④。和迁出一样，移民返迁意愿和行为也受到各种社会经济和人口学变量的影响。基于不同的概念框架，不同学者将其归纳为不同的类别。如 Gmelch 将影响国际返迁的因素分为三类：爱国 - 社会因素、家庭 - 个人因素和经济职业因素⑤。Simmons 试图建立一个迁移意愿和行为的总体模型，将迁移意愿和行为视为背景因素和地方效用之感受的结果⑥。而 Waldrof 以此为基础，在背景因素中增加了随

---

① 崔大纬、钟少凤：《对智力外流的再认识：中国的"移民选择"》，载香港中文大学中国研究服务中心四十周年《中国现况》，2004，第 281 页。

② 陈昌贵、阎月勤：《我国留学人员回归原因与发挥作用状况的调查报告（一）》，《黑龙江高教研究》2000 年第 5 期，第 13～18 页。

③ Jones, H. R., *Population Geography* (London: Sage Publications Ltd, 1990), p. 165.

④ Morrison, P. A., "Theoretical Issues in the Design of Population Mobility Models," *Environment and Planning* 5 (1973): 125 – 134.

⑤ Gmelch, G., "Who Returns and Why: Return Migration Behavior in Two North Atlantic Societies," *Human Organization* 42 (1983): 46 – 54.

⑥ Simmons, A. B., "Recent Studies on Place-utility and Intention to Migrate: An International Comparison," *Population & Environment* 8 (1985): 120 – 140.

时间变化因素，也就是说在迁入地的融入以及和迁出地的联系等①。因此，他建立的概念框架认为，返迁受到个人属性、居民和工作满意度以及三个和时间相关的变量，即时间趋势、居留期限效应和退休前的工作年限等因素影响。

　　基于以上不同的概念框架，国内外学者们根据各自的研究内容，对影响返迁意愿和返迁动因的因素分别做出了回答。Aly 和 Shields 建立的家庭生产模型认为任何会影响返迁成本 - 收益的因素，如年龄、受教育程度、职业、婚姻状况、家庭规模等都可能影响移民回国的决定②。当越接近退休年龄时，移民返迁的可能性越大③。关于返迁者性别的差异，与女性相比，男性更容易返迁，并且返迁与否和迁移者的年龄密切相关：随着年龄的增长，返迁行为呈倒 U 形。婚姻和有无孩子也对返迁有影响，当未婚且没有孩子时，返迁的比例将更高，以上是 Lee Sang-Hyop 在美国和泰国进行的一项关于返迁和移民汇款行为研究的结论④。而论及个人受教育程度对返迁的影响，研究者对此略有争议，新古典经济学派认为受教育程度对移民的返迁有正面的影响，但新经济学派却认为没有⑤，Barrett 和 Trace 在对 20 世纪 90 年代爱尔兰人返迁者的研究中发现，回流的移民比仍然在国外的移民有更高的受教育水平⑥，但对埃及移民的研究结果恰恰相反，技能越高的移民越不容易

① Waldorf, B., "Determinants of International Return Migration Intentions," *The Professional Geographer*47（1995）：125 - 136.

② Aly, H. Y., Shields, M. P., "A Model of Temporary Migration：The Egyptian Case," *International Migration*34（1996）：431 - 447.

③ Waldorf, B., "Determinants of International Return Migration Intentions," *The Professional Geographer*47（1995）：125 - 136.

④ Lee, S. H. et al. "Repeat Migration and Remittances：Evidence from Thai Migrant Workers," *Journal of Asian Economics*22（2011）：142 - 151.

⑤ Constant, A., Massey, D. S., "Return Migration by German Guestworkers：Neoclassical Versus New Etheories," *International Migration*40（2002）：5 - 38. Cassarino, J. P., "Theorising Return Migration：The Conceptual Approach to Return Migrants Revisited," *International Journal on Multicultural Societies*6（2004）：253 - 279.

⑥ Barrett, A., Trace, F., "Who is Coming Back? The Educational Profile of Returning Migrants in the 1990s," *Irish Banking Review*（1998）：38 - 52.

返迁①。

　　除了个人因素，返迁者受家庭因素的影响也较为明显。迁移后又返回祖国，主要原因是有子女在祖国②，在泰国的三项研究虽然是在不同的年份，但得出了一致的结论：当配偶和子女在国内时，泰国移民返迁的比例很大，泰国返迁者中约39%有子女在国内，47%已婚并且配偶在国内③。而且随着迁移者在迁入国居留时间延长，对迁入地的适应过程将会改变迁移者的返迁计划，留在迁入地时间越长的人返迁的可能性越小④。

　　国内学者们在分析人才回流的影响因素时，也认识到除了大环境的经济、政策因素，其个人特征比如年龄、性别、婚姻状况，以及家庭特征比如配偶回流意愿、孩子年龄、求学状况等都会影响海外人才最终的回流抉择⑤。此外，由于海外人才身份的不同，其回流意愿是否也随之不同？崔大纬给出了这样的回答："公民身份似乎也有重要意义，有美国公民身份的人要比没有美国护照的人更积极（40%对31%）。此外，40%的为国服务者是

---

① Gang, I. N. , Bauer, T. K. , "Temporary Migrants from Egypt: How Long Do They Stay Abroad?" *The Institute for the Study of Labor* (*IZA*), Discussion Paper No. 3 (1998): 1 – 24.

② Dustmann, C. , "Children and Return Migration," *Journal of Population Economics*16 (2003): 815 – 830.

③ Pitayanon, S. , "The Impact of Short-term Contract Overseas Employment of Thai Workers on the Economy of Rural Households and Communities: A Case Study of Northeastern Villages," *Population and Development Projects in Thailand: Field Studies. Bangkok: Micro-level Studies Program on Population and Development Interactions in Thailand* (1983): 27 – 34. Lee, S. H. , Sukrakarn, N. , Choi, J. Y. , "Repeat Migration and Remittances: Evidence from Thai Migrant Workers," *Journal of Asian Economics* (2010): 148 – 152. Arnold, F. , Shah, N. M. , "Asian Labor Migration to the Middle East," *International Migration Review* 18 (1984): 294 – 318. Piper, N. , "Gender and Migration Policies in Southeast and East Asia: Legal Protection and Sociocultural Empowerment of Unskilled Migrant Women," *Singapore Journal of Tropical Geography*25 (2004): 216 – 231.

④ Adda, J. et al. , "A Dynamic Model of Return Migration," *IZA Ninth Summer School Paper* (2006): 1 – 18.

⑤ 复印报刊资料编辑部：《图书评介》，中国人民大学书报资料社，1999，第90页。陈昌贵、阎月勤：《我国留学人员回归原因与发挥作用状况的调查报告（一）》，《黑龙江高教研究》2000年第5期，第13～18页。陈昌贵、阎月勤：《我国留学人员回归原因与发挥作用状况的调查报告（二）》，《黑龙江高教研究》2000年第6期，第13～19页。

美国公民，而不服务者只有 29%。另一方面，40% 的不服务者拥有永久居民身份（绿卡），而在'为国服务者'中间只有 30% 具有这种身份。"① 因此，从这个方面看，身份因素也成为影响海外人才回流意愿的因素之一。

根据国内外对人才回流的研究，结合本章的研究目的，为在研究中突出我国海外人才不同身份回流意愿的差异，提出本章研究框架，如图 4 - 1 所示。

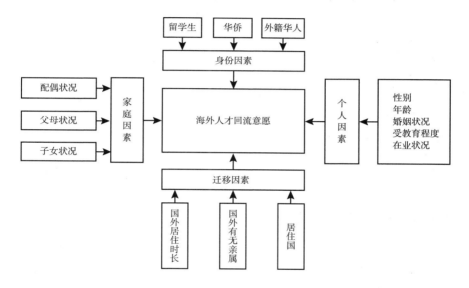

图 4 - 1　海外人才回流意愿微观影响因素分析框架

根据已有研究和本章分析框架，提出以下假设。

假设 1：海外人才回流意愿受到个人身份的影响，外籍华人在居住国享有越多的福利待遇和国民权利，回流意愿越弱。

假设 2：海外人才回流意愿受到个人因素的影响，男性、研究生学历、企事业单位负责人回流意愿较强。

假设 3：海外人才回流意愿受到本人在居住国居住时长和居住国是否有

---

① 崔大纬、钟少风：《对智力外流的再认识：中国的"移民选择"》，载香港中文大学中国研究服务中心四十周年《中国现况》，2004，第 281 页。

亲属的影响，在居住国时间越长并且国外有亲属时，回流意愿较弱。

假设 4：海外人才回流意愿受到家庭因素的影响，当配偶同在国外并且不愿意回国时，海外人才回流意愿较弱；当父母在国内，随着父亲年龄的增加，海外人才回流意愿增强；国外子女越多，子女年龄越小，回流意愿越弱。

二 数据、变量与方法

（一） 数据处理

由前文论述可知，家庭因素是影响海外人才回流意愿的主要因素之一，但已有的 2011 年上海市侨情普查数据为一人一条记录，所包含的信息仅为个人信息，缺乏个人家庭资料，所以本书通过原始数据库中的 2 个变量（与填表人的关系、户编码）将每户样本配对，补全每位海外人才的家庭信息，包括配偶、父亲、母亲、子女（4 位）、兄弟姐妹、（外）祖父、（外）祖母、（外）孙子女（4 位）等。在配对过程的每一步都进行细致的检查和处理，虽然难免有误差，但对分析不会造成很大影响，总体匹配效果较好。

（二） 变量测量

1. 自变量的选取

海外人才的身份是本研究的主要自变量，分为留学生、华侨、外籍华人。其内涵在绪论中已解释。

个人因素变量包括本人的年龄、性别、受教育程度、在业状况和在居住国居住时长，家庭因素变量包括配偶的回流意愿、配偶居住状况、配偶受教育程度、配偶在业状况、父母居住状况、父亲年龄、父亲受教育程度、父亲在业与否、国外子女数、国外子女年龄、国外子女受教育程度。

本人年龄、父亲年龄、国外子女年龄，以连续变量形式进入模型，此外为了探寻年龄变量的非线性效用，对个体年龄和父亲年龄引入年龄平方这一变量。

本人性别分为"男""女"两类。

本人受教育程度分为"大学专科""大学本科""研究生"三类。父亲受教育程度、国外子女受教育程度分为"初中及以下""高中""大学专科""大学本科""研究生"五类。

本人在业状况分为"企事业单位负责人""专业技术人员""办事人员和有关人员""商业服务业人员""生产运输设备操作人员及有关人员""其他在业人员""在校学生""退休人员和不在业人员"进入模型。配偶在业状况和父亲在业状况分为"在业""不在业"。

本人在居住国居住时长以连续变量形式进入模型。

配偶回流意愿分为"回""不回"两类。

配偶居住状况分为"无配偶""配偶在国内""配偶在国外"三类，父母居住状况分为"无父母""父母均在国内""父母分居国内国外""父母均在国外"四类。

2. 因变量的选取

因变量海外人才回流意愿是海外人才未来是否回国的打算。在问卷中，该变量设有十个选项"投资经商""应聘工作""公司外派""家属随迁""学习培训""投亲靠友""婚姻嫁娶""休假""其他"和"没有打算"，为便于分析，将选项重新分为两类："回""不回"，其中"回"包括原选项中除了"休假"和"没有打算"之外的所有选项，"不回"为原选项中的"没有打算"和"休假"①。

3. 缺失值的处理

在社会科学的问卷调查中，调查记录中出现缺失值很常见，本研究所用数据又为侨情普查数据，因调查对象的难获得性以及普查的特殊性，数据中出现缺失值更为常见。以往研究中对问卷缺失值的处理方法主要包括直接剔

---

① 由于调查问卷中询问的是调查对象近期回国的打算，因此本书研究中选择"不回"的调查对象并不意味着他们未来一定不回国，只代表暂时没有回国的打算，这可能受到他目前个人因素的影响，比如正在国外求学的留学生因为学业未完成，近期回国的可能性不大，但学业完成后的回国意愿尚无法获知。

除缺失值较多的样本、专门增加一项缺失值、均值替换法、回归替换法、期望值最大化法。对比分析几种缺失值处理方法发现，期望值最大化法是通过已有未缺失数据的分布情况推断出缺失数据的估计值，这种做法会使统计结果的可信度和精确度得到提高。并且使用该方法的一个重要前提是大样本数据，数量的庞大可以保证极大似然估计值是渐进无偏的并服从正态分布①。因此，本研究主要采用期望值最大化法对数据缺失值进行处理。

（三）分析方法

1. 分析策略

首先，比较影响不同身份海外人才回流意愿的个人因素、家庭因素和迁移因素在比例分布和均值上是否具有显著差异，对于连续变量采用独立样本 t 检验、对于分类变量采用 LR（似然比）检验。

其次，分析海外人才不同身份对回流意愿的影响。这里需要特别说明的一个问题是，由于海外人才分布于世界范围内的各个国家，因此海外人才的回流意愿不仅会受到个体个人因素、家庭因素、迁移因素的影响，国家的区域地理因素、社会文化因素等也会影响他们的回流意愿。为了控制海外人才不同居住国的影响，采用社会统计方法中的分层线性模型方法对海外人才回流意愿加以研究。

这里以海外人才回流意愿作为因变量，采用分层线性模型分析方法，三个群体全部进入模型。先考察不同身份对回流意愿的粗效应，再加入个体的个人因素、家庭因素和迁移因素等控制变量，考察控制这些因素后身份因素对海外人才回流意愿构成影响的净效应。

最后，分别分析不同身份海外人才回流意愿的影响因素，分析思路同上，但是进入模型的样本是三个群体分别进入。

2. 分析方法

因为海外人才居住国分布的广泛性和多样性，在研究他们回流意愿时不

---

① 胡红晓、谢佳、韩冰：《缺失值处理方法比较研究》，《商场现代化》2007 年第 5 期，第 352～353 页。

仅需要关注个人层次的解释变量，还应当考虑到不同国家之间差异的影响。而在以往关于人才回流的研究中，可能受缺乏相关数据的影响，未能在研究个人因素、家庭因素和迁移因素影响分析中同时考虑国家层面的影响。本书尝试对此有所研究，因此采用统计分析方法中的分层线性模型。

常用回归统计方法是对单一层面的分析单位进行变量之间关系的研究，这种分析方法有个重要的前提假定，即各分析单位之间是完全独立的。但由于这些分析单位隶属于不同的群组，这种假定其实与社会现实存在较大的出入。相同群组内的分析单位相互影响，并不独立，往往存在很强的同质性，又称为组内相关。而不同群组之间往往存在明显的差别，比如学生隶属于班级，班级又隶属于学校，而同一学校、同一班级的学生由于面对同一环境，因而有很强的相似性，这就是分层结构。当常规回归应用于分层数据时，其关于案例之间独立的假定就会被违反，因此所得到的统计结果便会出现偏差，并且所有统计检验均丧失了有效性。而分层线性模型是一种具有普适性的统计模型，正好适用于上述这种分层结构数据的分析。分层模型可以在一个模型中通过嵌套子模型来对不同层次的变量进行分析，因而这种方法在处理具有分层结构的数据时比常规回归方法更有优势。

下面简单介绍一下分层结构模型 HLM 的原理。

一个两层线性模型的基本形式包括以下公式：

（层 - 1 模型）

$$Y_{ij} = \beta_{0j} + \beta_{1j}X_{1j} + \beta_{2j}X_{2j} + \beta_{3j}X_{3j} + \cdots + \beta_{ij}X_{ij} + r_{ij}$$
$$= \beta_{0j} + \sum_{i=1}^{i} \beta_{ij}X_{ij} + r_{ij} \tag{1}$$

这里，Y_{ij} 为因变量，是我们研究对象的指标。

β_{0j} 是第 j 个层 - 2 单位里对层 - 1 单位的截距。

β_{ij}（i = 1，2，$\cdots$，i）是层 - 1 自变量的系数，表示每个层 - 1 单位的自变量 X_{ij} 与第 j 个层 - 2 单位的联系方向和作用强度。

X_{ij} 是层 – 1 中第 n 个案例的第 i 个自变量，它是影响层 – 1 案例 n 的第 i 个因素，这个自变量属于第 j 个层 – 2 单位中第 i 个层 – 1 单元。

r_{ij} 是层 – 1 中第 i 个案例的误差项，该案例属于第 j 个层 – 2 单位，且假定 $r_{ij} \sim N(0, \sigma^2)$。

第二层模型的因变量实际上是第一层模型里的回归系数，因此有人把分层结构模型叫作"回归的回归"[①]。

（层 – 2 模型）

$$\beta_{ij} = \gamma_{io} + \gamma_{i1} x_{1j} + \gamma_{i2} x_{2j} + \cdots + \gamma_{iq} x_{qj} + \mu_{ij}$$

$$= \gamma_{io} + \sum_{i=1}^{i} \gamma_{ij} x_{ij} + \mu_{ij} \qquad (2)$$

其中，γ_{io} 是对层 – 1 系数建立模型中对层 – 2 单位的截距。

$\gamma_{ij} X_{jj}$ 是层 – 2 模型的子变量，他们对于不同的 β_{ij} 可以是不同的，因为每一个 β_{ij} 可能被不同的因素影响，q = 1，2，…，q。

γ_{iq} 是层 – 2 模型中对应的系数，代表了层 – 2 自变量 x_{qj} 与 β_{ij} 相关的方向及强度。

μ_{ij} 是层 – 2 模型的随机效应，它也具有零均值、等方差、相互独立的特点。

从分层线性模型的各层的子模型的表述可以看到，模型比较复杂，但他们的层际逻辑关系是清晰的。其每层都是线性模型，低层变量的变化被来自高层的信息所解释。

分层模型可以根据研究者在研究中的需要而发展成不同的模型，这里仅介绍和本书相关的零模型和随机效应模型。

零模型：零模型是帮助研究者把方程分解为个体差异造成的部分和有组间差异造成的部分。它通常是应用分层模型分析的第一个步骤，通过零模型的分析，可以将层 – 1 因变量的总方差分解到不同层次，观察两层随

---

① 张雷、雷雳、郭伯良：《多层线性模型应用》，教育科学出版社，2003，第 46 页。

机方差各占总方差的比例分布，从而确定进行分层分析的必要性。在这种情况下，层－1和层－2中都没有自变量，也被叫作随即效应的单因素方差成分分析。

$$层 1 : Y_{ij} = \beta_{oj} + r_{ij} \tag{3}$$

$$这里, Var(ri) = \sigma^2 \tag{4}$$

$$层 2 : \beta_{0j} = \gamma_{00} + \mu_{oj} \tag{5}$$

$$这里, Var(\mu_{oj}) = \sigma^2 \tag{6}$$

要确定 Y 中的总体变异有多大比例是由于第二层的或者组的差异造成的，就要计算一个跨级相关，也叫作组内相关系数或群间关联度系数。

$$\rho = \frac{\tau_{00}}{\tau_{00} + \sigma^2} \tag{7}$$

或者表示为：

$$组内相关系数 = \frac{层 - 2 方差分量}{层 - 1 方差分量 + 层 - 2 方差分量} \tag{8}$$

组内相关系数值越大，说明层－1级 Y 的总方差中层－2级方差所占比例较大，从而用层－2级变量来对层－1因变量加以解释的可能性就越大。并且，这也意味着这种情况下仅对 Y 进行层－1级的常规回归分析，结果将会产生较大偏差，这也正是分层模型的用武之地。如果组内相关系数值很小，则意味着层－2级之间组间差异很小，即层－2级模型对 Y 没有可以解释的余地，也就是说层－2级的设立没有必要，也就没有必要运用分层模型，可以直接用常规回归模型直接分析因变量和自变量之间的关系。

随机效应回归模型：分层模型中的完整模型应该是层－1级和层－2级中均有自变量，这样就可以通过模型结果来解释 Y 的总方差是怎样受层－1级和层－2级因素影响的。但由于本研究中关于不同国家对海外人才回流意愿的影响中，无法准确确定国家的哪个因素会对其有影响，所以在层－2级中不设定自变量①，这样形成的分层模型为随机效应回归模型，其建构如下：

$$层-1: Y_{ij} = \beta_{oj} + \beta_{1j}X_{ij} + r_{ij} \tag{9}$$

$$层-2: \begin{matrix} \beta_{0j} = \gamma_{00} + \mu_{0j} \\ \beta_{1j} = \gamma_{10} + \mu_{1j} \end{matrix} \tag{10}$$

这个方程与分层模型中的完整模型的方程仅有的区别为不存在层－2级的自变量。这与传统的 OLS 回归是不同的，因为层－1 的截距和回归系数都不是固定的而是随机的，虽然层－2 级中没有自变量来解释层－1 里回归方程的变异，但是我们可以确定的是层－2 级的变异确实会对层－1 级的方差做出解释，并且层－2 单位之间确实存在差异。

由于海外人才来自世界范围内不同的国家，所以本书研究所用数据为具有分层结构的数据，层－2 级为海外人才居住国，层－1 级为海外人才个体的身份因素、个人因素、家庭因素和迁移因素。根据前文的研究框架和分层模型的理论架构，研究数据中层－1 级中自变量为之前选取的各自变量，因变量为海外人才回流意愿；层－2 级中不设定自变量。虽然通过分层模型的自变量中心化方法可以解决自变量多重共线性的问题②，但是为了减少自变量间的共线性，本书先检验了各变量之间的均值、标准差和相关系数。总体而言，各自变量之间的相关系数较低，但配偶受教育程度与配偶在业状况、配偶所在地相关系数较大，所以在原先设定的自变量中将配偶受教育程度这一变量去除③（见表 4－1）。

---

① 因为无法确定国家的哪个因素会影响海外人才的回流意愿，所以在层－2 模型中未加入国家层次的自变量，这样做的结果是不考察国家层次的自变量和个人层次的自变量之间的互动效应，而主要研究个人层次所含自变量对海外人才回流意愿是否会产生显著影响以及具体的影响程度。也就是说，把国家层次自变量和个人层次自变量之间众多的互动效应误差都归入国家层次的误差项中，这样的好处是便于集中分析个人层次的自变量在控制国家效用下对海外人才回流意愿的单独影响程度。

② 何晓群、闵素芹：《分层线性模型层－1 自变量中心化问题研究综述》，《统计与信息论坛》2009 年第 9 期，第 48～52 页。

③ 在之后分层结构模型中也曾将配偶受教育程度纳入模型，但结果不显著，所以将配偶受教育程度去除是合理的。

表 4 - 1　各变量的均值、标准差和相关系数

	均值	标准差	N	1	2	3	4	5	6	7	8
1. 本人性别	0.48	0.5	110205								
2. 本人年龄	41.04	13.99	110205	-0.08***							
3. 本人受教育程度	4.2	0.676	110205	-0.10**	-0.12**						
4. 本人在业状况	3.55	2.656	110205	-0.04**	-0.1**	-0.04**					
5. 本人身份	2.5	1.182	110205	-0.04**	-0.23**	0.11**	0.30**				
6. 本人在国外时间	13.83	9.456	110205	-0.08**	0.42**	-0.03**	-0.15**	-0.13**			
7. 本人国外家属状况	0.57	0.5	110205	-0.04**	0.44**	-0.08**	-0.15**	-0.21**	0.39**		
8. 本人回国意愿	0.37	0.483	110205	-0.01**	-0.08**	0.03**	0.04**	0.06**	-0.10**	-0.10**	
9. 配偶所在地	0.52	0.867	110205	-0.05**	0.15**	0.03**	-0.19**	-0.16**	0.10**	0.50**	-0.03**
10. 配偶受教育程度	4.13	0.894	27412	-0.02**	0.12**	0.09**	-0.12**	-0.15**	0.09**	0.49**	-0.03**
11. 配偶在业与否	0.91	0.293	27598	-0.03**	0.12**	0.04**	-0.22**	-0.16**	0.10**	0.47**	-0.05**
12. 配偶回国意愿	0.36	0.479	27598	0.04**	-0.13**	-0.02**	0.17**	0.13**	-0.09**	-0.43**	0.25**
13. 父母所在地	0.86	0.674	110205	0.08**	-0.37**	0.09**	-0.02**	0.01**	-0.15**	0.07**	-0.02**
14. 父亲年龄	67.85	11.362	59904	0.01**	-0.05**	0.04**	-0.06**	-0.02**	-0.04**	-0.04**	0.01
15. 父亲在业与否	0.22	0.411	59904	-0.01**	-0.38**	0.07**	0.21**	0.23**	-0.33**	-0.29**	0.06**
16. 父亲受教育程度	2.77	1.180	59904	0.03**	-0.19**	0.14**	-0.08**	0.03**	-0.14**	-0.13**	0.03**
17. 国外子女数	1.32	0.543	23164	-0.01**	0.18**	0.01*	-0.17**	-0.11**	0.14**	0.41**	-0.03**
18. 国外子女年龄	14.88	10.187	23164	-0.02**	0.29**	-0.05**	-0.09**	-0.09**	0.18**	0.36**	-0.03**
19. 国外子女受教育程度	2.39	1.315	22740	-0.01**	0.23**	-0.02**	-0.13**	-0.11**	0.14**	0.39**	-0.03**

续表

	9	10	11	12	13	14	15	16	17	18
1. 本人性别										
2. 本人年龄										
3. 本人受教育程度										
4. 本人在业状况										
5. 本人身份										
6. 本人在国外时间										
7. 本人国外家属状况										
8. 本人回国意愿										
9. 配偶所在地										
10. 配偶受教育程度	0.86**									
11. 配偶在业与否	0.42**	0.819**								
12. 配偶回国意愿	-0.34**	-0.33**	-0.51**							
13. 父母所在地	0.06**	0.09**	0.09**	-0.07**						
14. 父亲年龄	0.11**	0.12**	0.12**	-0.11**	0.10**					
15. 父亲在业与否	-0.13**	-0.11**	-0.12**	0.10**	0.09**	0.08**				
16. 父亲受教育程度	0.18**	0.22**	0.21**	-0.17**	0.21**	0.35**	0.30**			
17. 国外子女数	0.34**	0.32**	0.32**	-0.42**	0.06**	0.11**	-0.13**	0.16**		
18. 国外子女年龄	0.45**	0.40**	0.39**	-0.37**	0.02**	0.07**	-0.13**	0.07**	0.41**	
19. 国外子女受教育程度	0.49**	0.46**	0.46**	-0.42**	0.05**	0.09**	-0.12**	0.11**	0.41**	0.45**

注：***P<0.001, **P<0.01, *P<0.05。

第三节　海外人才回流意愿微观影响因素的总体分析

一　海外人才回流意愿的零模型分析

为了验证海外人才回流意愿是否因他们居住国不同而有差异，首先利用分层结构模型软件 HLM6.0 对数据构建零模型。在零模型中，层 - 1 级和层 - 2 级模型中均不放入任何自变量，仅在层 - 1 模型中放入因变量"本人回流意愿"，从而只关注海外人才回流意愿个体差异和居住国差异的比较，而暂时不考虑其他自变量对海外人才回流意愿的影响。换句话说，零模型的主要目的是将海外人才回流意愿总方差分解为个人和所居住国（背景）两个层次，以检验两个层的方差特别是层 - 2 方差的比例是否显著，这决定了在对海外人才回流意愿的分析中使用分层结构模型是否有意义。由于本书研究的海外人才回流意愿是二元分类变量，故使用 HLM 软件中的 Bemoulli 模型，其层 - 1 级和层 - 2 级模型分别为：

$$\text{Prob}(\text{回流意愿}_{ij} = 1) = \varphi_{ij} \tag{11}$$

$$层 - 1 模型：\ln[\varphi_{ij}/(1 - \varphi_{ij})] = \eta_{ij} \tag{12}$$
$$\eta_{ij} = \beta_{0j} + r_{ij}$$

$$层 - 2 模型：\beta_{0j} = r_{00} + u_{0j} \tag{13}$$

这里 $Y_{ij} = 1$ 表示第 j 个国家第 i 个海外人才的回流意愿是"回国"。零模型的分析结果见表 4 - 2。组内相关系数为：

$$\begin{aligned}
\rho &= \frac{层 - 2 方差分量}{层 - 1 方差分量 + 层 - 2 方差分量} \\
&= \frac{0.11831}{0.11831 + 0.99956} \times 100 \\
&= 10.58\%
\end{aligned} \tag{14}$$

由此得出居住国效应对海外人才回流意愿的解释力达到了 10.58%。

Cohen 曾提出组内相关系数标准：$\rho \geq 0.138$ 时为高度相关强度；$0.138 > \rho \geq 0.059$ 时为中度相关强度；$0.059 > \rho \geq 0.01$ 为低度相关强度。当 $\rho \leq 0.059$ 时，表示造成因变量组内的变异不可忽略，必须用多层线性模型考虑组间效用，若 $\rho \leq 0.01$ 则不用考虑多层线性模型[①]。按此划分标准，本书研究数据的组内相关系数为 0.1058，属于中度相关程度，说明本研究中居住国不同对海外人才回流意愿是有显著影响的，所以本研究利用分层结构模型的分析方法是可行并且有必要的。此外，结果给出模型可靠性值为 0.976，说明误差的方差较小，也表明模型拟合的估计值与海外人才回流意愿的真实值较接近。

表 4 - 2　海外人才回流意愿零模型的方差分量

随机效应	标准差	方差分析	自由度	Chi - 方值	P - 值
层 - 2 随机项 U_0	0.34396	0.11831	20	1388.65253	0.000
层 - 1 随机项 R	0.99978	0.99956			

二　海外人才回流意愿的随机效应回归模型分析

（一）模型建构及结果

在随机效应回归模型中，将前文设定的自变量纳入层 - 1 模型中，得到各效应的系数和统计显著性等指标（见表 4 - 3）。表 4 - 3 提供了三种模型分析结果：只加入个人身份模型、初始解释模型和最终解释模型。只加入个人身份模型旨在考察不同身份对回流意愿的粗效应，初始解释模型在此基础上加入个人因素、迁移因素和家庭因素等控制变量，考察控制这些因素后本人身份对海外人才回流意愿构成影响的净效应。模型代表了待检的关系结构假设，其中大多数关系得到了统计性检验的肯定，但也有一部分假设关系因

---

① Cohen, J., *Statistical Power Analysis for the Behavioral Sciences* (Mahwah, NJ: Lawrence Erlbaum Associates, Inc, 1988), p. 251.

统计性不显著而不能肯定。通过逐步淘汰各项最不显著的效应，表4-3 提供了最终得到的数据验证结果。

表 4-3 对海外人才回流意愿的 HLM 随机效应模型分析的回归系数

固定效应估计	只加入个人身份模型		初始解释模型		最终解释模型	
	系数估计	显著度	系数估计	显著度	系数估计	显著度
身份因素						
本人身份（华侨）						
留学生	0.582	0.000***	0.556	0.000***	0.564	0.000***
外籍华人	-0.036	0.131	-0.031	0.120	-0.032	0.116
个人因素						
本人性别（女）						
男			0.070	0.000***	0.074	0.000***
本人年龄			-0.008	0.06+	-0.008	0.067+
年龄平方			0.001	0.064+	0.001	0.059+
本人受教育程度（大学专科）						
大学本科			0.037	0.100+	0.042	0.071+
研究生			0.131	0.000***	0.136	0.000***
本人职业状况（不在业）						
企事业单位负责人			0.705	0.000***	0.718	0.000***
专业技术人员			0.089	0.001***	0.094	0.001***
办事人员			0.136	0.065+	0.140	0.054+
商业服务人员			0.101	0.057+	0.104	0.051+
生产运输人员			0.149	0.100+	0.150	0.086+
其他在业人员			0.124	0.073+	0.125	0.071+
在校学生			-0.012	0.694		
退休人员			-0.003	0.952		
迁移因素						
本人国外居住时间			-0.001	0.000***	-0.016	0.000***
国外家属状况（独自一人在国外）						
国外有亲属			-0.099	0.000***	-0.117	0.000***
家庭因素						
配偶居住状况（无配偶）						
在国内			1.529	0.000***	1.537	0.000***
在国外			-1.261	0.000***	-1.247	0.000***

续表

固定效应估计	只加入个人身份模型		初始解释模型		最终解释模型	
	系数估计	显著度	系数估计	显著度	系数估计	显著度
国外配偶在业状况（不在业）						
在业			− 0.061	0.335		
国外配偶回流意愿（不回）						
回			3.515	0.000 ***	3.605	0.000 ***
父母居住状况（无父母）						
父母均在国内			0.169	0.000 ***	0.162	0.000 ***
父母分居国内外			0.205	0.010 **	0.227	0.007 **
父母均在国外			− 0.182	0.000 ***	− 0.157	0.001 ***
国内父亲年龄			− 0.022	0.004 **	− 0.018	0.006 **
年龄平方			0.0001	0.017 *	0.0001	0.023 *
国内父亲在业状况（不在业）						
在业			− 0.026	0.374		
国内父亲受教育程度（无父亲）						
初中及以下			0.792	0.002 **	0.698	0.003 **
高中			0.728	0.004 **	0.631	0.006 **
大学专科			0.737	0.004 **	0.634	0.006 **
大学本科			0.792	0.002 **	0.690	0.003 **
研究生			0.903	0.001 ***	0.798	0.001 ***
国外子女数			0.060	0.087 +	0.042	0.033 *
国外子女年龄			0.004	0.872		
国外子女受教育程度（无子女）						
初中及以下			− 0.230	0.902	− 0.449	0.723
高中			− 0.078	0.487	− 0.244	0.111
大学专科			− 0.041	0.661	− 0.023	0.610
大学本科			− 0.049	0.365	− 0.109	0.024 *
研究生			− 0.079	0.040 *	− 0.061	0.003 **
截距	− 0.408	0.000 ***	− 0.435	0.000 ***	− 0.475	0.000 ***

注：***P < 0.001，**P < 0.01，*P < 0.05，+P < 0.1。

（二）模型结果分析

1. 身份因素对海外人才回流意愿影响显著，留学生回流意愿最强，外籍华人最弱

在建立完整随机效应回归模型之前，先只将本人身份进入层 − 1 级模型中，考察本人身份对海外人才回流意愿的粗效应，然后在粗效应分析基础上

加入个人因素、家庭因素和迁移因素进行控制，以考察本人身份对回流意愿的作用。

分析结果显示，本人身份不同对他们回流意愿影响的粗效应是显著的。相对于华侨来说，留学生回流意愿较强，比华侨高 78.9%；而外籍华人相比华侨回流意愿偏弱，其回流发生的概率比华侨低 3.7%。当加入个人因素、家庭因素和迁移因素进行控制以后，本人身份对海外人才回流意愿的影响依然显著，并且影响方向不变，只是影响程度有所减弱。因此，从回归结果可以看出，留学生、华侨和外籍华人三个群体中，留学生回流意愿最强，其次是华侨，外籍华人回流意愿最弱，这一结论也验证了假设 1 的观点。

2. 性别差异会影响海外人才回流意愿，年龄与回流意愿呈 U 形关系

个人因素对海外人才回流意愿也有显著影响。男性选择回流的概率明显高于女性。改革开放以来，我国自费留学生的数量节节攀升，并于 2000 年后成为我国出国留学的主力军，2006 年上海市某留学中介机构对自费留学的现状做了一次广泛调查，显示从留学生的性别比来看，女性为 50.1%，男性为 49.9%①，性别差异不大，但意愿回国的性别却有显著差异，由此可见国外的学习生活环境对男性和女性的影响不同。在访谈中发现，在异国他乡的社会融入状况不佳是促使男性回国的主要因素之一，而女性因为性别上的优势，在别的国家更容易获得尊重和社会支持，也更容易通过婚姻的方式融入所留学的国家，因此回国意愿没有男性强烈。

在年龄上，随着年龄的增长，海外人才回流意愿减弱，但当达到一定年龄之后，其回流意愿反而上升，也即海外人才回流意愿与年龄呈 U 形分布，这与 Lee Sang-Hyop 在泰国对泰国和美国之间移民返迁行为的研究结论相反：Lee Sang-Hyop 认为移民的返迁意愿与年龄呈倒 U 形关系。究其原因，Lee Sang-Hyop 的研究对象主要是劳动力阶层，他们的返迁行为更多地受到个人

---

① 朱士鸣：《考试心理技巧》，上海辞书出版社，2006，第 38 页。

迁移能力的影响：当年龄较小时，迁移能力较强从而使长距离的返迁成为可能；随着年龄增长，迁移能力的减弱会降低他们的返迁意愿。但是本书的研究对象主要是受教育程度较高的群体，在年龄较小的时候正处于学习知识、累积经验和资本的阶段，因此其回流意愿较弱；当知识、经验和资本累积到一定程度，找到合适的机会再回国，而这个时候海外人才的年龄也必然随着增长。

3. 高知、企事业单位负责人和专业技术人员回国意愿较强

上文关于年龄与回流意愿也呈 U 形关系的结论，从另一个方面验证了本书得出的另外两个结论：海外人才中的研究生、企事业单位负责人和专业技术人员回国意愿更强。相比海外人才中获得大学专科学历的人来说，大学本科学历的海外人才回流意愿也较强，但未通过统计显著性检验。在从事各行各业的海外人才中，相对不在业的来说，企事业单位负责人、专业技术人员、办事人员、商业服务人员、生产运输人员、其他在业人员都有回流意愿，只是回流意愿强度不同。其中，企事业单位负责人回流意愿最强，其回流意愿比不在业人员高出近一倍，并且统计检验极为显著。此外，专业技术人员回流意愿也较为显著，与不在业人员相比，回流意愿高出 9.3 个百分点。由此可以看出，我国经济的快速发展吸引了大批海外人才中的高端领导人才和企业负责人回国发展创业，拥有专业技术的人才也愿意利用在国外所学的专业知识回国工作，增强国家实力。至此，假设 2 的观点也得到验证。

4. 在校学生和退休人员回国意愿较弱

研究结果还显示，在校学生和退休人员回国意愿较弱，虽然统计检验不显著，但是仍可以看出这样的趋势。在校学生因为正处于求学阶段，其回流意愿自然较弱；退休人员回流意愿较弱，可能是由于退休人员已在居住国享受社会保险，但回国后由于没有国内工作经历无法享受国内社会保障待遇。访谈中，一位经常在国内外往返的 D 小姐给笔者传达了这样一条信息："去年我跟一个教授回来，他是在世界范围内做××做得很好的，我们国家有关部门想引进，但他最后就是因为养老问题没有回来。"

马斯洛的需求层次理论将人的需求分为生理需要、安全需要、社会需要、尊重需要和自我实现需要五个层次，当最基本的生理需要都无法获得保障时，社会需要和自我实现均无从谈起。因此，回国后的社会生存问题可能是海外人才中退休人员考虑否回国的主要问题之一。

5. 在居住国时间越长，国外有亲属同在，海外人才回流意愿越弱

迁移因素中本人在国外居住时间对回流意愿产生了显著的负向影响，在国外居住时间越长，海外人才选择回流的概率也越小。一方面，随着在国外居住时间增加，获得居住国永久居留权和国民身份的机会增加，上文已提及华侨和外籍华人回流意愿相比留学生不高；另一方面，在国外居住时间增加，也增强了海外人才在居住国的社会适应能力，从而降低了他们回国的意愿。此外，与国外有亲属的海外人才相比，独自一人在国外的海外人才选择回国的概率高 10.4 个百分点。由此可以看出，无论是在国内还是在国外，家庭的归属感对于海外人才来说还是较为重要的一方面，这在下面分析的家庭因素对海外人才回流意愿的影响中也充分体现出来。由此我们不应拒绝假设 3 的观点。

6. 海外人才回流意愿受配偶居住状况和配偶回流意愿影响较大

家庭因素对海外人才的回流意愿也有较为显著的影响。配偶的居住状况对海外人才是否回流有着很大的影响，当配偶身处国内时，海外人才回流意愿较强，当配偶同在国外时，他们的回流意愿则较弱，这在统计检验中极为显著。并且配偶的回流意愿也影响着海外人才回流的选择，当配偶回流的意愿较强时，他们的回流意愿也随之增强，反之亦然。而配偶的在业状况对海外人才的回流意愿没有显著影响。

HJ（化名）：我和太太是在国外认识的，当然在回不回国问题上，她的想法也会影响我，她是觉得在那边的工作挺好的，蛮想留在那边，所以我毕业后就在那里找工作，觉得要是能找到一个合适工作的话就留在那边了。

XF（化名）：我回来完全是因为太太，我其实在那边工作什么都蛮

好的，适应也没问题，主要是她很不适应那边的生活，吃的方面非常非常不习惯，所以为了她，我们就回来了，回来了她觉得很好很开心。

劳动迁移经济学理论认为人才流动不仅仅是个人的行为决策过程，不能简单地从不同国家之间的工资差来解释人才的迁移，还要考虑包含所处的家庭环境等因素，唯有整个家庭的利益最大化，才有可能理解海外人才的国际迁移行为，也就是说回流是海外人才从家庭层面计算的结果。因此，研究结果中与配偶团聚可以使家庭完整，实现家庭各种利益的最大化。与配偶回流意愿一致，不仅可以避免夫妻之间矛盾的产生，也可以使家庭首先达到精神上的和谐，从而进一步实现家庭其他利益的最大化。

7. 海外人才回流意愿与国内父亲年龄呈 U 形关系，父母在国内，回流意愿更强

除了配偶，父母和孩子对海外人才的回流意愿也存在影响。当父母都在国内居住，或者父母一人在国内一人在国外时，海外人才回流的意愿均较强，当父母都在国外时，他们的回流意愿也随着减弱。受我国传统文化的熏陶，"父母在，不远游"让很多海外人才回流的意愿加强。反过来，当父母同在国外时，其回流意愿必然随之减弱，这一意愿不因父亲的受教育程度差别而有所不同。研究结果显示，无论国内父亲的受教育程度是初中及以下、高中、大学专科、大学本科还是研究生，相对国内无父亲的人来说，他们都愿意回流，只是回流意愿程度有差别；当父亲文化程度为初中及以下和研究生时，海外人才更愿意回流，而与国内父亲是否在业没有显著性的关系。海外人才回流意愿与国内父亲年龄也呈 U 形关系，当父亲年龄在 62 岁之前海外人才回流意愿较低，当父亲年龄在 62 岁之后其回流意愿开始升高。这可能是由于年龄增加，父母在精神和生理上更需要支持，从而作为子女的海外人才回流意愿增强。访谈中 WU 和 WL 告诉笔者：

WU（化名）：我回来是有几个因素的，一方面因为父母年纪大了，

而且母亲在生病，作为儿子怎么也要回来照顾，另一方面感觉国内情况还不错，挺吸引人的。

WL（化名）：在上海，房子是男人的责任，所以好多人就想着在国外算了，女孩子可能压力就小一点，而且我是独生子女，爸妈都在国内，所以还是回来比较好，离爸妈近点，对他们照顾也方便些。

8. 未成年子女求学状况影响海外人才回流意愿，随着国外子女年龄和数量增加，海外人才回流意愿增加

随着国外子女年龄增加，需要来自父母的帮助减少，海外人才回流意愿增加，但子女年龄对海外人才回流意愿的影响未通过统计检验。虽然在访谈中，许多海外人才在谈到回国与不回国的考虑因素时，孩子的受教育程度是他们的主要考量，研究结果虽然也表明当孩子正在求学时，他们的回流意愿会减弱，但这一结果未通过统计检验。此外，结果显示，当国外子女数增加，海外人才回流意愿随之增强，当国外子女受教育程度达到大学本科和研究生时，海外人才的回流意愿并未增强，并且这一结论通过了统计检验，这是笔者目前还无法解释的现象，也与假设4结论相反。由此，假设4的观点被部分验证，其中关于国外子女数量与海外人才回流意愿的关系被拒绝。

在模型分析上，为了提供更为确切的估计系数，笔者逐步将初始模型中最不显著的层 –1 变量——淘汰，得到最终模型。可以看出，最后取得显著的层 –1 自变量与初始模型的检验结果一致，只是最终模型的系数估计值略有变化，一些自变量的显著水平有所提高。

第四节 不同身份海外人才回流意愿的微观影响因素分析

一 不同身份海外人才个人因素、家庭因素和迁移因素的比较

表 4 –4 统计并比较了不同身份海外人才之间个人因素、家庭因素和迁

移因素的差异，其中本人受教育程度和配偶受教育程度三个群体之间没有显著差异，外籍华人和留学生在本人职业状况和居住国状况方面没有显著差异，其余各因素的均值在三个群体之间都有显著差异。

从本人回流意愿来看，华侨和外籍华人选择不回的比例均高于留学生，55.4%的留学生愿意回国，华侨和外籍华人的这一比例分别为63.6%和66%。

在个人因素方面，留学生主要集中在30岁及以下年龄段，占留学生总量的83.2%，华侨以31~40岁居多，外籍华人中41~50岁的比例最高。在性别上，三个群体都是女性占多数，留学生中有研究生学历的比例高于华侨和外籍华人，在本科学历上三者相差不大。因为是出国读书，所以留学生中73.7%为在校学生，其余的可能未获得居住国永久居留权和国民身份，分散在各个行业。华侨和外籍华人中专业技术人员居多，分别占各自总量的33.4%和36.3%，两者较大的区别在职业为企事业单位负责人的部分，外籍华人中8.3%为企事业单位负责人，比华侨多2.5个百分点，由此可以直观地知道外籍华人中担任其所在单位或企业领导职位的较多。

在迁移因素方面，留学生在国外时间10年以下的占总量的91.7%，其中68.8%为5年以下；华侨在国外时间以6年以上居多，6~30年的比例为82.5%；外籍华人在国外时间普遍在10年以上，其中在居住国时间在20年以上的比例为45.9%。相比华侨和外籍华人，留学生中独自一人在国外求学的比例较高，有亲属同在国外的比例仅为13.8%，华侨和外籍华人中有亲属同在国外的比例较高，分别占各自总量的60.7%和74.9%。

从三个群体家庭因素情况来看，留学生无配偶的比例最高，占留学生总量的93.4%；在不考虑无配偶的情况下，华侨和外籍华人中配偶同在国外的比例较高，分别为30%左右，留学生的这一比例仅为5.8%。三个群体的配偶受教育程度呈现高度的一致性，大学本科和研究生的占绝大多数，这与海外人才本人受教育程度较高不无关系。关于配偶在业的比例，和华侨、外籍华人相比，留学生的配偶在业的比例较低，这可能是由于留学生中大部分仍为在校学生，因此其配偶为在校学生的比例也较高，降低了留学生配偶在业的比例。关于配偶的回流意愿，与海外人才本人的回流意愿较为一致，这也从一定程度上反映了海外人才回流意愿与配偶回流意愿的相关性。

三个群体中父母都在国内的比例较高，76.7%的留学生父母都在国内，华侨的为71.7%，外籍华人的这一比例相对较低，为60.9%。从父母都在国外的比例可以看出，外籍华人为华裔新生代的比例在三个群体中最高，留学生的比例最低。受海外人才本人年龄的影响，三个群体在国内的父亲年龄均值差异较大，留学生父亲的年龄最小，外籍华人父亲的年龄最大。与此相对应，外籍华人父亲不在业的比例最高，留学生父亲在业的比例最高。从在国内的父亲受教育程度来看，留学生父亲受教育程度最低，31.8%为高中、中专和技校，华侨和外籍华人父亲受教育程度较高，大学本科及以上学历的占总体比例分别为32.2%和42.9%。

三个群体在国外子女的数量和国外子女的年龄上具有显著差异，留学生因没有孩子的比例较高，其国外孩子数量和年龄均值都很小，华侨和外籍华人的均值相对较高，其中外籍华人国外子女的数量均值比华侨高，国外子女的年龄均值比华侨的要大2.4岁。相比较三个群体国外子女的受教育程度，由于留学生本人平均年龄比华侨和外籍华人小，其子女年龄也较小，正处于求学阶段，因此留学生子女目前的求学阶段影响了他们整体的受教育程度。虽然三个群体国外子女受教育程度集中在高中及以下，但子女受教育程度在本科及以上的比例，华侨和外籍华人的明显较高。

表4-4 不同身份海外人才个人因素、家庭因素和迁移因素的差异比较

单位：%

项目	华侨(1)	外籍华人(3)	留学生(4)	LR/t 检验
本人回流意愿				***（1,3）
不回	63.6	66.0	55.4	***（1,4）
回	36.4	34.0	44.6	***（3,4）

项目	华侨(1)	外籍华人(3)	留学生(4)	LR/t 检验
个人因素				
本人年龄				** (1,3)
30 岁及以下	19.4	10.3	83.2	*** (1,4)
31 ~ 40 岁	30.0	14.6	13.7	*** (3,4)
41 ~ 50 岁	29.1	37.6	2.4	
51 ~ 60 岁	14.4	24.4	0.6	
61 ~ 70 岁	4.2	8.2	0.1	
71 岁及以上	2.9	4.9	0	
本人性别				*** (1,3)
男	45.2	49.7	49.8	*** (1,4)
女	54.8	50.3	50.2	
本人受教育程度				
大学专科	19.2	15.0	7.3	
大学本科	49.2	51.1	49.9	
研究生	31.5	34.0	42.9	
本人职业状况				*** (1,3)
企事业单位负责人	5.8	8.3	0.9	*** (1,4)
专业技术人员	33.4	36.3	7.8	
办事人员和有关人员	9.4	7.9	2.2	
商业服务人员	10.2	7.8	1.8	
生产运输设备人员	1.1	0.9	0.2	
其他在业人员	10.2	11.3	2.6	
在校学生	3.0	3.9	73.7	
离退休人员	5.8	8.8	0.1	
不在业人员	19.3	14.9	10.8	
迁移因素				
在国外时间				*** (1,3)
5 年及以下	15.8	4.9	68.8	*** (1,4)
6 ~ 10 年	27.3	9.6	22.9	*** (3,4)
11 ~ 20 年	38.7	39.5	7.2	
21 ~ 30 年	16.5	40.3	1.1	
31 ~ 40 年	1.1	3.3	0	
41 年及以上	0.6	2.3	0	
国外家属状况				*** (1,3)
独自一人在国外	39.3	25.1	86.2	*** (1,4)
有家属在国外	60.7	74.9	13.8	*** (3,4)

续表

项目	华侨（1）	外籍华人（3）	留学生（4）	LR/t 检验
家庭因素				
配偶居住状况				**（1,3）
无配偶	67.1	66.8	93.4	***（1,4）
在国内	2.3	3.0	0.8	***（3,4）
在国外	30.6	30.2	5.8	
配偶受教育程度				
初中以及下	0.9	1.0	0.7	
高中、中专、技校	5.1	5.6	2.0	
大学专科	13.8	12.6	6.9	
大学本科	44.0	44.0	36.7	
研究生	36.2	36.8	53.7	
配偶就业状况				***（1,3）
不在业	8.7	7.7	34.6	***（1,4）
在业	91.3	92.3	65.4	***（3,4）
配偶回国意愿				***（1,3）
不回	63.2	65.9	58.7	***（1,4）
回	19.3	15.4	28.3	***（3,4）
父母居住状况				***（1,3）
无	23.5	30.8	19.2	***（1,4）
都在国内	71.7	60.9	76.7	***（3,4）
分居国内外	0.8	1.1	0.9	
都在国外	4.0	7.3	3.2	
在国内的父亲年龄				***（1,3）
均值	69.24	74.54	56.94	***（1,4）
标准差	9.434	9.066	7.463	***（3,4）
在国内的父亲在业状况				***（1,3）
不在业	87.3	94.2	44.3	***（1,4）
在业	12.7	5.8	55.7	***（3,4）
在国内的父亲受教育程度				**（1,3）
初中以及下	21.0	16.4	16.1	***（1,4）
高中、中专、技校	26.5	22.0	31.8	***（3,4）

续表

项目	华侨(1)	外籍华人(3)	留学生(4)	LR/t 检验
大学专科	20.3	18.7	22.2	
大学本科	29.8	39.4	24.5	
研究生	2.4	3.5	5.4	
国外子女数量				***(1,3)
均值	1.25	1.37	0.02	***(1,4)
标准差	0.492	0.576	0.139	***(3,4)
国外子女年龄				***(1,3)
均值	13.65	16.05	0.97	**(1,4)
标准差	10.224	9.848	7.673	***(3,4)
国外子女受教育程度				***(1,3)
初中以及下	30.4	32.3	21.5	***(1,4)
高中、中专、技校	40.1	29.7	63.9	***(3,4)
大学专科	3.9	4.5	2.5	
大学本科	20.3	25.3	8.9	
研究生	5.3	8.1	3.2	

注：***$P<0.001$，**$P<0.01$，*$P<0.05$，+$P<0.1$。(1,3) 表示华侨和外籍华人群体的比较，(1,4) 表示华侨和留学生群体的比较，(3,4) 表示外籍华人和留学生群体的比较。

二　影响不同身份海外人才回国意愿的因素比较

为分辨影响不同身份海外人才回流意愿的因素差异，本部分将留学生、华侨和外籍华人分别进行分层模型分析。首先对三个群体分别构建 HLM 零模型，结果显示三个零模型的组内相关系数分别为留学生 7.06%、华侨 5.25%、外籍华人 20.23%，由此可以知道，居住国不同对他们的回流意愿是有显著影响的，对这三个群体构建分层结构模型是合理和有效的。

其分析方法和步骤与上面分析影响海外人才回流意愿时相同，区别在于因为已将海外人才分为三个群体，"本人身份"将不在层 -1 级的自变量中出现，三个模型分析结果见表 4 - 5。

表 4 - 5　不同身份海外人才回流意愿影响因素的分析结果

固定效应估计	华侨回流意愿		外籍华人回流意愿		留学生回流意愿	
	系数估计	显著度	系数估计	显著度	系数估计	显著度
个人因素						
本人性别（女）						
男	0.122	0.000 ***	0.148	0.000 ***	- 0.022	0.409
本人年龄	- 0.006	0.406	- 0.0146	0.054 +	- 0.041	0.011 *
年龄平方	0.0001	0.060 +	0.0005	0.485	0.0006	0.007 **
本人受教育程度（大学专科）						
大学本科	0.022	0.538	0.079	0.042 +	0.009	0.876
研究生	0.003	0.952	0.246	0.000 ***	0.161	0.009 **
本人职业状况（不在业）						
企事业单位负责人	0.635	0.000 ***	0.687	0.000 ***	0.888	0.000 ***
专业技术人员	0.192	0.000 ***	- 0.061	0.160	0.125	0.003 **
办事人员	0.201	0.066 +	- 0.068	0.247	0.444	0.065 +
商业服务人员	0.127	0.053 +	0.005	0.932	0.393	0.059 +
生产运输人员	0.367	0.065 +	- 0.230	0.159	- 0.001	0.997
其他在业人员	0.184	0.058 +	0.023	0.655	0.126	0.199
在校学生	- 0.124	0.213	- 0.268	0.004 **	0.017	0.724
退休人员	- 0.044	0.632	- 0.028	0.723	- 0.057	0.926
迁移因素						
本人国外居住时间	- 0.021	0.000 ***	- 0.005	0.020 *	- 0.029	0.000 ***
国外家属状况（独自一人在国外）						
国外有亲属	- 0.074	0.044 *	- 0.237	0.000 ***	0.148	0.065 +
家庭因素						
配偶居住状况（无配偶）						
在国内	1.09	0.000 ***	1.936	0.000 ***	1.131	0.000 ***
在国外	- 1.28	0.000 ***	- 1.131	0.000 ***	- 1.372	0.000 ***
国外配偶在业状况（不在业）						
在业	- 0.050	0.631	- 0.031	0.757	- 0.211	0.245
国外配偶回流意愿（不回）						
回	3.847	0.000 ***	3.351	0.000 ***	3.676	0.000 ***

固定效应估计	华侨回流意愿		外籍华人回流意愿		留学生回流意愿	
	系数估计	显著度	系数估计	显著度	系数估计	显著度
父母居住状况（无父母）						
父母均在国内	0.300	0.000 ***	0.096	0.044 *	0.773	0.000 ***
父母分居国内外	0.036	0.082 +	0.449	0.000 ***	−0.170	0.226
父母均在国外	−0.147	0.139	−0.301	0.000 ***	−0.120	0.210
在国内的父亲年龄	0.029	0.082 +	0.009	0.549	−0.065	0.000 ***
年龄平方	−0.0002	0.067 *	0.0001	0.308	0.0005	0.002 **
在国内的父亲在业状况（不在业）						
在业	−0.019	0.739	−0.091	0.288	−0.033	0.445
在国内的父亲受教育程度（无父亲）						
初中及以下	−0.961	0.095 +	−0.191	0.622	2.300	0.000 ***
高中	−0.927	0.105	−0.198	0.614	2.099	0.000 ***
大学专科	−0.983	0.089 +	−0.110	0.736	2.122	0.000 ***
大学本科	−0.926	0.107	−0.075	0.889	2.108	0.000 ***
研究生	−0.900	0.123	0.150	0.764	2.268	0.000 ***
国外子女数	0.061	0.349	0.091	0.001 ***	0.179	0.120
国外子女年龄	0.006	0.161	0.004	0.872	0.009	0.321
国外子女受教育程度（无子女）						
初中及以下	−0.484	0.004 **	−0.008	0.714	−1.649	0.000 ***
高中	−0.356	0.008 **	−0.041	0.464	−1.469	0.000 ***
大学专科	0.040	0.010 **	0.049	0.661	−1.376	0.215
大学本科	0.017	0.923	−0.078	0.365	−0.752	0.199
研究生	−0.078	0.134	−0.230	0.040 *	−0.185	0.785

注：*** $P < 0.001$，** $P < 0.01$，* $P < 0.05$，+ $P < 0.1$。

表 4 - 5 的分析结果显示，影响留学生、华侨和外籍华人回流意愿的因素有所不同。

1. 性别、年龄对三个群体回流意愿的影响不同，除了企事业单位负责人，三个群体中不同职业人才回流意愿不同

华侨和外籍华人中的男性更愿意回流，但留学生却是女性回流意愿较强，其回流意愿比男性高 2.2 个百分点，但是留学生性别的影响未通过统计

检验。留学生的年龄与他们回流意愿呈 U 形关系，华侨和外籍华人虽然也有该趋势，但并不显著。企事业单位负责人中无论是留学生、华侨还是外籍华人，其回流意愿都较强，由此可见选择回国创业的海外人才并不受身份的影响，更多的是受国内经济、政策制度的影响。此外，华侨和留学生中专业技术人员回流意愿也较强，这一现象在外籍华人的专业技术人员中并不明显，但是外籍华人中在校学生的回流意愿较弱，并且很显著。

2. 不同的迁移因素对三个群体影响不同，华侨和留学生受国外居住时长影响、外籍华人受国外亲属影响更大

华侨和留学生在国外居住时间越长，回流意愿越弱，这与前文的分析一致，但外籍华人受这一因素的影响并不明显，反而国外有亲属对其回流意愿有正向影响：当国外有亲属时，外籍华人回流意愿较弱。

3. 配偶居住状况和回流意愿对三个群体回流意愿影响无显著差异，父母居住状况不同，不同身份海外人才回流意愿有所差异

配偶对海外人才回流意愿的影响不因海外人才身份不同有异，三种身份的海外人才的回流意愿都随着配偶的居住状况和回流意愿而变，当配偶在国外并且愿意回流时，海外人才回流意愿也较强。父母都在国内对华侨、留学生和外籍华人的影响都较为显著，导致回国意愿较强。当父母一个在国外一个在国内时，外籍华人更多的选择回国，而留学生更多的选择不回国。父母都在国外对外籍华人回流意愿的影响较大，对华侨和留学生的影响不显著。

因留学生的父亲在国内的比例最大，所以留学生回流意愿受在国内的父亲的影响也较大。当父亲在国内时，无论父亲的受教育程度如何，留学生都愿意回流，并且回流意愿与父亲的年龄呈 U 形关系。

4. 留学生和华侨回流意愿受未成年子女求学状况影响显著，子女学历越高，外籍华人回流意愿越弱

将不同身份的海外人才放在一起分析时，国外子女的受教育程度对他们的回流意愿影响不显著，但拆开来分析时，这一影响凸显。当子女正在读高中、初中或小学时，华侨和留学生回流意愿明显较弱。从回流意愿的强度上

来说，子女在初中或小学上学和子女在高中读书相比，华侨和留学生回流意愿更弱。对于华侨来说，当子女受教育程度为大学专科时，他们的回流意愿增强，当子女是研究生时，外籍华人回流意愿较弱。关于子女教育对海外人才的影响，LJS 和 YJ 先生的亲身经历似乎很能说明这个问题：

> LJS（化名）：我当时回国的时候我小孩在国外上小学一年级，小孩回来上学去学校测评，英语是免考的，学校拿上一年的小学一年级试卷来测评，语文数学加起来才 45 分，但是他在××华语、数学都是 98 分、100 分的，怎么这么差啊，当时对我和小孩的打击都还是蛮大的。小孩后来跟我说是中文看不懂，因为他数学在那边都是用英文上的，所以考试看不懂题目，××的华文算不错的，但是跟国内没法比，学的深度没法比。他刚回来的头两年经常发飙，上海这么脏为什么要回来，我又没有朋友，上课也听不懂，老师说不许交头接耳，什么是交头接耳，他听不懂，经常会生气：你看我在国外成绩那么好，现在什么都听不懂。

YJ 先生的孩子似乎问题更为严重：

> 回来之前，我女儿读初一，回来以后在上海读完高中考上美国大学之后，还不会讲中文，她就坚持不讲中文，只会和出租车司机说去哪里，去餐馆点个菜，问个厕所，就到此为止。虽然在上海中学国际部，但我是动用了各种关系，当时她上初一，语文不行，我就找关系，给她降到六年级，她初二的时候不行，又降到五年级，等她高中毕业的时候还是上的四年级的班，但还是不及格，所以她 GPA 平均分数就被语文拉下来了，我女儿当时很压抑的，在瑞金医院特需门诊看了 6 年的心理医生。

通过前文分别对留学生、华侨和外籍华人回流意愿影响因素的分析，总结归纳后，我们可以得出这样的结论：当配偶和父母都在国内时，三个群体的回流意愿均较强；当配偶回流意愿强时，海外人才回流意愿也较强。并且海外人才中担任单位领导或拥有自己企业公司的人更愿意回流，这部分人群即我国目前主要的回国创业人员。分开来看，外籍华人中男性、拥有高学历的人才更愿意回流；华侨男性回流意愿比女性高。关于留学生的回流意愿，中青年、拥有高学历、父母在国内的回流意愿较高。

关于不回流的影响因素中，当父母都在国外、配偶在国外时，三种身份的海外人才回流意愿都不高；当配偶不愿意回流时，在国外居住时间越长，海外人才回流意愿越弱。分开来看，外籍华人中女性、在校学生回流意愿较弱；华侨中女性，国外有子女就读小学、初中和高中时，回流意愿较弱；年轻的留学生以及国外有子女就读小学、初中和高中时，回流意愿也较弱。

第五节　小结

海外人才回流意愿受宏观经济、政策和社会文化因素的影响，然而在宏观背景相同的情况下，海外人才的回流意愿差异受微观因素的影响凸显。本章简要分析了影响海外人才回流的宏观因素，并利用分层线性模型在控制来源国差异的前提下，重点讨论了海外人才回流意愿的微观影响因素，以及身份差异对海外人才回流意愿的影响。分析结果表明：（1）身份不同，海外人才回流意愿有差异，留学生回流意愿最强，华侨较弱，外籍华人最弱；（2）海外人才回流意愿受到个人因素、迁移因素和家庭因素的影响，男性、研究生、企事业单位负责人和专业技术人员回流意愿显著较强，国外有无亲属和在国外居住时间显著影响海外人才回流意愿，此外配偶的居住状况、回流意愿、父母的居住状况等家庭因素对海外人才回流意愿影响较大；（3）分不同身份来分析，企事业单位负责人、配偶居住状况、配偶回流意愿、父母居住状况对三个群体回流意愿的影响依然显著，但其他因素对于不同身份的海外人才影响不一致。此外，通过对华侨、外籍华人和留学生回流意愿影响因素的分别分析，子女受教育程度对海外人才回流意愿的影响显现出来。当子女处于高中及以下学习阶段时，华侨和留学生回流意愿显著减弱，但外籍华人受此影响较小。通过比较各自变量的系数估计发现，众多微观因素中，家庭因素对海外人才回流意愿影响最大（见图4-2）。

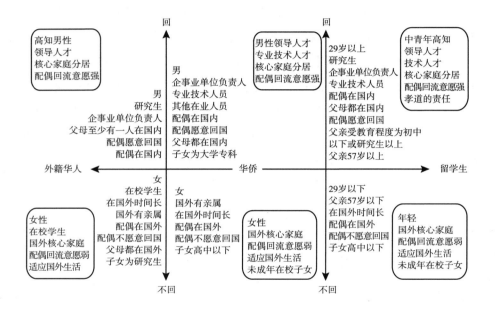

图4-2 留学生、华侨和外籍华人回流意愿影响因素对比分析

第五章

海外人才回流动因分析

　　回流海外人才为何没有选择留在居住国,而是选择回国?这是一个因果关系的问题,回流是结果,那么回流原因是什么?动因是学者们用于解释迁移行为的原因变量,动因涉及诱因与目标,研究中可以透过目标或诱因来了解迁移者的迁移动因,因为目标是客观的,是可以被调查的。目标是人们期望通过迁移获得的一种目的物或事件,它诱发人们采取行动,迁移正是用于达到目标的行为方式。

　　"迁移行为的完成包括需要或诱因力量的运作、行为的采取以及抵达目的地后的调适,动机会涉及所有这些移动过程的步骤。"[①] 因此,关于迁移者整个迁移过程的研究应该包括三个方面:迁移决策时诱因的影响、迁移行为的发生和迁移后的社会适应,将三个方面具体操作化即迁移意愿研究、迁移动因研究和迁移后社会适应研究。海外人才的回流行为属于国际迁移的一种,从而关于他们迁移过程的研究也应该包含以上三个方面的内容。在前一章我们已对海外人才的回流意愿进行了深入的探讨,本章将主要探究海外人才回流的动因以及不同身份海外人才回流动因的差异,下一

---

　　①　谢高桥:《都市人口迁移与社会适应——高雄市个案研究》,巨流图书公司,1981,第82 ~ 96 页。

章再试图探寻海外人才回国后在国内的社会适应状况。在此，我们所关注的问题是：回流海外人才回国的目的是什么？不同身份的海外人才回流动因是否有差异？

第一节　回流动因研究的方法和基本内容

通过对海外人才回流意愿的分析，并结合其他学者的研究结果，我们知道海外人才回流行为的发生是多种因素综合作用的结果。对于仍在国外的海外人才来说，他们考虑是否回国时会慎重权衡祖（籍）国的经济、政治、文化等因素，也会考量个人的客观现实状况以及家庭的因素，对于决定回国或者已经回国的海外人才来说，他们回国的动因也是基于以上各种因素的分析、比较和判断。

我国历史上曾出现过几次海外人才回国热潮①，对于当时的国内外环境来说，共赴国难、抵御外侮和参加新政权建设是好几代海外人才毅然回国的主要动因②。改革开放以来，随着我国经济的飞速发展、政策环境的不断改善，海外人才回流数量逐年增长，关于此时他们回流动因的研究也如雨后春笋般涌现。有的学者将海外人才的回流动因归结为经济或政治因素③，也有的学者将经济、政治和社会因素结合起来分析新时期海外人才回流的动因④，但是两者都侧重于宏观因素对海外人才回流动因的影响，忽视了海

---

① 第一次在清末民初新旧政权更替之际，第二次是在 1937 年"七七事变"后国难当头之时，第三次是在新中国成立前后。

② 高兰英、陈昌贵：《影响我国留学人员回归的主要原因》，《教育评论》2000 年第 2 期，第 49～52 页。

③ 孙健、朱雨顺、纪建悦：《我国海外人才回流的动因分析》，《人才资源开发》2005 年第 3 期，第 6～7 页。孙健、纪建悦、王丹：《海外科技人才回流的规律研究》，《中国软科学》2005 年第 8 期，第 6～10 页。林琳、孟舒：《中国智力回流动因的实证检验》，《统计与决策》2009 年第 17 期，第 94～95 页。王玉婷：《我国人才回流动因分析》，《人力资源管理（学术版）》2010 年第 4 期，第 44 页。杨玉杰、朱建军：《基于人才回流动因计量的中国人才外流问题研究》，《价值工程》2010 年第 26 期，第 21～23 页。

④ 向远菲：《加拿大新移民回流研究》，《时代文学（下半月）》2008 年第 1 期。

外人才在回流动因上的个人能动性。Huang 在对上海 "海归" 的研究中认为，虽然在当初决定出国时，经济因素扮演了很重要的角色，但在他们决定回国时，经济因素不再是唯一的主导因素，相反非经济因素可能影响更大①。

回流动因会受到多种因素的影响，每个个体的具体回流原因也会不同，那么回流动因到底分为哪几个方面呢？谢高桥在研究台湾都市地区人口迁移时，将移民迁移的动机分为家庭、生活及工作三个层面来考察，在每个层面分别考察人口特征（性别、年龄与婚姻）、社会经济地位（教育及职业）及原居住地都市化程度（行政区域层次）与迁移动机的关系②。陈昌贵对 417 位归国留学人员的调查分析结果显示，寻求个人发展是留学人员回国的主要动因，家庭因素，政治、文化环境也对留学人员的回国产生很大的影响③。Huang 通过个案访谈将上海 "海归" 的回流动因归结为个人发展动因和家庭因素两个方面④。在 2011 年上海市侨情普查调查问卷中，回流海外人才的具体回国原因分为 9 类：投资经商、应聘工作、公司外派、学习培训、家属随迁、投亲靠友、婚姻嫁娶、休假、其他，为了更好地分析海外人才回流动因及其影响因素，本书将其归纳为以下几个层面：投资型回流、工作型回流、家庭型回流、学习型回流、休假、落叶归根。其中，投资型回流主要指为了回国创业的海外人才，工作型回流指回国应聘工作和在国外公司工作、被外派回国的海外人才，家庭型回流指因为家属随迁、婚姻嫁娶回国和回国投亲靠友的海外人才，学习型回流指回国学习或者回国接受工作培训的海外人才，休假是指海外人才在国外的假期时间内

① Huang, Y., *Return Migration: A Case Study of "Sea Turtles" in Shanghai* (Ph. D. Diss., The University of Hong Kong, 2008), pp. 156.

② 谢高桥：《都市人口迁移与社会适应——高雄市个案研究》，巨流图书公司，1981，第 82 ~ 96 页。

③ 陈昌贵、阎月勤：《我国留学人员回国原因与发挥作用状况的调查报告（二）》，《黑龙江高教研究》2000 年第 6 期，第 13 ~ 19 页。

④ Huang, Y., *Return Migration: A Case Study of "Sea Turtles" in Shanghai* (Ph. D. Diss., The University of Hong Kong, 2008), pp. 162.

暂时回国一段时间的海外人才，落叶归根是指那些在国外长时间居住，因为思乡之情回国的海外人才。海外人才回流对于整个群体而言是一种趋势，对于个体而言，说到底是一种个人行为。个人特征和家庭特征是海外人才回流的基础，经济、政治和社会环境通过个人特征和家庭特征而发生作用，因此海外人才的回流动因既与客观现实的外在条件有关，又与个体的个人特征和家庭特征相关。在下面的讨论中，针对不同的回流动因，希望通过从微观的视角进行分析，以求了解海外人才回流动因的微观特征。

已有的研究为本书的研究奠定了基础，本章将以既有研究成果为基础，主要研究海外人才这一特定群体的回流动因。鉴于海外人才的身份不同，其回流动因也会有所差异，笔者将其操作化为外籍华人、华侨、留学生三个群体，通过调查数据，结合具体的个案来分析海外人才的回流动因及其特征。

第二节　不同年代海外人才回流动因分析

一　不同年代海外人才回流动因的纵向分析

如表 5－1 所示，改革开放以前，出于各种动因回国的外籍华人和华侨数量较少①，通过进一步分析他们回国的年份，发现改革开放以前外籍华人和华侨主要在 20 世纪 40～60 年代回国，70 年代回国的数量微乎其微，并且 2011 年侨情普查数据反映的结果显示，改革开放后的十年时间里因为各种原因回国的华侨数量反而有所下降。

这一趋势直到 20 世纪 90 年代才有所改善，这一时期经济和文化教育事

---

① 此处关于不同年代海外人才回流动因的分析仅考虑外籍华人和华侨，因为与外籍华人和华侨不同，留学生在做迁移决策时除了受国内经济、文化、个人、家庭等因素的影响，还会受到制度因素的影响，因此关于留学生回流动因将在第五节单独讨论。

业逐渐恢复并进入跨越式发展阶段，针对回国人员的政策不断推出，为海外人才回国后的工作、生活构建了良好的环境。侨情普查数据显示，1990 年以来，因各种原因回国的外籍华人和华侨数量均有了大幅增长，国内经济的飞速发展和创业环境的改善对海外人才的回国行为影响较大。同比 20 世纪 80 年代，90 年代投资型回流的外籍华人数量增长了 12.3 个百分点，华侨增长了 15.1 个百分点。同时，工作型回流的外籍华人增长了 5 个百分点、家庭型回流增长了 6.5 个百分点、学习型回流增长了 3.9 个百分点、休假型回流增长了 4.3 个百分点；华侨分别增长了 6 个百分点、3.5 个百分点、3.7 个百分点、6.1 个百分点，国家的繁荣昌盛和思乡之情也让很多久居国外的游子在步入老年时纷纷选择回国。

从老一代华人华侨到新时期华人华侨，回国主要为了投资创业似乎是国内很多学者的共识。2011 年《华侨华人研究报告》也指出海外华侨华人回祖（籍）国创业的高峰期正在形成①，但是通过对 2011 年侨情普查数据的分析可以发现，21 世纪以来回国工作和学习的外籍华人和华侨数量也较多，并且其增长率超过投资型回流。与上个十年相比，2000 年以来工作型和学习型回流的外籍华人分别增长了 88.5 个百分点和 88.2 个百分点，投资型回流增长了 70.3 个百分点；华侨分别增长了 85.4 个百分点、92.6 个百分点和 68.1 个百分点。

通过以上分析我们可以看出，海外人才的回流受经济因素影响较大，随着我国经济实力的增强，出于各种原因回国的海外人才数量也不断增加。国内经济的繁荣、教育文化事业的发展以及中国传统文化的魅力，不仅为我国吸引了大批企业人才，也吸引着越来越多的智力人才回国工作、学习，或在国内公司、企业参加培训，进一步发展个人事业，他们共同为国内科技进步、经济转型和市场繁荣做出了突出贡献。

---

① 丘进：《华侨华人研究报告》，社会科学文献出版社，2011，第 205 页。

表 5-1　不同年份回国动因的纵向比较分析

单位：%

回国年份	投资型		工作型		家庭型		学习型		休假		落叶归根	
	外籍华人	华侨	外籍华人	华侨	外籍华人	华侨	外籍华人	华侨	外籍华人	华侨	外籍华人	华侨
1977 年以前	0	0	0.1	0.8	0.4	2.3	0	0	0	0	2.7	3.8
1978 ~ 1989 年	1.7	0.6	0.5	0.6	0.5	0.8	1.3	0	1.8	0	0	1.9
1990 ~ 1999 年	14.0	15.7	5.5	6.6	7.0	4.3	5.2	3.7	6.1	6.1	8.0	5.8
2000 年以来	84.3	83.8	94.0	92.0	92.0	92.6	93.4	96.3	92.1	93.9	89.3	88.5

注：卡方检验 p < 0.001。

资料来源：根据 2011 年上海市侨情普查原始数据整理。

二　不同年代海外人才回流动因的横向分析

从不同年代回国动因的横向比较来看（见表 5-2），改革开放以前回国的外籍华人和华侨主要是工作型回流和家庭型回流，落叶归根型回流所占比例也较大。通过前文的分析已知这主要是新中国成立前后，大批华侨因为强烈的爱国主义情怀以及对祖国的思乡之情，携家庭成员一起回国，利用在国外所学参与到新中国的科技文化建设事业中。

改革开放打开了封闭已久的国门，不少外籍华人和华侨选择回国创业和工作，这与我国经济的崛起以及教育、文化和科技等领域的发展不无关系，这一趋势延续至今。反映在回国动因上，20 世纪 80 年代和 90 年代，外籍华人和华侨回国的主要动因均为回国投资创业和工作，国内经济的快速发展吸引了海外人才回国发展事业；同时，他们的参与也进一步促进了国内经济、科技、教育、文化事业的发展。

进入 21 世纪，相比其他回国动因，外籍华人和华侨因为工作回国的比例明显增加，一方面是由于我国在海外的外籍华人和华侨数量越来越多，回国的数量也逐渐增加，另一方面，笔者对一位外籍华人的访谈似乎可以说明一些问题：

　　　　SY（化名）：我是很小就被爸妈带出国，在国外待了十几年了，很想回来看看。而且目前中国发展很快，在机械生产、机械制造方面中国发展的空间比国外要大一些，我还在上大学的时候就听中国过去的很多留学生说，中国现在发展很快，政府投资、扶持力度很大，扩建很多。回国工作的话我语言上很有优势，中文和×文这两门语言都是我的母语，我还会英语，所以回来后在中国的×国企业里，个人的优势要明显一些，个人发展机会也会更多一些，而且现在交通很方便，像我今年11个月在中国，1个月在×国，明年我会两边都待半年，所以回来后感觉与在国外也没那么大的区别。

　　　　……

　　　　当时大学毕业找工作的时候，就想找个和中国有关的公司，能把我带回中国，或者可以两边工作的。你说回来创业其实我没有想太多，一来没有很多的资金，二来也没有很前沿、创新的技术，还有国内又没有什么人脉关系，所以像我们这样一般的华人来说，回国创业基本上很难，但是回国工作就不一样了，我们无论在语言上还是专业上都还蛮有优势的。

　　通过 SY 的话语我们可以看出，中国目前经济的快速发展和行业发展空间较大是吸引外籍华人和华侨回国的主要原因，思乡之情也在一定程度上促成了回国行为的发生。但面对回国创业所需要的创业资金、高新技术和人脉关系等众多难题，作为理性的个体，通过衡量回国创业和就业工作的利弊，外籍华人和华侨基于自身的实际情况，更多的选择回国参加工作而非自主创业，自主创业的只是其中的一部分群体。

表 5-2　不同年份回国动因的横向比较分析

单位：%

回国年份	投资型		工作型		家庭型		学习型		休假		落叶归根	
	外籍华人	华侨	外籍华人	华侨	外籍华人	华侨	外籍华人	华侨	外籍华人	华侨	外籍华人	华侨
1977 年以前	0	0	28.6	33.3	57.1	50.0	0	0	0	0	14.3	16.7
1978～1989 年	41.9	25.0	32.3	37.5	16.1	25.0	3.2	0	6.5	0	0	12.5
1990～1999 年	34.2	33.8	35.5	35.3	22.0	16.2	0.7	0.5	2.3	9.8	5.3	4.4
2000 年以来	16.8	15.2	50.0	37.6	23.6	26.8	1.9	1.4	2.8	13.9	4.9	5.2

注：卡方检验 p < 0.001。

资料来源：同表 5-1。

第三节　外籍华人回流动因分析

根据 2011 年上海市侨情普查对已回流的海外人才的调查所得数据，依据本书对回流动因的分类，可以推断，外籍华人中 48.7% 是工作型回流，其中 32.6% 为工作聘用，16.1% 为公司外派；23.5% 属于家庭型回流，其中 8.9% 为家属随迁，10.2% 为投亲靠友，4.4% 为婚姻嫁娶；18.28% 属于投资型回流，主要是回国创业；1.82% 因为学习培训回国，属于学习型回流；2.81% 为回国休假；4.92% 的外籍华人属于落叶归根型回流。由此可以看出，工作型回流是外籍华人回国的主要动因，其次是家庭型回流和投资型回流（见图 5-1）。家庭型回流中回国投亲靠友的占多数，然后是家属随迁。因为工作型回流和投资型回流都属于海外人才为了个人事业或工作的未来前景而回国，因此将两者归结为出于个人发展前途考虑而回国的话，那么在外籍华人中为了个人发展前途而回国的比例达 66.98%，远高于家庭原因回国的比例（23.5%）。各种回国动因都会因海外人才个人特征、家庭特征而有差别，下面将按不同的回国动因分别考察其社会人口学特征、社会经济地位和家庭特征的异同。

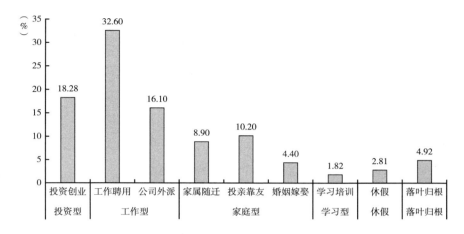

图 5 - 1 外籍华人回流动因分类

资料来源：同表 5 - 1。

一 不同回流动因的社会人口学特征

（一）不同回流动因的性别差异

从不同回流动因的性别差异来看，男性更多的是因为投资创业和工作原因而回国，而出于各种家庭原因回国的外籍华人中女性明显多于男性（见表 5 - 3），若按照 Huang 对上海"海归"回流动因的划分——个人发展动因和家庭因素动因两方面来分析的话①，外籍华人中男性更注重回国后的个人发展前景，女性更看重回国决策中家庭的因素。究其原因，这与两者的社会性别不无关系。虽然在 21 世纪，社会中关于"男女平等"的呼声已不绝于耳，但在这种呼声的背后男性"先立业后成家"的中国传统观念依然根深蒂固。婚姻市场中女性对男性买房、买车等客观要求，也促使男性比女性更注重个人事业的发展。在现实婚姻观念和婚姻关系中，男性是"一家之主"，女性从属于男性、从属于家庭的传统思想也影响着双方的回流决策，

---

① Huang，Y.，*Return Migration：A Case Study of "Sea Turtles" in Shanghai*（Ph. D. Diss.，The University of Hong Kong，2008），p. 162.

因此反映在外籍华人的不同回流动因上即投资型和工作型回流外籍华人中男性多于女性，家庭型回流外籍华人中女性多于男性。

由于思乡之情而落叶归根的外籍华人中也是男性多于女性，这在一定程度上反映中国传统文化因素对男性的影响大于女性。即使女性因思乡之情想回国，但若其配偶并无此想法的话，那么女性心理上的从属地位也会导致女性回流的概率不大。在学习型回流和休假型回流中男性和女性所占比例相差不大，也即当回国动因为非经济性时无显著的性别差异。

表 5 - 3　不同回流动因的性别差异

单位：%

	投资型	工作型	家庭型	学习型	休假	落叶归根	合计
女	25.4	34.0	61.4	52.7	43.9	26.3	/
男	74.6	66.0	38.6	47.3	56.1	73.7	/
合计	100	100	100	100	100	100	/
女	**11.9**	**42.4**	**36.9**	**2.5**	**3.1**	**3.2**	**100**
男	**22.4**	**52.8**	**14.9**	**1.4**	**2.6**	**6.0**	**100**

注：卡方检验 $p < 0.001$。正体部分表示外籍华人不同回流动因的性别差异，粗体部分表示外籍华人不同性别的回流动因分布。

资料来源：同表 5 - 1。

从不同性别的回流动因分布来看，男性回国的主要原因是工作和投资创业，分别占 52.8% 和 22.4%，两者超过男性总量的 3/4；对于女性来说，最主要的迁移原因也是工作，但与男性相比，要低 10 个百分点左右。位居女性回流动因第二位、第三位的分别是家庭型回流和投资型回流，因家庭原因回国的比例为 36.9%，比男性高 22 个百分点，由此可见，家庭对于女性的影响甚于男性。回国投资创业的女性所占比例为 11.9%，比男性低 10.5 个百分点。若将工作型回流和投资型回流归结为个人发展动因的话，男性个人发展动因的比例为 75.2%，女性的为 54.3%，比男性低 20.9 个百分点。这说明女性地位的提升让新时期女性也开始追求个人事业发展，但相比于男性，女性对个人事业发展的追求程度仍较低。

（二）不同回流动因的回国年龄差异

人口迁移行为不是均衡地分布于人的生命周期中的，由于不同年龄人群的社会经济职能不同，人口迁移会在某些年龄段上呈现明显的集中趋向①，不同年龄的人群其迁移动因也会有所不同。为了充分反映外籍华人不同回流动因的社会人口学特征，本书将调查对象回国年份减去出生年份，得出调查对象回国时的年龄。从表 5-4 可以发现，各个年龄段均有投资型回流的外籍华人，其中 30 岁以下和 51 岁以上回国投资创业的外籍华人所占比例较小，回国年龄主要分布在 31~50 岁，占投资型回流群体总量的 74.4%。这主要是由于 31~50 岁对于个体而言，正值事业发展高峰时期，对于回国通过技术创业者来说，其知识储备和技术的研发需要时间的积累，回国二次创业者一般都是带着资金回国的，这也需要他们在国外获得创业经验并在经济上获益，两种创业模式在一定程度上都需要时间的累积，因此反映在回国年龄上即主要集中在 31~50 岁。

在调查中，笔者发现工作型回流的外籍华人一般分为两类，一类为在国外完成学业，获得学位之后随即回国工作，另一类为在国外工作一段时间后再回国工作，前者的回国年龄相对比较年轻。数据分析结果显示，20~70 岁均有外籍华人因为工作回国，但他们回国时的年龄主要在 26~45 岁。从生命周期的角度来分析，假设个体 7 岁入学，到获得大学本科学历时已 23 岁左右，获得研究生学历时为 26 岁左右，若取得博士学位年龄可能已在 30 岁左右，并且若留在国外工作，在学术或工作上获得一定的成就可能需要 10~20 年，这部分人群也是我国目前大力吸引的高层次海外人才，因此反映在回国年龄上即主要集中在 26~45 岁。和投资型回流的外籍华人相比，工作型回流群体年轻了 5 岁左右。

另外，通过对数据的分析还发现，家庭型回流和休假型回流的回国年龄分布与投资型回流和工作型回流很相似，两者回流年龄也主要集中在 26~50 岁。究其原因，家庭迁移对家庭成员性别和年龄没有选择性，因此家庭

---

① 张善余：《中国人口地理》，科学出版社，2003，第 274 页。

型回流分布于每个年龄段，但由于处于该年龄段的投资型回流和工作型回流群体比重较大，在后期访谈中也发现很多投资型回流的外籍华人都是将国外资产清空后整个家庭一起回国的，工作型回流群体很多也是放弃了国外的各种优厚待遇全家回国的，由此可见投资型回流和工作型回流大部分是家庭国际迁移，由此产生的家庭型回流群体也较多。从婚姻关系的角度来看，家庭中夫妻双方年龄差距主要集中在 5~10 岁①，又由于家庭型回流群体中女性居多，因此家庭型回流群体的回流年龄主要分布于 26~50 岁。另一方面，在访谈中发现很多外籍华人因为国内亲属（主要是父母）年龄不断增大，回国主要是希望可以照顾父母，从图 5-2 中可以看到，外籍华人回国时父亲和母亲的年龄中位数为 55 岁左右，并且均近似正态分布。也就是说，随着父母年龄增长，特别是父母在 55 岁左右，外籍华人因为家庭原因回国的比例会有所上升，而此时他们正值中青年阶段。休假型回流在个体生命周期的每个阶段都会发生，调查数据也显示从 20 岁以下至71 岁以上都有外籍华人选择回国度假，但是迁移除了受社会经济职能影响外，个人生理状况也影响着迁移行为的发生，中青年发生远距离迁移的可能性比儿童和老人要大②，从表 5-4 中也可以看出，26~50 岁是外籍华人中休假型回流的年龄高峰。

对于学习型回流来说，受学习能力和生命周期的影响，30 岁及以下因为学习或培训回国的外籍华人占学习型回流群体总量的 76.3%，60 岁以上群体的比例为 0。由此可见，学习型回流群体的回国年龄呈近似幂指数分布，随着年龄的增长，学习型回流的比例降低。与学习型回流相反，落叶归

---

① 根据美国国家统计办公室（Office of National Statics）的统计，2003 年英格兰和威尔士结婚的夫妇中，50% 的夫妻年龄差超过了 5 岁，厦门大学教授叶文振先生在 2009 年发表的《婚姻关系与女性发展》一文中指出我国夫妻的年龄差距基本上还是维持在 2~3 岁，王洪春出版的《新人口学》指出在涉外婚姻中夫妻年龄差距在 10 岁左右，由于外籍华人婚姻关系中夫妻双方有可能都是华人，也有可能是涉外婚姻，因此结合前人研究结果，本书认为海外人才夫妻双方年龄差距主要集中在 5~10 岁。
② 李竞能：《现代西方人口理论》，复旦大学出版社，2004，第 192 页。

根型回流群体的回国年龄呈近似的指数分布，随着年龄的增长，回流的比例升高。虽然有外籍华人在中年时期即因为思乡之情回国，但这一现象在60岁以上群体中更为突出，比例达69.3%，这也在一定程度上反映了中国五千年文明和文化因素对外籍华人回国决策的影响。

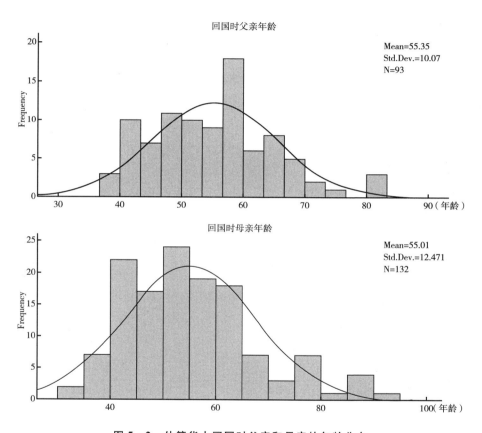

图5-2　外籍华人回国时父亲和母亲的年龄分布

资料来源：同表5-1。

（三）不同回流动因的回国时长

无论出于什么原因回国，从回国时间来看，2000年以来是外籍华人回国的高峰期，每一种回流动因群体回国时间在10年以内的比例均在80%以上。其中休假型回流更多的是外籍华人利用国外假期时间短暂回国，所以回

国时间在 5 年以内的所占比例较大。投资型回流群体回国时间在 10 年以内
的比例略低于因为其他动因回国的群体，数据分析结果显示投资型回流群体
回国时间在 11～25 年的比例为 21%，按时间推算，这部分群体主要在改革
开放后的 20 世纪 80～90 年代回国。由此可以看出，目前在我国投资创业的
外籍华人主要由老一代外籍华人和新时期外籍华人组成，并且新时期外籍华
人正逐渐替代老一代群体，已成为我国投资创业群体中的中坚力量。

表 5-4　外籍华人不同回流动因的社会人口学特征

单位：%

	投资型	工作型	家庭型	学习型	休假	落叶归根
回国时年龄						
20 岁及以下	1.2	1.1	4.5	55.3	3.5	0
21～25 岁	3.2	4.8	4.0	11.8	4.4	0
26～30 岁	7.0	14.4	12.3	9.2	13.2	0
31～35 岁	16.2	22.1	15.8	5.3	12.3	0
36～40 岁	21.7	23.4	17.0	6.6	16.7	0
41～45 岁	24.0	16.4	14.5	5.3	12.3	1.0
46～50 岁	12.5	9.5	7.8	2.6	10.5	3.0
51～55 岁	6.9	5.2	6.3	2.6	9.6	8.5
56～60 岁	3.9	2.5	5.3	1.3	9.6	18.1
61～65 岁	2.6	0.6	5.3	0	4.4	21.6
66～70 岁	0.9	0.2	2.4	0	1.8	21.1
71 岁及以上	0	0	4.8	0	1.8	26.6
回国时长						
5 年及以内	44.5	60.4	55.8	66.2	95.8	51.5
6～10 年	33.6	30.1	32.0	28.4	3.1	36.9
11～15 年	15.5	7.3	8.6	2.7	1.1	8.6
16～20 年	4.3	1.4	2.1	1.4	0	2.0
21～25 年	1.2	0.6	0.9	0	0	0
26～30 年	0.5	0.1	0	0	0	0
31 年及以上	0.3	0.1	0.6	1.4	0	1.0
合计	100	100	100	100	100	100

注：卡方检验 $p < 0.001$。

资料来源：同表 5-1。

二　不同回流动因的社会经济地位

（一）不同回流动因的受教育程度差异

受教育程度、行业和职业是用于测定社会经济地位的指标。在受教育程度方面，各种动因的回流群体多数集中于大学本科及以上学历。进一步分析，投资型回流群体具有大学本科及以上学历的所占比例为 92%，其中研究生学历的占 42.1%；工作型回流群体具有大学本科及以上学历的所占比例为 94.5%，其中研究生学历的占 52.8%；学习型回流群体具有大学本科及以上学历的所占比例为 89.2%，其中研究生学历的占 14.9%。这三种回流动因其实都可以归结于海外人才出于个人发展的原因回国。通过对比发现，工作型回流群体受教育水平相对较高，具有研究生学历的比例过半；学习型回流群体受教育水平偏低，这可能与他们的学习性质有关——主体是大学本科学历，具有研究生学历的所占比例不高；投资型回流群体受教育水平位于两者之间，大学本科学历和研究生学历的所占比例相差不大。对于家庭型回流而言，大学本科学历依然是主体，具有研究生学历的比例低于投资型回流和工作型回流群体，相对的，具有大学专科的比例高于后者。究其原因，从家庭型回流包含的回流原因来看，家庭型回流主要是因为家属随迁、婚姻嫁娶和投亲靠友等回国，从家庭关系的角度来看，属于随迁位置的家庭成员一般受教育程度低于迁移决策者，在婚姻关系中也是女性的受教育水平普遍低于男性或与男性相同，因此家庭型回流群体的受教育程度略低于投资型和工作型回流群体。回国度假和因为思乡之情回国的外籍华人也呈现"中间高、两头低"的趋势，也即这两个群体具有大学本科学历的比例较高，具有大学专科和研究生学历的相对较低。

从不同的受教育程度来看，具有大学专科学历的外籍华人主要是家庭型回流，其次是工作型回流，这在一定程度上反映了相比对工作的追求，外籍华人中学历较低的群体在回国决策中更多的属于随迁位置或者更多地考虑与家人团聚等家庭因素。大学本科和研究生学历的外籍华人主要是工作型回流，越来越多的高学历外籍华人未选择在居住国发展，而是选择回国工作，这与我国经济的强劲发展、就业机会的增多不无关系。此外，通过对数据的分析可以发现，除了工作型回流以外，具有大学本科学历的群体主要是家庭型回流，而研究生以投资型回流居多。关于产生这一区别的原因，一方面可能是由于投资型回流和工作型回流群体数量较多，他们以大学本科和研究生学历居多，并且如前文所述，他们中很大一部分是家庭国际迁移，由于家庭型回流群体在迁移中多属于随迁位置，其受教育程度普遍低于迁移决策者，再加上婚姻关系中女性的受教育水平普遍低于男性或与男性相同，因此综合来看，大学本科群体中家庭型回流居多。另一方面，在研究生群体中男性多于女性①，因为其高学历和丰富的知识经验，相比家庭因素，男性回国时更多的是出于对个人事业的追求，因此反映在回流动因上，工作型回流和创业型回流的数量较多（见表 5 - 5）。

表 5 - 5　外籍华人不同回流动因与受教育程度的交互分析

单位：%

	投资型	工作型	家庭型	学习型	休假	落叶归根	合计
大学专科	7.9	5.5	17.7	10.8	15.8	21.6	/
大学本科	49.9	41.7	54.3	74.3	54.4	57.3	/
研究生	42.1	52.8	28.0	14.9	29.8	21.1	/
合计	100	100	100	100	100	100	/
大学专科	**14.6**	**26.7**	**41.7**	**2.0**	**4.4**	**10.6**	**100**
大学本科	**19.1**	**42.4**	**26.6**	**2.8**	**3.2**	**5.9**	**100**
研究生	**18.3**	**61.1**	**15.6**	**0.6**	**2.0**	**2.5**	**100**

注：卡方检验 p < 0.001。正体部分表示外籍华人不同回流动因的受教育程度分布，粗体部分表示外籍华人不同受教育程度的回流动因分布。

资料来源：同表 5 - 1。

---

① 对原始数据中外籍华人性别与受教育程度交叉分析的结果显示，大学专科中男女比重分别为 46.9% 和 53.1%，大学本科中男女比重分别为 57.4% 和 42.6%，研究生中男女比重分别为 68.1% 和 31.9%。

（二）不同回流动因的行业分布

从不同回流动因群体回国后的行业分布来看，投资型回流群体其创业所在的行业主要为制造业、金融业与信息传输、计算机服务和软件业，其中制造业属于第二产业，金融业与信息传输、计算机服务和软件业属于第三产业。早在 20 世纪 90 年代初，上海在城市发展进程中就对于产业结构调整提出了"两个长期坚持和两个优先发展"。两个长期坚持指"长期坚持上海产业发展的三、二、一产业发展方针，长期坚持第二产业和第三产业共同推进上海经济发展"，两个优先发展指"优先发展先进的制造业，优先发展现代的服务业"。21 世纪，上海为建设社会主义现代化国际大都市，更需要加强先进制造业竞争力，推动三次产业共同发展。调查数据显示，外籍华人回国后投资创业的行业和上海产业发展趋势相吻合，由此可见上海创业环境的改善以及产业的转型吸引了大批外籍华人回国创业，外籍华人回国创业也促进了上海经济的飞速发展和产业结构的快速转型。

工作型回流群体回国后也主要从事于制造业、金融业与信息传输、计算机服务和软件业，这与国内目前的整体就业环境和创业环境有关。此外，科学研究和技术服务业也是外籍华人回国工作的主要行业，这部分群体主要是在国内高校和科研单位工作。2008 年，中央人才工作小组组织实施的"海外高层次人才引进计划"（"千人计划"）所吸引的海外人才回国后即多在国家体制内单位工作。

家庭型和学习型回流群体所在行业主要为科学研究与技术服务业和金融业。此外，数据结果显示外籍华人中选择落叶归根型回流的人群中，80.8%的人从事的行业为科学研究和技术服务业，通过前文分析可知落叶归根型回流人群中有 87.4% 是在 56 岁以后回国的，由此可见落叶归根型回流群体主要是从事科学、学术研究的学者们在达到退休年龄后受中国传统文化力量的驱动回国，其中一部分人回到国内后继续发光发热，为祖籍国的科学文化事业做出贡献（见表 5-6）。

表 5 – 6　外籍华人不同回流动因的社会经济特征

单位：%

	投资型	工作型	家庭型	学习型	休假	落叶归根
从事行业						
制造业	24.1	21.3	4.5	0	7.9	1.0
交通运输、仓储和邮政业	2.6	3.7	0.9	0	1.8	0
信息传输、计算机服务和软件业	14.3	18.5	5.9	2.7	4.4	1.0
金融业	21.9	18.4	23.6	68.9	14.0	11.1
科学研究和技术服务业	10.6	15.1	50.6	20.9	46.5	80.8
教育、文化、体育和娱乐业	6.9	9.1	7.1	4.8	13.2	4.0
卫生、社会保障和社会福利业	1.7	2.9	0.6	1.4	1.8	0.5
公共管理与社会组织	1.2	1.8	1.2	1.4	1.8	0.5
自由职业	6.1	3.0	3.2	0	3.5	1.0
住宿餐饮	0.8	0.7	0.1	0	0	0
商业服务业	2.8	2.2	0.6	0	0.9	0
批发零售业	5.0	2.4	0.7	0	3.5	0
房地产	2.0	1.0	0.8	0	0.9	0
合计	100	100	100	100	100	100

注：卡方检验 p < 0.001。

资料来源：同表 5 – 1。

（三）不同回流动因的职业分布

此外，职业差别亦会影响迁移的动机条件[①]。从不同回流动机的角度来分析，投资型回流群体主要是企事业单位负责人，占投资型回流群体总体的 80.7%，这与投资型回流群体回国主要为创业有关；此外还有 18.4% 的专业技术人员和 0.8% 的离退休人员回国的主要目的是投资创业，这是由于相对于回国后希望通过技术来创业的海外人才来说，他们更多的是技术投资，在企业或公司发展过程中提供技术支持是他们的主要任务，这些人多是专业技术人员。因为工作原因回国的外籍华人中，43% 是专业技术人员，27.8%

---

①　谢高桥：《都市人口迁移与社会适应——高雄市个案研究》，巨流图书公司，1981，第 82 ~ 96 页。

是企事业单位负责人，由此可见回国工作的外籍华人多拥有较高专业技术或领导管理经验丰富，上海目前人才高地的建设正需要大批这类高层次人才回国参与经济、科技和文化的建设。此外，工作型回流中也有 2.1% 的人回国后处于失业状态或因为其他原因不在业，将在业状况与受教育程度交叉分析后发现，失业和不在业群体中分别有 78.9% 和 81.4% 是大学生和研究生，这些高学历国际人才的失业和不在业对人才建设来说是一种资源的浪费。进一步分析不在业人员填写不在业的原因，其中一部分群体是由于在侨情普查期间刚从国外回来，正处在找工作的过程中，另外一部分是出于身体原因①暂时在家。因此总体来看，工作型回流群体回国后就业率较高，但仍有一部分人群处于失业状态，也即社会上所谓的"海待"。

调查数据显示，家庭型回流群体中 31.1% 的人不在业，笔者在访谈中发现，与工作型回流群体中的不在业人员不同，家庭型回流群体中的不在业人员更多的是主动不在业，也就是说他们在回国前可能就已决定回国后不工作，而是留在家里照顾家庭，让家庭中的其他成员外出工作或创业。尽管是因为家庭回国，但仍有 39.4% 的群体在不同的岗位工作，他们回国后都在国内社会环境中找到了属于自己的位置。此外，还有 19.3% 的人是离退休人员，他们退休后随着其他家人回国或者回国投靠国内亲属。学习型回流群体主要是在校学生，回国休假的群体中 46.5% 的人不在业，因为落叶归根思乡之情回国的外籍华人中 93.5% 是离退休人员（见表 5 - 7）。

再从不同职业的角度来分析，回国后仍在业的外籍华人其回国动因主要是工作，但不同的职位回流的动因略有不同。企事业单位负责人除了因为工作回国以外，48.9% 的人在迁移抉择时主要为回国投资创业；专业技术人员中 74.7% 的人是工作型回流，12.0% 和 10.6% 的人是投资型回流和家庭型回流；其他在业者除了工作原因以外，更多的是由于家庭因素回国。在校学

---

① 调查对象填写的不在业原因中多数是已怀孕，在家待产，还有一部分是因为身体不适在家休息，暂时不在业。

生主要是回国学习，其次是跟随家人回国或回国投靠亲属。离退休人员回国动因主要分为两部分，一部分是因为思乡之情回国，另一部分是跟随家人回国或回国投靠亲属。对于失业和其他不在业人员来说，他们主要是家庭型回流，还有一部分群体是为回国工作，但由于种种原因仍处于不在业状态。

表 5 - 7　外籍华人不同回流动因与职业的交互分析

单位：%

	投资型	工作型	家庭型	学习型	休假	落叶归根	合计
企事业单位负责人	80.7	27.8	6.0	2.6	14.0	1.0	/
专业技术人员	18.4	43.0	12.7	7.9	17.5	2.5	/
办事人员和有关人员	0.1	13.3	10.5	6.6	6.1	2.0	/
商业服务业人员	0	7.0	4.0	2.6	0.9	0	/
生产运输设备操作人员及有关人员	0	0.7	0.2	1.3	0	0	/
其他在业人员	0	6.3	6.0	6.6	7.0	1.0	/
在校学生	0	0	2.2	69.7	7.9	0	/
离退休人员	0.8	0	19.3	1.3	0	93.5	/
失业人员	0	0.6	8.3	0	0	0	/
其他不在业人员	0	1.5	31.1	1.3	46.5	0	/
合计	100	100	100	100	100	100	/
企事业单位负责人	**48.9**	**44.8**	**4.6**	**0.2**	**1.3**	**0.2**	**100**
专业技术人员	**12.0**	**74.7**	**10.6**	**0.4**	**1.8**	**0.4**	**100**
办事人员和有关人员	**0.3**	**69.5**	**26.3**	**1.1**	**1.8**	**1.1**	**100**
商业服务业人员	**0**	**77.1**	**21.2**	**1.1**	**0.6**	**0**	**100**
生产运输设备操作人员及有关人员	**0**	**81.3**	**12.5**	**6.3**	**0**	**0**	**100**
其他在业人员	**0**	**63.3**	**29.1**	**2.6**	**4.1**	**1.0**	**100**
在校学生	**0**	**0**	**23.5**	**65.4**	**11.1**	**0**	**100**
离退休人员	**1.6**	**0**	**48.8**	**0.3**	**0**	**49.3**	**100**
失业人员	**0**	**12.2**	**87.8**	**0**	**0**	**0**	**100**
其他不在业人员	**0**	**7.6**	**78.2**	**0.3**	**13.9**	**0**	**100**

注：卡方检验 $p < 0.001$。正体部分表示外籍华人不同回流动因的职业分布，粗体部分表示外籍华人不同职业的回流动因分布。

资料来源：同表 5 - 1。

三　不同回流动因的家庭特征

迁移对于个体而言，除了个人因素以外，家庭因素也在很大程度上影响了他们的迁移抉择，不同的家庭其回流动因也有所不同，民族社会学家B. N. 佩列韦在《人口迁移研究的方法》中就指出，影响迁移动机的因素不仅是语言环境，也有传统的家庭关系①。

（一）配偶状况和回流动因

如表 5 - 8 所示，对于已回流的外籍华人，无论他们当初的回流动因为何，配偶目前与他们同在国内的比例较高，其中家庭型回流群体中与配偶同在国内的比例高达 90.2%。休假型回流群体的配偶在国内的比例略低于其他回流群体，这是由于一方面回国休假群体本身在国内居留时间不会太久，配偶随行要么比例不大，要么之后仍会回外国；另一方面，通过前文的分析可知，休假型回流部分群体在国内仍从事一定的行业，担任一定职务，由此可见，休假型回流中的一部分是"海鸥"群体。"海鸥"一词在《中国留学人才发展报告（2009）》② 中被正式提出，指人才在两个甚至多个国家间循环流动，他们可能拿着外国护照或居留证在中国投资、工作或者与中国的政府和企业展开合作，但是家庭重心仍在国外，主编王辉耀还指出，估计目前中国的"海鸥"已达 10 万人。由此可见，休假型回流群体的配偶在国外的比例略高于其他动因回流群体。

将本人回国动因与配偶回国动因交叉分析后发现，夫妻双方为同一原因回国的比例较高。劳动迁移经济学理论认为，人才流动是在整个家庭的利益最大化的基础之上，当夫妻双方都有回流意愿并且回流动因也一致时，可以使家庭首先达到精神上的和谐，在处理事情时可以事半功倍，从而实现家庭其他利益的最大化。表 5 - 8 显示，投资型回流群体中有 39.8% 是夫妻双方

---

① 阿鲁秋尼扬：《民族社会学：目的、方法和某些研究成果》，马尚整译，中央民族学院出版社，1992，第 28 页。
② 王耀辉：《中国留学人才发展报告（2009）》，机械工业出版社，2009，第 91 页。

共同回国创业的，追随配偶回国的群体所占的比例为 44.0%，夫妻双方都为工作原因回国的所占比例为 55.0%，38.7% 是随配偶回国；相对应的，当本人属于家庭型回流时，配偶为家庭型和工作型回流的比例就相对较高。如前文所述，当父母都在国内并且年龄较大时，夫妻双方都为家庭原因回国的比例也较高。在学习型回流中，50.0% 的配偶是回国工作，33.3% 的夫妻均回国学习，16.7% 的配偶是随迁回国。在休假型回流中，夫妻双方同为休假的比例较高，另有 58.8% 的属于夫妻之间一方回国休假，另一方为创业、工作、学习或家庭原因回国。在落叶归根群体中夫妻双方对于回国的意愿和动因表现出高度的一致性，比例高达 90.8%。

（二）子女状况和回国年龄

从表 5-8 中我们可以看到，投资型、工作型、家庭型和学习型回流群体其子女在国内的比例较高，分别为 79%、82.8%、76.9%、71.4%，这主要是由于当外籍华人选择家庭迁移，而子女还未成年时，子女随父母一起回国的比例较高；而当配偶留在国外或者子女已成年时，子女留在国外的概率较大。因此在数据上我们可以看到投资型、工作型、家庭型和学习型回流群体，其子女在国外的比例分别为 19.7%、14.9%、19.8% 和 28.6%。对于休假型回流和落叶归根型回流群体来说，休假型回流多半是暂时回国，因此其子女在国外的比例较高，落叶归根型回流群体多是离退休人员，按照年龄来推算，他们的子女已成年的比例较高，因此他们的回流行为对子女是否回国的影响不大。

子女的年龄在一定程度上也影响着外籍华人的回流行为和回流动因，为了综合考虑子女受教育程度对回流的影响，本书将子女年龄按不同受教育年限分组。如表 5-8 所示，除去回国时未生育的情况，调查对象不论出于什么原因回国，其子女回国时的年龄都主要在 1~13 岁，也即正处于小学学习阶段或未上学。特别对于投资型、工作型和家庭型回流群体来说，随着孩子年龄的增长，当孩子正在接受初中或高中阶段教育时，他们回国的可能性都会随之减弱。休假型回流群体虽然家庭重心在国外，但也呈现以上特征，这一结论从另一方面再次论证了上一章关于家庭因素对海外人才回流意愿的影响。落叶归根型回流群体回国时，子女年龄呈两极分化趋势，一种是在子女在小学学习阶段或还未上学时就回国，另一种是在子女进入大学之后再回国。

表 5－8　外籍华人不同回流动因的家庭特征

单位：%

	投资型	工作型	家庭型	学习型	休假	落叶归根
家庭特征						
配偶状况						
配偶在国内	86.7	89.0	90.2	85.7	63.0	87.0
配偶在国外	13.3	11.0	9.8	14.3	37.0	13.0
配偶回国动因						
投资型	39.8	3.4	11.8	0	5.9	2.4
工作型	13.3	55.0	51.5	50.0	23.5	3.4
家庭型	44.0	38.7	36.2	16.7	23.5	0
学习型	2.9	2.9	0.4	33.3	5.9	3.4
休假	0	0	0	0	41.2	0
落叶归根	0	0	0	0	0	90.8
子女状况						
子女在国内	79.0	82.8	76.9	71.4	53.6	9.5
子女在国外	19.7	14.9	19.8	28.6	46.6	89.3
子女分别在国内外	1.3	2.3	3.3	0	0	1.2
回国时子女年龄						
回国时未生育	30.5	31.2	28.5	60	33.3	0
1～13 岁	58.2	62.8	58.3	40	40.0	33.3
14～16 岁	4.3	2.8	3.1	0	20.0	0
17～19 岁	3.5	0.5	1.7	0	6.7	0
20～24 岁	1.6	0.7	0.7	0	0	11.1
25 岁及以上	2.0	1.9	7.8	0	0	55.6
合计	100	100	100	100	100	100

注：卡方检验 p < 0.001。

资料来源：同表 5－1。

第四节　华侨回流动因分析

"华侨华人"，无论是在政府有关工作报告中，还是相关文献中都是司空见惯的一个词，"华侨"与"华人"的差别仅在于是否加入了外国国籍，但背后隐藏的政治含义却足以将两者区别开来。身份不同，他们的回流动因是否有差别呢？将已回国的华侨回流动因与外籍华人对比后可以发现，两个群体不同回流动因分布类似，回国工作是他们回国的主要动因，家庭原因其次，但华侨中休假回国的比例远高于外籍华人。通过进一步对休假型回流群体的对比分析可以发现，相比外籍华人，华侨休假回国多出的那部分群体主要是 61 岁以上的离退休人员，学历以大学专科居多。由此可见，外籍华人和华侨的回国动因主要是工作，家庭原因回国位居其后，并且与外籍华人相比，华侨中的离退休人员除了选择落叶归根以外，回国休假的比例也较高（见表 5-9）。

表 5-9　外籍华人和华侨回流动因比较分析

单位：%

回流动因		外籍华人		华侨	
投资型	投资创业	18.3		16.5	
工作型	应聘工作	32.6	48.7	25.4	37.1
	公司外派	16.1		11.7	
家庭型	家属随迁	8.9		9.0	
	投亲靠友	10.2	23.5	15.3	26.4
	学习培训	4.4		2.1	
学习型	学习培训	1.8		1.2	
休假	休假	2.8		13.5	
落叶归根	落叶归根	4.9		5.3	
合计		100		100	

资料来源：同表 5-1。

一　不同回流动因的社会人口学特征

（一）不同回流动因的性别差异

如表 5 - 10 所示，从性别来看，华侨不同回流动因的性别差异与外籍华人类似，男性因为投资创业和工作原因回国的比例较高，即男性在做回国决策时更看重回国后的个人事业发展前景。传统文化因素对华侨中男性回国决策的影响也大于女性，反映在回流动因上即落叶归根型回流的男性数量多于女性。两性社会经济职能的不同，使得女性在做回国决策时受家庭因素影响较大①，华侨中女性为家庭原因回国的比例较高。与外籍华人一样，华侨中学习型和休假型回流群体性别差异不大。

对比外籍华人和华侨不同回流动因的性别比可以发现，除了学习型和休假性回流群体以外，无论是出于个人事业发展考虑的投资型回流和工作型回流，还是家庭原因回国的家庭型回流，抑或受传统文化因素影响的落叶归根型回流，外籍华人的性别比均高于华侨，也就是说相比华侨中的女性群体，外籍华人中的女性回国的比例较低。现有的理论和研究结果中关于是否加入外国国籍对女性回流的影响的研究较少。笔者在后期访谈中发现，拥有居住国公民身份的女性在居住国的社会适应状况较好，各种福利待遇与所在国居民无异；而相比男性，女性对物质生活条件更为敏感②，因此当认为国内生活条件低于所居住国家时，女性回国的可能性较小。此外，随着跨国婚姻逐渐增多，女性与外籍人士联姻的比例也逐渐上升，因此女性回国与否不仅与个人意愿有关，配偶和家庭的状况对她们回国行为的影响也较大，当配偶不愿离开所在国时，女性回国的概率也随之减小。

---

① Huang, Y., *Return Migration: A Case Study of "Sea Turtles" in Shanghai* (Ph. D. Diss., The University of Hong Kong, 2008), p. 167.

② 谢高桥：《都市人口迁移与社会适应——高雄市个案研究》，巨流图书公司，1981，第 82 ~ 96 页。

表 5 – 10 华侨不同回流动因的性别差异

单位：%

	投资型	工作型	家庭型	学习型	休假	落叶归根
性别						
女	36.9	45.4	70.7	48.6	48.9	36.5
男	63.1	54.6	29.3	51.4	51.1	63.5
合计	100	100	100	100	100	100
性别比						
外籍华人	294	194	63	90	128	280
华侨	171	120	41	106	140	174

注：卡方检验 $p < 0.001$。

资料来源：同表 5 – 1。

（二）不同回流动因的回国年龄差异和回国时长

将华侨回国年龄与回流动因交叉分析，并与外籍华人对比，发现华侨投资型、工作型和家庭型回流群体回国年龄与外籍华人类似，投资型回流群体回国年龄主要分布于 31 ~ 50 岁，工作型和家庭型回流群体回国年龄主要分布于 26 ~ 45 岁。而学习型、休假型和落叶归根型回流群体的回国年龄分布与外籍华人略有差异，出于学习原因回国的华侨中，除了 25 岁以下的群体，31 ~ 40 岁的群体中为学习原因回国的数量也较多，由此可以看出，华侨中除了回国接受学校教育的群体外，回国后在单位接受工作培训的群体也较多。

如上文所述，与外籍华人休假型回流群体中的"海鸥"不同，华侨中选择回国休假的主要是离退休人员，并且中国传统文化对华侨的影响较深，即使尚处于事业发展高峰期，华侨中很多中青年即因为落叶归根的想法而选择回国。

从回国时间来看，虽然每个华侨个体的回国动因不同，但主要集中于近十年间回国。一方面，21 世纪以来，海外华侨数量较 20 世纪 80 ~ 90 年代有了大幅度增长；另一方面，华侨回国数量的增长与我国经济实力的增强、创业环境的改善以及个人发展空间较大不无关系。

与外籍华人不同的是，华侨回国后在国内时间在 31 年以上的比例也较

高，通过进一步分析发现，这部分群体主要是在新中国成立前后回国的，属
于我国老一代的华侨群体（见表 5 - 11）。

表 5 - 11　华侨不同回流动因的社会人口学特征

单位：%

	投资型	工作型	家庭型	学习型	休假	落叶归根
社会人口学特征						
回国时年龄						
20 岁及以下	2.5	1.4	5.9	16.7	3.8	0
21~25 岁	5.0	6.9	4.3	16.7	7.6	0
26~30 岁	12.5	21.9	11.7	8.3	4.6	0
31~35 岁	16.9	19.7	18.8	25.0	6.9	3.8
36~40 岁	18.8	19.1	18.0	16.7	9.2	3.8
41~45 岁	18.1	15.0	11.3	8.3	9.9	1.9
46~50 岁	10.6	8.9	8.2	8.3	13.0	1.9
51~55 岁	9.4	3.3	3.5	0	9.2	3.8
56~60 岁	5.0	2.2	5.5	0	3.1	9.6
61~65 岁	0.6	1.1	3.5	0	11.5	9.6
66~70 岁	0	0.3	2.7	0	8.4	32.7
71 岁及以上	0.6	0.3	6.6	0	13.0	32.7
回国时长						
5 年及以内	47.2	62.4	67.6	83.3	72.5	59.6
6~10 年	29.6	26.2	21.1	16.7	19.1	26.9
11~15 年	17.0	8.8	7.4	0	4.6	3.8
16~20 年	3.8	0.8	0.4	0	2.3	3.8
21~25 年	1.9	1.1	0.8	0	0.8	1.9
25~30 年	0	0	0	0	0	0
31 年及以上	0.6	0.6	2.7	0	0.8	3.8
合计	100	100	100	100	100	100

注：卡方检验 p < 0.001。

资料来源：同表 5 - 1。

二　不同回流动因的社会经济地位

"人口迁移的动因、能力、地区的选择，一定程度上取决于个人的社会

经济地位。"① 受教育程度、行业和职业是用于测定社会经济地位的指标。通过分析华侨不同回流动因的受教育程度发现，基于各种原因回国的华侨受教育程度主要为大学本科和研究生，这点与回国的外籍华人类似，但是高学历人群的比例低于外籍华人。正如本书第三章中所论述的，在我国回流海外人才群体中，相比归国留学人员和外籍华人，华侨的受教育程度较低。

从行业来看，国内目前经济、市场的快速发展吸引了大量的海外人才回国参与各行各业的建设，华侨也是其中很重要的一部分群体。将华侨回流动因与所在行业交叉分析，我们可以知道无论是投资型、工作型、家庭型还是休假型回流，华侨从事的行业均较为广泛。与外籍华人类似，制造业，金融业，信息传输、计算机服务和软件业，科学研究和技术服务业以及教育、文化、体育和娱乐业是华侨回国主要从事的行业。这些行业是国内目前发展较快的行业，并且发展空间广阔。在后期访谈中，一位加拿大籍华侨这样告诉笔者："我们就像候鸟，哪里气候好了，我们自然飞到那里，哪个行业发展得好我们自然往那个行业发展。"短短几句话在一定程度上也反映了海外人才回国行为和回流动因受国内经济和市场发展的影响。

不同回流动因群体，他们所在职业也具有各自的特点，投资型和工作型回流主要是企事业单位负责人和专业技术人员。家庭型回流中在校学生、离退休人员、失业人员和其他不在业人员相比在业人员所占比重较大，达64.5%，如前所述，家庭型回流群体回国后很多是主动不在业的。通过进一步分析数据发现，除了在校学生和离退休人员以外，不在业群体中女性所占比例较大，她们主要是随配偶回国，回国后以照顾家庭为主，外出就业的很少。学习型回流群体依然以在校学生为主，但回国参观学习和接受学习培训的比例也较高。落叶归根型回流群体主要是离退休人员。与外籍华人不同，华侨回国休假的群体中除了前文提及的"海鸥"群体，离退休人员回国休假的比例也较高（见表5-12）。

---

① 彭进：《人口与人力资源概论》，中国劳动社会保障出版社，2005，第72页。

表 5 – 12　华侨不同回流动因的社会经济特征

单位：%

社会经济特征	投资型	工作型	家庭型	学习型	休假	落叶归根
受教育程度						
大学专科	19.5	11.6	34.0	8.3	26.7	32.7
大学本科	51.6	40.1	52.3	50.0	53.4	55.8
研究生	28.9	48.3	13.7	41.7	19.8	11.5
从事行业						
制造业	22.0	21.3	6.3	16.7	5.3	0
交通运输、仓储和邮政业	3.1	5.5	0.8	8.3	3.8	0
信息传输、计算机服务和软件业	6.9	11.6	4.7	0	3.8	0
金融业	15.7	16.0	19.1	16.7	15.3	5.8
科学研究和技术服务业	11.9	15.5	52.7	16.7	50.4	86.5
教育、文化、体育和娱乐业	10.1	12.7	7.4	16.7	11.5	7.7
卫生、社会保障和社会福利业	3.8	3.3	2.0	16.7	3.1	0
公共管理与社会组织	2.5	2.2	1.6	0	0	0
自由职业	10.1	3.0	3.1	0	1.5	0
住宿餐饮	0	0.8	0	0	1.5	0
商业服务业	3.1	2.5	1.2	0	0.8	0
批发零售业	7.5	3.6	0.8	0	3.1	0
房地产	3.1	1.9	0.4	8.3	0	0
在业状况						
企事业单位负责人	45.9	21.3	7.0	25.0	6.1	1.9
专业技术人员	13.2	43.3	10.5	25.0	12.2	1.9
办事人员和有关人员	10.7	16.0	10.5	8.3	4.6	0
商业服务业人员	10.7	6.9	2.3	8.3	6.1	0
生产运输设备操作人员及有关人员	0	1.9	0.4	0	1.5	0
其他在业人员	9.4	2.8	4.7	0	6.1	0
在校学生	0	0	3.5	33.3	5.3	0
离退休人员	10.1	2.8	21.5	0	41.2	96.2
失业人员	0	1.7	10.2	0	5.3	0
其他不在业人员	0	3.3	29.3	0	11.5	0
合计	100	100	100	100	100	100

注：卡方检验 p < 0.001。

资料来源：同表 5 – 1。

三 不同回流动因的家庭特征

根据 2011 年侨情普查数据的分析结果，对于已回国的华侨来说，无论出于何种原因回国，以配偶同在国内的居多，也就是说华侨家庭迁移的比例较高。此外，劳动迁移经济学理论所强调的迁移决策中的家庭利益最大化在回国的华侨中也得到部分验证。如表 5 - 13 所示，华侨夫妻双方为同一原因回国的比例较高，夫妻双方中一方回国创业或工作，配偶随其回国工作或回国照顾家庭的比例也较高。

从家庭利益的角度来说，家庭有两种利益需要保护，一种是静态利益，另一种是动态利益。静态利益是指已经具有的利益，例如财产、身体等，动态利益是指现有的生活状态。保护静态利益就是保护财产安全，保护动态利益即保护生活状态的稳定①。夫妻双方共同回国维持了生活状态的稳定，保护了家庭的动态利益，因此从这个角度说，当静态利益不变时，配偶随迁在一定程度上实现了家庭利益的最大化。

表 5 - 13 华侨不同回流动因的家庭特征

单位：%

	投资型	工作型	家庭型	学习型	休假	落叶归根
家庭特征						
配偶状况						
配偶在国内	77.4	79.8	74.7	66.7	84.3	83.3
配偶在国外	22.6	20.2	25.3	33.3	15.7	16.7
配偶回国动因						
投资型	47.5	3.3	10.8	0	2.4	0
工作型	17.5	62.2	29.2	0	2.4	4.2

---

① 朱平堂:《人类社会密码》，花城出版社，2006，第 153 页。

续表

	投资型	工作型	家庭型	学习型	休假	落叶归根
家庭型	32.5	28.8	58.5	0	2.4	4.2
学习型	0	1.1	0	100	2.3	0
休假	2.5	1.1	0	0	90.5	4.2
落叶归根	0	3.3	1.5	0	0	87.4
子女状况						
子女在国内	63.2	70.6	75.8	100	27.7	14.7
子女在国外	33.8	27.2	23.4	0	70.2	82.4
子女分别在国内外	2.9	2.2	0.8	2.1	2.9	
回国时子女年龄						
回国时未生育	13.3	15.2	12.6	0	14.3	0
1~13岁	75.6	73.7	71.6	66.7	64.3	16.74
14~16岁	2.2	6.1	2.1	33.3	7.1	0
17~19岁	0	2.0	0	0	7.1	0
20~24岁	4.4	0	2.1	0	7.1	83.3
25岁及以上	4.4	3.0	11.6	0	0	0
合计	100	100	100	100	100	100

注：卡方检验 p < 0.001。

资料来源：同表 5 - 1。

与外籍华人类似，当华侨因为创业、工作、学习或家庭回国时，子女随迁的比例较高，并且子女回国时多处于小学学习阶段。而休假型和落叶归根型回流群体，其子女仍在国外的比例较高。虽然休假型回流群体子女在国内的比例不高，但其在国内的子女在回国时也多处于小学学习阶段。落叶归根型群体子女回国时的年龄也呈两极分化趋势，要么在接受小学阶段教育，要么已进入大学学习。

第五节　留学生回流动因分析

通过前文对外籍华人和华侨不同回流动因的分析，我们已经大致了解社会人口学特征、社会经济特征和家庭特征对回流动因的影响，作为回流海外人才中重要的组成部分，留学生的回流动因也备受学者们的关注。从晚清时期到 20 世纪 80 ~ 90 年代，报效祖国是留学生回国的主要动因，这是众多学者达成的共识①。21 世纪以来，随着我国经济的快速发展、留学生回流数量的激增，学者们更多的将注意力放在宏观经济因素对留学生回流动因的影响上，并且利用定量分析手段得出当国内人均 GDP 增长、高新技术产品进出口比重增大、科研经费投入和高校在校学生数增加时，各种动因回流的留学生数量也随之增加。也有学者通过调查问卷的方式分析留学生回流动因，结果显示，与老一辈留学生不同，寻求个人发展成为留学生回国的主要动因，家庭因素对他们的回国决策也产生很大的影响②。基于官方统计数据和抽样调查的定量研究能帮助我们了解留学生回国动因的整体情况，却无法探寻留学生不同回流动因的深层次原因，因此，本节希望通过对留学生深入访谈的分析，以探索他们因创业、工作、家庭回国背后的更深层次原因，或许访谈到的只是个案，不具备"代表性"和"普遍性"，但是只有通过这一个个实际个案，我们才会发现他们真实的回流动因。

一 投资型、工作型和家庭型回流

如图 5 - 3 所示，2001 ~ 2010 年上海市留学人员创办企业个数从 1700 家增长至 4300 家，年均增长 10.9%，企业注册资金总额十年间也几乎翻了一番。由此可见，21 世纪以来回国投资创业的留学生数量越来越多，也即投资型回流的留学生数量在逐年增长。

此外，回国工作的留学生数量也较多。根据上海市政协于 2007 年关于发挥留学回国人员作用开展的调研结果，截至 2007 年 6 月，来沪工作和创业的留学回国人员达 6.8 万人，约占全国的 1/4。其中，在各级机关、高等

---

① 高兰英、陈昌贵：《影响我国留学人员回归的主要原因》，《教育评论》2000 年第 2 期，第 49 ~ 52 页。汪洋、杨捷：《21 世纪的中国》，甘肃人民出版社，1991，第 162 页。
② 陈昌贵、阎月勤：《我国留学人员回归原因与发挥作用状况的调查报告（二）》，《黑龙江高教研究》2000 第 6 期，第 13 ~ 19 页。

院校和科研院所、医疗机构等单位任职的占55%，在外资机构、民营企业就业及自主创业的占45%，并呈日益增多趋势；获得博士或硕士学位的占90%以上，并且留学回国人员中有"两院"院士99名，占全市"两院"院士总数的60%以上；上海"国家973项目"首席科学家45人次全部为留学回国人员；一大批留学回国人员在跨国公司和著名国际机构中担任高级管理职务①。通过以上分析可见，回国创业和工作是留学生回国的主要动因。

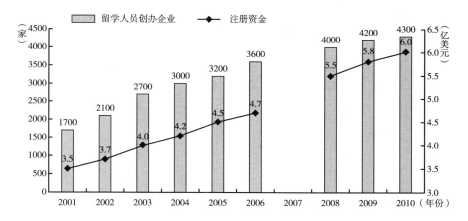

图5-3　2001~2010年上海市留学人员创办企业个数及注册资金总额

注：2007年的数据缺失是由于2008年《上海年鉴》中没有该项统计数据。
资料来源：2002~2011年上海年鉴。

当笔者在访谈中询问访谈对象"当初为什么选择回国"时，得到的答案除了为了个人前途，回国发展自己的事业以外，因为家人、朋友在国内，所以回国的比例最高。一方面，由于父母亲或祖辈在国内，中国人传统的"百善孝为先"观念让很多留学生义无反顾地回国，此外21世纪以来出国留学生多为独生子女，他们的出国意味着国内"空巢"家庭的增多，很多

① 吴瑞君：《关于留学回国人员在本市经济社会发展中发挥作用情况的调查报告》，2007，第5页。以上绝对数据均为2007年的调查统计数据。

独生子女因为担心自己父母的养老问题而回国；另一方面，当留学生的配偶在国内时，他们因为家庭回国的比例也较高。

> YB（化名）：我回来主要是因为我父母在这边，他们年纪大了，80多岁了，所以我还有更大的责任。我是被抱养的，所以出于道义我觉得我应该回来，所以我放弃绿卡回来了。
>
> TW（化名）：在我大学四年级打算出国读书的时候，就从来没想过要留在那边，一方面是由于我爷爷奶奶的缘故，他们都在国内，我一直认为你给老人多少钱、给他们多好的房子住，这些都不是最重要的，我认为给老人最好的就是陪伴。所以当时我就觉得我一定要回来，我一定要在他们身边，在他们人生最后的这样一个阶段，我要和他们在一起。
>
> RW（化名）：我留学中途回来过一次，当时把婚结了，所以毕业肯定要回国的，因为他在国内啊。

二 制度型回流

从晚清时期的留美幼童到民国时期的留学教育，我国留学生出国留学均以公派留学为主，直到20世纪40年代第二次世界大战结束时，我国教育部才开始大力提倡自费留学，但社会的动荡让公费留学和自费留学计划被搁置。虽然新中国成立初期向苏联派遣留学生让公费留学再次"复苏"，但之后中苏关系紧张、"文化大革命"让我国留学活动再次处于停滞状态，这一问题直到1978年改革开放，国门打开才得以缓解。20世纪80年代至今，随着留学事业的快速发展，公派留学生和自费留学生成为我国留学生外出留学的主要形式。

自费留学生是指由留学生自主申请国外学校，自主承担留学费用或由所申请学校提供奖学金的留学生。公派留学生是指由国家选拔的指定领域人才，由国家自主派遣至国外进行留学研究，学成期满后要求返回国内参与国家建设。通过对比可以发现，两者的区别不仅仅体现在留学费用的来源上，更体现在学业完成后关于回国与否的自主选择权利上。由教育部下发的《国家公派出国留学研究生管理规定（试行）》中有如下规定："公派留学生按期回国后应在国内连续服务至少两年。""在留学期间擅自变更留学国别和留学身份、自行放弃国家留学基金资助和国家公派留学身份、单方面终止协议、未完成留学计划擅自提前回国、从事与学业无关活动严重影响学习、表现极为恶劣以及未按规定留学期限回国逾期 3 个月（不含）以上、未完成回国服务期等违反《协议书》约定的行为，构成全部违约。违约人员应赔偿全部留学基金资助费用并支付全部留学基金资助费用 30% 的违约金。未按规定留学期限回国逾期 3 个月（含）以内的行为，构成部分违约。违约人员应赔偿全部留学基金资助费用 20% 的违约金。……因航班等特殊原因超出规定留学期限 1 个月（含）以内抵达国内的，不作违约处理。"而自费留学生就没有诸如此类的限定条件，在笔者对公派留学生的访谈中，因为公派留学生的身份而回国的留学生较多。从下文 QY 和 WQ 的话语中，我们可以看到制度因素对公派留学生潜移默化的影响：

> QY（化名）：像我们这些公派留学生，在国外的时候每隔 2 个月就要跟国内学校的外办、研究生院和导师汇报这两个月的学习、生活情况、体会感想什么的，因为这些学校是要跟踪的。你有困难也可以说，可能他们会帮你协调，当然这些是好处，但是另一方面就是会很烦，要是自费出去就会自由很多。
>
> 当时出国的时候也没想过以后要不要留在那边，毕竟是公费出来读书的，所以这几年潜意识里就觉得自己只是出来读书的，读完还是要回去的，所以毕业的时候自然而然就回来了。
>
> WQ（化名）：当时家庭状况不太好，想出国读书的话自费是不太可能了，只能通过国家或者学校的项目出国，所以一直也没想过毕业了留那边，毕业了就回来了。

访谈中，当笔者第一次问 QY 和 WQ 为什么回国时，QY 说"家在这边啊，当然要回来了"，WQ 说"回国工作啊"，根据他们的回答似乎可以把他们回国的动因分别归结为家庭型回流和工作型回流，但是当笔者提及他们在国外的留学生活以及与自费留学生的区别时，他们的话语又反映了作为一名公派留学生，学成归国是件理所当然的事情，甚至在脑海里就没有过回国与不回国的挣扎。由此可见，对于公派留学生而言，尽管表面上会因为工作、家庭等原因回国，但是制度因素对他们的影响已慢慢浸入他们内心深处，以至于他们自身都会忽略。

三 被动型回流

访谈中问及"您出国的时候想过以后是留在国外还是回国"，大多数留学生都回答没有特定的规划，也就是说在出国前，回国与不回国的概率各半，因此最终回国的决定除了受个人状况、国内经济因素、文化因素影响以外，在国外的社会适应状况也在一定程度上形成对留学生回国的"推力"或者"拉力"。留学生在国外的社会适应状况总结归纳起来①，主要分为学习、工作适应和心理适应两个方面。心理适应状况是影响留学生回国抉择的重要因素：

> TW（化名）：我一直觉得国外的生活我融入不进去，我不想再过那样的生活，像我参加的这个项目，前前后后总共有七八十人出国读书，但从目前已经毕业的留学生来看，没有一个男的留在那边，我个人觉得×国是个比较保守的国家，我也听到一些说法就说×国人比较保守。而且和女性比，男性在国际迁移中没有什么优势，女性可以在当地找个人结婚，这样她融入得就会很快，是男性一旦融入不进去，面临的

---

① 刘炜：《中国留英高校生跨文化适应、社会支持与生活满意度的相关研究》，硕士学位论文，福建师范大学，2008，第 37 页。李先知：《试析中国留美高校学生的跨文化适应和对策》，硕士学位论文，重庆大学，2011，第 47 页。

就只有回国。

TW 在谈及国外学习生活时多次强调自己无法融入当地的环境，并把它归结于性别的影响。TW 还给笔者举了他和导师之间关系的例子，他把与导师的关系称为"协议关系"：

> 国外是导师制，要求每个月写个报告，汇报学习情况，有段时间我没有做好，他就和我说你没有遵守协议，你若这样下去我也不会履行我的职责，但其实那时候是我在国外学习最困难的一段时间，他这么说完以后，我就逼着自己赶紧调适，然后每个月都按照规定去完成该做的事情，定期去找导师，所以我感觉我和国外的导师之间没有人情味，没有国内师生之间的关怀，有的只是协议关系。

在求学阶段，除了同学，导师可能是留学生在国外社会交往中较为紧密的人，但这种"协议关系"拉远了留学生与导师的心理距离，在一定程度上影响了留学生的社会适应状况，让他们产生了无法融入当地社会的想法。不仅仅是 TW，在国外的人际关系是所有留学生出国读书时都会遇到的问题，但访谈结果显示情况并不乐观：

> HZ（化名）：开始的几年我还试图跟×国人做朋友，但是后来基本上就放弃了，因为我觉得这是不可能的事情。一个是文化的差异，一个是×国的社会交往关系本身疏离感就很强，还有就是种族的隔阂，大家都不会去说破，但它确实存在，你又不能去讲它。

笔者在访谈中还发现虽然很多留学生目前都已回国创业或者工作，但是他们并非学业完成后立即回国，而是在留学国家工作过一段时间：

　　HJ（化名）：我在那边拿到博士学位以后，一开始没有找到一个合适的正式的工作，所以之后一年多时间里，我一边找工作，一边在那边的大学做非常勤的讲师，不是正式的，给他们本科生讲两门课，后来在国内找到工作了才决定回来。但假如当时在日本找到一个正式的、在大学里面的工作的话，我也许就不会回来，但是××现在发展状况不是很好，大学生越来越少，对教师的需求也很少，特别是外国人，现在很多××人，就像和我同一个导师的前辈到现在没找到工作的也有。所以后来慢慢觉得在日本找一个工作不太可能，就想还是回国吧，而且我太太是在××认识的，她的想法也会影响我，她是蛮想留在那边，所以一开始觉得要是能找到一个合适工作的话就留在那边吧。

　　从 HJ 关于为什么选择回国的描述中，我们可以发现回国并非他完成学业后的首选，因为家庭在留学国家以及配偶的回国态度，留在当地工作才是他毕业后真正的想法，他也曾为之努力，但由于当地就业环境的不乐观，从长远考虑，他最终选择回到国内。因此通过 HJ 的个案我们了解到虽然部分留学生回国是因为工作、因为家庭，但这些都是他们在国外无法寻找到合适的社会位置后的被动选择，而这样的留学生在笔者的访谈中不在少数。一旦留学生自觉无法适应国外的学习、工作环境或者生活方式时，就会通过各种方式来逃离国外的生活，比如回国工作。因此虽然在表面上这些留学生是由于各种原因回国，但实质上是对国外生活的逃离，是在国外无法适应后的被动型回流。

第六节　小结

　　回流动因是海外人才选择回国的目的因素，它涉及海外人才回国后希望达到的目标，对回流动因的研究有助于我们对海外人才回国行为的理解。本章通过对不同年代海外人才回流动因以及外籍华人、华侨和留学生回流动因的分析，得出以下结论。（1）海外人才的回流受经济因素影响较大。具体表现在随着时代的演变、我国经济实力的增强，出于各种动因回流的海外人才数量逐年上升。改革开放以来，回流海外人才为投资创业、工作等经济原因回国的比例最高。（2）身份因素对海外人才回国动因影响不大。无论是外籍华人、华侨，还是留学生，投资型和工作型回流是三个群体选择回国的首要动因。其次是家庭型和落叶归根型回流，回国休假的海外人才数量位居其后。（3）不同回流动因的海外人才，其社会人口学特征、社会经济地位和家庭特征有所差异，体现了不同回流动因对不同社会人口学特征、社会经济地位和家庭特征的选择性，也反映了同一动因回流群体的趋同性。（4）通过对留学生回流动因的深入分析可以发现，在留学生因创业、工作和家庭原因回国的背后，公费留学生受制度因素影响较大，回国也并非很多自费留学生的首选，而是由于在所在国社会适应状况不佳或个人发展空间较小转而回国。

·第六章·
海外人才回流后社会适应分析

早在 20 世纪 40 年代就有国外研究学者发现，当海外旅居者回国时会出现文化休克现象①。之后，关于文化休克现象，国外学者们在理论和实证研究中都进行了深入的分析②。那么对于我国回流海外人才来说，他们是否同样会遇到文化休克呢？他们回国后是否出现了社会不适应的状况？如果答案是肯定的，那么他们的社会不适应又主要表现在哪些方面呢？国内已有的相关研究较多的是一概而论地分析海外人才回流后受到的文化冲击状况，却忽略了他们各自不同的工作性质和所面临的不同工作环境对他们在国内社会适应的影响。本章旨在通过对不同行业、不同人口特征的回流海外人才的深入访谈，了解他们回国后的社会适应状况以及可能面临的问题。

---

① Schuetz, A., "The Homecomer," *American Journal of Sociology*50 (1945): 369 – 376.

② Gaw, K. F., "Reverse Culture Shock in Students Returning from Overseas," *International Journal of Intercultural Relations*24 (2000): 83 – 104. Miyamoto, Y., Kuhlman, N., "Ameliorating Culture Shock in Japanese Expatriate Children in the US," *International Journal of Intercultural Relations*25 (2001): 21 – 40. Austin, C. N., Van, Jones B., "Reentry Among Missionary Children: An Overview of Reentry Research from 1934 – 1986," *Journal of Psychology and Theology*15 (1987): 315 – 325. Gullahorn, J. T., Gullahorn, J. E., "An Extension of the U-Curve Hypothesis," *Journal of Social Issues*19 (1963): 33 – 47.

前面两章在分析海外人才回流意愿和回流动因时，为了充分掌握回流海外人才具有的身份对其回流的影响，将海外人才分为留学生（归国留学人员）、外籍华人、华侨（归侨）三种类型进行讨论。但是当海外人才回流以后，无论具有何种身份，都需要根据自身的特点、能力和人生目标，在国内社会生活和工作中"扎营"，从而在生活中体验着同样的社会生活和文化环境。因此，本章将回流海外人才的工作按制度性质分为三种不同的社会工作环境：自主创业、体制内工作和体制外工作①，分别讨论他们回国后的社会适应状况。

第一节　社会适应研究的方法和基本内容

社会适应，在心理学上被理解为个体从一个熟悉的环境进入另一个陌生环境时心理上所遇到的应激反应②，在社会学领域，英国社会学家斯宾塞认为，"社会里每一种有机体总是在适应它的生存环境，适应是一个不断被打破又不断趋于完整的过程，适应性总是大致且总处在不断进行的状态中"③。对于移民的社会适应来说，"移民的适应可以界定为一个过程，在这个过程中，移民对变化了的政治、经济和社会环境做出反应"④。美国著名社会学家高斯席德强调适应的变化性和适应的过程，倾向于把移民的适应理解为行为本身，认为适应是移民在变化的环境中所做出的一种不断调整的行为过程。

早在 18 世纪，美国学者 John Crevecoeur 就基于美国的实证经验提出了"熔炉论"，以及之后衍生的"边疆熔炉论"、"三重熔炉论"和"变形炉

---

① 这里将体制内工作界定为在国家相关事业单位、国企或研究机构工作，将体制外工作界定为在相关企业工作，包括中外合资和外商独资企业等。
② 殷实：《文化认同与归国文化冲击》，硕士学位论文，华东师范大学，2008，第 172 页。
③ 杨善华、谢立中：《西方社会学理论》，北京大学出版社，2006，第 391 页。
④ Goldscheider, C., Brown, M. R., *Urban Migrants in Developing Nations: Patterns and Problems of Adjustment* (Boulder, CO: Westview Pr, 1983), p. 79.

论"等，这些理论都有着同样的认知："各外来民族应当，而且必然会在美国这个'上帝的伟大的熔炉'中熔化为具有同一性的'美国人'。"① 从这句话里我们可以了解美国是个强势文化民族，其他各移民族群相对而言都是弱势文化民族，最终都会逐渐舍弃自身的民族文化特色，被美国文化所同化。随着 19 世纪美国芝加哥学派的发展，芝加哥学派著名学者 Robert E. Park 提出了"社会同化"的概念，"社会同化指的是生活在同一区域内一些具有不同种族源流、不同文化传统的群体之间形成一种共同文化的过程，这种文化的共性至少应当达到足以使国家得以延续的程度"②。"主张'同化模式'的学者大多认为，跨境移民在接受国一般要经历定居、适应和同化三个阶段。"③

关于海外旅居者回国后的社会适应，其实是指在异国文化中生活一段时间，回到母文化以后重新调整、重新适应和再同化的过程④。而且这一过程对于不同的海外旅居者情况不同，有的人可能完全没有感觉到回国后的不适，也有的人的这种不适状况会持续几个月、一年甚至更长的时间⑤。此外，儿童和青少年比成年人遇到的反向文化冲击更严重，这也意味着儿童和青少年回国后的社会适应状况比成年人要差⑥。通过对 5300 名回国学生的

---

① 李明欢：《20 世纪西方国际移民理论》，《厦门大学学报》（哲学社会科学版）2000 年第 4 期。

② 亚当、库珀、杰西卡：《社会科学百科全书》，上海译文出版社，1989，第 23 页。

③ Gullahorn, J. T., Gullahorn, J. E., "An Extension of the U-Curve Hypothesis," *Journal of Social Issues*19 (1963): 33 - 47.

④ Gaw, K. F., "Reverse Culture Shock in Students Returning from Overseas," *International Journal of Intercultural Relations*24 (2000): 83 - 104.

⑤ Adler, N. J., "Re-entry: Managing Cross-cultural Transitions," *Group & Organization Management*6 (1981): 341. Pamela, L. Y. N. C., "The Relocation Experience: Analysis of Factors Thought to Influence Adjustment to Transition," *Psychological reports*70 (1992): 835 - 838.

⑥ Gullahorn, J. T., Gullahorn, J. E., "An Extension of the U-Curve Hypothesis," *Journal of Social Issues*19 (1963): 33 - 47. Werkman, S. L., *Coming Home: Adjustment of Americans to the United States After Living Abroad* (New York: Plenum Press, 1980), pp. 223 - 247.

调查和访谈，Gullahorn^① 认为回国后的社会适应模式与 Lysgaand^② 提出的跨国社会适应的 U 形曲线很相似，最后 Gullahorn 将跨国适应和归国适应结合，发展了 Lysgaand 的 U 形曲线，提出"W 曲线"假说。在此基础上，Rhinesmith 又提出了完整的、不同文化间社会适应循环的十个阶段^③（见图 6 - 1），从初次出国前的焦虑，出国初期的兴高采烈（或者叫蜜月期），初始文化冲击、初步调整、忧郁/沮丧/心理隔离、接受异国文化/被同化，到回国前的焦虑，回国初的兴奋、文化休克、回国再适应。其中再适应的结果主要有三种：一种是用"老"的生活、工作习惯和人际交往模式去重新融入国内环境，但是会刻意与没有海外经历的人分隔开；一种是完全无法融入国内环境，觉得自己不再属于母文化，并且再次迁移的可能性很大；还有一种适应结果是归国者会带动周围环境的改变，将新的知识、经验和技能注入周边环境中，从而达到回国后的社会适应。Natalia Chaban 对 42 名新西兰海归的实证分析也验证了 Rhinesmith 的十个阶段理论^④。

粗略梳理国外关于移民以及归国移民社会适应问题的理论和实践研究之后，不禁会问：国外关于移民和归国移民的社会适应理论是否具有普适性？对我国海外人才回流后的社会适应现象解释力如何？

近年来，中国学者们也开始关注移民的社会适应问题。国内关于移民的社会适应研究主要针对两个群体：一个是国内跨区域移民的社会适应问题，包括非自愿移民（主要指工程迁移移民）和自愿移民（流动迁移人口），另一个是国外跨国移民在我国的社会适应问题。对于非自愿移民，国内学者将

---

① Gullahorn, J. T., Gullahorn, J. E., "An Extension of the U-Curve Hypothesis," *Journal of Social Issues*19（1963）：33-47.

② Lysgaand, S., "Adjustment in a Foreign Society：Norwegian Fulbright Grantees Visiting the United States," *International Social Science Bulletin*（1955）.

③ Rhinesmith, S. H., *Bring Home the World：A Management Guide for Community Leaders of International Exchange Programs*（New York：Walker, 1985）, p. 285.

④ Chaban, N. W. et al., "Crossing Cultures：Analysing the Experiences of NZ Returnees from the EU（UK Vs. non-UK）," *International Journal of Intercultural Relations*35（2011）：776-790.

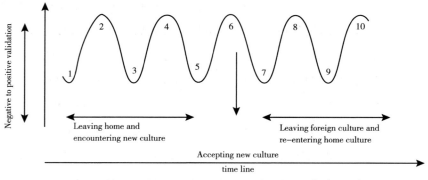

图 6 - 1　跨文化适应的十个阶段

资料来源：Chaban N. W. et al. "Crossing Cultures：Analysing the Experiences of NZ returnees from the EU（UK vs. non-UK），" *International Journal of Intercultural Relations* 35（2011）：776 - 790。

其适应过程分为四个阶段：初级阶段、容忍阶段、接纳阶段和同化阶段①，即非自愿移民的社会适应经历了隔阂、磨合与融合的整合路径②。其适应的内容主要表现在社区生活环境、人际关系、生产劳动方式和风俗习惯等方面③，搬迁前后经济收入的差异、迁入地治安状况、住房条件的差异等因素都会影响到非自愿移民在安置点的社会适应状况④。

　　关于我国流动人口的社会适应问题，早在 20 世纪 90 年代初就有学者关注并进行了深入研究。流动人口的社会适应与非自愿性移民不同，其适应性主要分为三个依次递进的层面：最基础的经济层面（分为职业、经济收入和居住条件三方面）、生活方式构成的社会层面（分为闲暇时间、消费方

---

① 缑元有、王君华：《论水库移民的社会适应性调整》，《华北水利水电学院学报》（社科版）2000 年第 3 期，第 77～79 页。
② 苏红：《隔阂、磨合与融合——崇明县三峡移民的社会整合研究》，《社会》2002 年第 5 期，第 34～36 页。
③ 马德峰：《三峡外迁农村移民社区适应现状研究——来自江苏省大丰市移民安置点的调查》，《市场与人口分析》2005 年第 2 期，第 62～68 页。
④ 郝玉章、风笑天：《三峡外迁移民的社会适应性及其影响因素研究——对江苏 227 户移民的调查》，《市场与人口分析》2005 年第 6 期，第 64～69 页。

式、生活习惯和人际交往四方面）以及基于社会交往和心理归属的文化、心理层面（分为归属感和价值观两方面）①。对于流动人口的自愿迁移，不仅仅是流动人口地理空间上的变更，更是流动人口从农村人向城市人的转变。这种转变涉及了生活方式、价值观念和社会心理等方面②，这三个方面的不同适应状况形成了流动人口在城市的两种主要适应模式："融入式"的适应和"在城市中重建乡村社会"的适应③。其中"融入式"的适应模式主要是指流动人口中的智力移民，"在城市中重建乡村社会"的适应模式主要是指流动人口中的体力移民。智力移民相比体力移民综合素质较高，也就是说智力移民受教育程度较高、人力资本较高、经济收入较高，因此他们更容易融入城市，呈现"融入式"的适应过程。而体力移民受教育程度偏低，影响了他们的人力资本存量和经济收入水平，加之体制政策上的排斥，使得体力移民只能在群体内部寻求社会支持，其社会网络构成也主要是同类群体，因此呈现"在城市中重建乡村社会"的适应过程④。

　　国外跨国移民在我国社会的适应问题是随着我国经济的快速发展，跨国公司和国际合作项目的逐渐增多，来我国工作、学习的外国人数量不断上升，而逐渐引起学者们的兴趣的。国外的技术移民和学习移民在我国的社会适应过程与国内移民有着截然相反的状况。同样是高智力群体，国内智力移民其最终适应过程是放弃之前的生活、文化模式，接受新环境下的生活规则，具有被同化的倾向；而国外移民表现出的是反同化倾向，无论来自哪个

---

① 田凯：《关于农民工城市适应性的调查与思考》，《人口学刊》1996 年第 4 期，第 3～7 页。唐秀英：《我国农民工城市适应问题略论》，《中共桂林市委党校学报》2003 年第 3 期，第 32～35 页。朱力：《论农民工阶层的城市适应》，《江海学刊》2002 年第 6 期，第 82～88 页。

② 朱力：《从流动人口的精神文化生活看城市适应》，《河海大学学报》（哲学社会科学版）2005 年第 3 期，第 30～35 页。

③ 吴振华：《农民工的城市适应模式选择及其原因探析》，《理论与改革》2005 年第 5 期，第 71～73 页。

④ 朱力：《中外移民社会适应的差异性与共同性》，《南京社会科学》2010 年第 10 期，第 87～93 页。

国家，身份的强势作用在起点上就拉开了他们与当地群体的社会距离，比如人力资本较高、经济收入较高使得他们与当地居民在居住空间、生活质量、工作性质等方面自动隔离，加上他们的自身文化价值取向以及对本国文化和自身身份的高度认同，都使他们表现出主动的、高姿态的拉开与当地群众的社会距离，呈现"在城市中重新成立社会"的适应过程，这一过程与体力移民的"在城市中重建乡村社会"适应模式不同，前者是主动的隔离与重构生活模式，而后者是被动的隔离与重构生活模式。

总结我国学者对移民社会适应问题的研究，经典的"熔炉论"和"同化理论"在一定程度上可以解释我国非自愿移民在安置地的社会适应和流动人口在城市的社会适应问题，但对国外移民在我国的社会适应状况失去了解释力。"熔炉论"和"同化理论"主要用来解释弱势文化群体进入强势文化中的社会适应过程，城市文化相当于强势文化，流动人口则相当于弱势文化群体。但对于国外移民在我国的社会适应，则是更多的以"强势文化群体"的姿态进入他们认为的"弱势文化"，经典的社会适应理论不再适用。而本书的研究对象——海外人才，他们回国后在国内生活、工作环境下的社会适应，既不是简单的如同国内非自愿移民在安置地的社会适应和流动人口在城市的社会适应，也不同于国外移民在我国的社会适应，他们在出国前对国内的学习、生活和工作环境已完全适应，回国时也不同程度地适应了国外的文化环境，当回国后面对曾经那么熟悉的环境，是依然熟悉还是略感陌生？国内文化对他们而言是强势文化还是弱势文化？经典的"熔炉论"和"同化理论"是否可以用来解释海外人才回流后的社会适应问题？他们回国后的社会适应是否也经历了 Rhinesmith 提出的到回国前的焦虑、回国初的兴奋、文化休克、回国再适应阶段，这些都有待学者们的深入研究。

从一定意义上来说，国际移民从迁出国迁移至迁入国意味着从迁出国的工作、生活方式到迁入国工作、生活方式的转变。因此，国际移民选择迁移后必然要面临不同文化下的文化变迁、工作方式变迁和生活方式变迁等问题。回流的海外人才也一样，回国也意味着工作方式、生活方式以及文化的变迁。本书以以往研究成果和相关文献的资料为基础，主要研究回流海外人才这一特定的群体回国后的社会适应过程，在界定回流海外人才的社会适应的特定场景时，笔者将其操作化为特定的文化背景和一定场域，具体选取职业和经济成就、家庭和社会关系、文化认同三个方面，结合具体的个案尝试分析回流海外人才回国后在这三个层面的社会适应特性。

第二节　职业和经济成就

美国芝加哥学派著名社会学家 Robert E. Park 提出的"社会同化"认为，跨境移民在进入迁入国时，首要遇到的不适应问题是语言障碍。因为不懂或不能熟练掌握当地语言，缺乏进入主流文化的渠道，所以只能先在边缘地区设法立足，之后才能寻找机会去适应和同化[1]。但是对于回流的海外人才而言，语言已不再是他们回国后社会适应的首要问题，毕竟身边的人讲的都是熟悉的母语，因此回流海外人才可以直接跳过语言的社会适应阶段，面对职业和经济成就、家庭和社会关系以及文化认同等方面的问题。

一　创业群体对创业环境的适应

改革开放以来，随着上海经济、社会的飞速发展和海外人才自身趋向的多样性，来沪创业发展的海外人才日益增多，已成为推动上海科教兴市、经济发展的一支重要力量。来沪创业发展的海外人才的数量和质量都有很大发展，且增长和提高的速度较快，但由于统计渠道及口径等原因，目前无法精确统计其实际数量。为了掌握在沪创业海外人才的发展现状，2007 年下半年，在上海市人民政府侨务办公室经济科技处和上海市张江高科技园区管委会课题组的协助

---

[1]　Gullahorn, J. T., Gullahorn, J. E., "An Extension of the U-Curve Hypothesis," *Journal of Social Issues*19 (1963): 33 – 47.

下，华东师范大学人口研究所吴瑞君教授以国务院侨办"引资引智重点联系单位"——张江高科技园区为主要调查点，对在园区内注册经营的投资企业进行排摸式普查，并选择部分具有代表性的海外人才创业人士，就其目前的工作和生活现状及其对服务需求等内容进行了问卷调查和访谈。

张江高科技园区是海外人才创业人士在沪首选以及集中创业的园区，2006 年被国务院侨办确定为"引资引智重点联系单位"。在张江园区内投资创业的海外人才创业人士不仅数量多，而且层次高，所从事的大多为高新技术产业，他们中的相当一部分人具有极强的自主创新意识和能力，对上海自主创新起到了积极的推动作用。因此以张江高科技园区为调查点，调查对象具有典型性和代表性，调查结果也能够在相当程度上反映在沪海外人才创业人士的发展现状。因此本书将以这次调查资料和后期笔者补充访谈资料为依据分析海外人才创业人士的社会适应问题。

（一）回流海外人才创业人士类型

通过在张江高科技园区的访谈，发现回流海外人才创业人士主要有两种类型。

第一种是功成名就者，来沪进行二次创业发展。这部分人数量比较少，但投资的企业规模相对较大。部分海外人才在当地利用自己的技术创业成功，具备一定的经济实力，并有较好的发展前景，他们希望通过来沪创业合作，利用国内的低成本进行扩大生产，或打进国内市场。

第二种是有科技优势者，希望来沪创业发展。这一类型的创业人士占了相当大的比例。其中的科技高级人才希望利用自主专利来沪合作创业，寻求低成本国内转化；管理软科学人才希望通过学术交流等，寻找合作机会。

无论是哪种类型的回国创业，面对国内、国外两种不同的投资创业环境，都会遇到一些社会适应方面的问题。

（二）资金不足带来的困惑

近几年上海地价持续上涨，房价居高不下，劳动力价格随之上涨，导致上海的商务成本日渐走高，企业在租赁厂房和办公用房、支付工资等方面的成本支出不断上升，赢利空间被大大缩小。目前上海海外人才创办的企业中，赢利的不足 25%，有 30% 的企业处于种子或实验室阶段，65% 的企业处于创立阶段，只有 5% 的企业进入成熟期。因科研周期长、见效慢，科研经费不足，在享有短期优惠后企业负担仍如同一般企业，致使科技研发型企业总体赢利比例不高，创业难度很大。在张江高科技园区的调查中，当问及企业目前所面临的主要问题时，回答资金困难的占被调查对象总量的 50%。据了解，企业目前的融资渠道主要局限于金融机构，没有创新的融资模式，基本只能通过金融公司贷款。资本短缺，贷款又没有物业抵押，目前注册资金过高，致使一些有专利的项目搁浅。在国内申请风险投资基金的门槛高，手续烦琐，成功率低，使得已进入成长期的企业难以发展。特别是海外人才创业人士在沪创办的企业大多集中在软件设计、生物医药和医疗器械等高科技行业，投入高且带有较高风险。因此，很多人带着好的项目、好的技术回来，却难以获得金融机构或民间资本的青睐。如何拓展融资渠道、实现科技成果与资本市场的对接，是众多中小侨资企业，特别是海外人才创办的高科技企业最迫切需要解决的问题①。

海外人才中的回国创业者，其回国动因即创业，因此回国后寻找资金是他们的首要问题，也是他们回国后社会适应过程中遇到的首要难关。对于回国创业者来说，除了少部分是在国外就功成名就、回国二次创业的人，更多的海外人才创业者拥有很少或几乎没有创业资金，只是带着知识或者技术回国，希望可以在国内找到投资单位，让知识和技术转化为资金。

　　WU（化名）：其实像我们这种人回来不可能带很多资金的，能有几十万外币就不错了，很大的资金是不太可能的。我认识一个朋友，他也是从国外回来的，带了大概 50 万外币。他掌握的太阳能方面的技术是很领先的，在他那个领域是权威。他本身在国外读博就在他的领域很

---

① 上海市人民政府侨务办公室课题组：《上海侨资企业发展现状及对策研究报告》，2006。

权威。他本人是××人，回来后先后找过上海、镇江、无锡等地方，前几个地方压根就没把他当回事，认为不就是个穷留学生嘛。

JQ（化名）：我9月份回国的，当天下了飞机后就直奔上海找投资人，接下来一段时间先后和几家比较有名的投资公司谈过，我们去过北京的中关村、上海的浦东新区科技园，向他们游说我们的项目很有市场前景，但是由于我们的项目是一种实验室产品，还有些不成熟的想法，所以寻找资金的整个过程还是有挫折的。

"下了飞机直奔上海找投资人"体现了海归创业者对寻找创业资金、融入创业环境的强烈渴求，但WU描述中的这几个词"压根就没把他当回事""穷留学生"，不仅流露出回国创业伊始在寻找创业资金过程中的艰难，也映射出国内一些金融机构和投资企业对越来越多的回国创业者的淡漠态度。淡漠是可怕的，在淡漠的同时，不信任更是加大了海外人才回国后社会适应的难度。通常情况下，信任、认同、依靠等对社会网络的扩展、对社会关系的维系有明显的影响。Massey和Denton的研究认为，当地社会网络的扩展对社会适应有绝对性的作用，良好的社会关系可以缓解移民在当地的压力①。而在TW的叙述中，同样是用知识产权去银行抵押换取创业资金，在国外行得通，在国内非但难以实现，反而会遭到金融机构的质疑，这无疑会阻碍归国创业者在国内社会网络的扩张。这些海外人才由于久居国外，国内的社会网络的规模较小，社会支持的来源较少，加上金融机构对知识产权的不认可、对创业者缺乏信任，这些负面作用的叠加将共同影响归国创业者回国后在创业路上的社会适应。

TW（化名）：国内对知识产权非常不重视，就我知道的，曾经有6

---

① Massey, D. S., Denton, N. A., "Trends in the Residential Segregation of Blacks, Hispanics, and Asians: 1970 – 1980," *American Sociological Review* (1987): 802 – 825.

个在张江园区创立生命科学公司的科学家，是从美国××大学集体斥资回国创业，在浦东张江，他们拿他们生命科学的知识产权到银行去抵押，就是去融资，这在国外是可以的，可国内银行不但不借，还说他们是骗子，最后是海外的一家很知名的PE的基金以很低的成本买了这个知名科学的专利，他们捡了个便宜，另外像这些科学家回来创业，一定都是把国外的房子什么的资产清空后回国，对海外人才的知识产权不加以保护、资金不加以引导的话，他们的创业环境会非常恶劣。

从社会适应的同化理论来分析，没有资金来源的弱势群体——海外人才回国创业者，积极地想融入国内创业环境，但强势群体——金融机构和投资企业的冷漠和排斥将他们拒之门外。从这个角度来看，对于海归创业者而言，这与Robert E. Park所说的跨境移民因为语言障碍无法进入主流文化一样，没有资金就如同跨境移民不懂当地语言，在社会适应的最基层就无法进入环境，从而影响到他们在国内的其他社会适应状况。在这种情况下，要么继续寻找"伯乐"——投资者，要么有来自政府的支持，否则就只有离开。

> JQ（化名）：我们最后大概花了三个月的时间才找到现在的投资人，最后才筹得资金36万美元。
>
> WU（化名）：后来××接受了我的朋友，他当时资金不多，但政府帮助拉拢了当地的大型国有企业。所以说，创业本身首先和本人在该领域的地位有关，再遇到好的政府，政府去扶持，就很容易成功。

从这里可以看出，当有了一定的社会支持，获得创业资金以后，海归创业者就初步迈入了创业环境的大门，即同化理论中所谓的"定居"，这是社会适应的首要前提。

（三）政府办公效率不高，面对官僚主义的无奈

国外研究表明：移民为了能融入社会，在社会交往中力图进入主流社会的交往网络。但在我国，社会同化理论中所谓社会适应的过程对于回流海外人才来说，主要是他们回国后与周围环境互动的过程。归国创业者与周围环境的互动，受工作性质的影响，更多的是与政府相关部门之间的互动，互动的结果从侧面反映了他们的社会适应状况。在笔者的访谈经历中，好几位访谈对象均表示出对国内政府有关部门工作效率不高的不满情绪。对创业者而言，时间就是金钱，耽误一天可能损失的就是上万元或者上百万元的利益。对那些回国创业资金本来就不多的回流创业者来说，时间更为宝贵，办理一个证件需要跑很多个政府部门，通常一个证办下来得一个月或者更长的时间，不仅打乱了前期规划，也损失了公司的利益，但是在国内现有的规章制度下，归国创业者也只能按"规矩"办事。

> NQ（化名）：我当时其实决定创业之后，从项目考虑到拿到营业执照搞了很长时间，特别是中外合资企业申报很麻烦，要很多部门批示，很麻烦。而且这些部门都是自己一家一家跑过来的。到现在公司进展还算顺利，但也遇到很多困难，比如还说政策方面的，在中国开公司会有很多部门来监管，扶持不多但监管力度比较大。

虽然多数归国创业者没有国外创业经历，但都有国外工作经验，对国外开办公司的流程也较为熟悉。当回国创业后，面对同样的事情，难免会与国外比较。虽然与国外移民在国内的做客心理[①]不同，但是在被迫接受现有规章制度、为国内创业环境感到担忧的同时，在心理层面更多的是以一种冷眼旁观的态度审视目前国内的创业环境。由此可以看出，归国创业者为了事业的

---

① 朱力：《中外移民社会适应的差异性与共同性》，《南京社会科学年》2010 年第 10 期，第 87～93 页。

发展在行动上按国内"规矩"办事，表面上似乎是适应了各种规章流程，但在心理层面，他们的社会适应与国外移民的适应更为接近，也就是说在遇到中、西文化差异的碰撞时，归国创业者会以"海外归来者"自居，用西方文化去审度国内外制度、文化之间的差异，行为上的适应不代表心理上的归属。

> NQ（化名）：有的是回国后看到一些阴暗面，拿自己来说，对此很难过。比方说，办××证，必须由××局下边指定的一个公司做，要几万块钱，他们来做了其实就是半个小时时间，用分贝机测了一下，还必须在那个公司做。我觉得挺悲哀的，中国的企业在全世界来说要交最多的税，我觉得很诧异；但是在国外办公司很简单，这部分钱是不用交的，因为它不是成文的东西。这只是一个例子，但是有很多这样的事情，我感觉很痛心，我对中国的经济并不乐观，它的抗风险的能力并不强，它对创新型的企业设置了很多坎，这是不利于发展的。

> QW（化名）：关于创业，国内国外是不一样的，国外只要按照政策的法规做事情，没有工商来检查的，也没有特别需要讲究人脉的东西，但是在国内非常突出人脉。海归回国创业，非常迫切需要一个良好的法治环境，在经营过程中合法的权益应该得到政府各个部门的支持和保护，在海外生活的人对国内的政策人脉，相对于同样的国内企业来说处于弱势，国内政策法规变化很大，可操作性很强，会让这些海外人才回来创办的企业无所适从，因为我们当中很多人都离开十年二十年的，不可能一回来就跟这些官员啊、税收工商啊有多少人脉的，要建立起来也需要一点时间。

部分海外人才创业者回国后为了开拓事业，将事业发展至国内不同的城市，因此对于他们而言，需要适应的不仅仅是国内创业的大环境，还有国内不同城市之间制度规范的差异。不同城市政府扶持力度和工作方式的差异会使企业发展不均衡，从而牵制企业的发展速度和规模。并且城市间、政府部门内行政人员的素质不一，不仅影响了企业的发展，也影响了创业者的整体社会适应状况。

一般来说，创业者回国后在社会适应过程中更加注重政府相关政策是否得到了贯彻、资金如何运转等比较宏观的现实问题。他们往往是压力比较大的一个群体，而且基本上处于"高压"的边缘。这类群体也是社会适应过程中最难、最不稳定的一个群体，因为当他们发现不能完全适应国内的规章制度，无法淘到"第一桶金"时，选择的可能就是撤离。因为不可能像国外移民在国内的社会适应一样再建"国外社会"，毕竟创业需要环境，想成功就需要适应或融入国内的创业大环境，因此最终适应的模式有三种：第一种完全适应国内创业模式，第二种在行动上按照国内规章制度办事，在心理上却与国内环境隔离开来，第三种即无法适应而放弃其创业理想，而拥有国外永久居留权或国外居民身份为他们的撤离提供了保障。海归创业者们对创业的看法很简单：创业能不能成功的标志就是能不能赚到钱。从调查资料来看，创业者总体适应情况不一，有的适应得很好，企业做得很成功；也有的因为无法适应，或者其他客观原因，企业发展不是非常成功。但是对于国内的创业环境，他们都非常乐观，原因主要是他们感觉到国内的发展太快，竞争激烈并且机会很多。

二 体制内工作群体对工作环境的适应

与海外人才回国创业者不同，回国就业者无须面对企业融资、开拓市场、与政府打交道等难题，其回国后在工作中面临的社会适应问题主要基于自身出发，与就业市场、工作环境相磨合，国外的学习和工作经历将对他们回国后的工作适应产生一定的影响。

（一）人际关系的不适应

人际关系是人们在社会活动的过程中形成的建立在个人情感基础上的相互联系，它遍布于社会活动的一切领域，其本质表现在具体个体的交互过程中[1]，

---

① 羚邱：《组织行为学》，清华大学出版社，2005，第85页。

它是人在社会生存的基本需求。有的学者认为社会适应最基本的内容就是人际关系适应，或者说社会适应是个人与他人建立和谐和平衡的人际关系的过程[①]。对于在校学生而言，师生关系是学生人际关系的重要组成部分，其在校的适应状况与师生关系呈显著的正向关系，师生关系也是影响学生学校适应性的重要因素[②]。类比海外人才，他们回国后的人际关系如何？人际关系处理的好坏是否会影响他们的社会适应状况，进而形成不同的社会适应模式？

首先，对于移居海外多年的海外人才来说，离开祖（籍）国、离开居住地则意味着与之前已经建立起来的社会网络脱离，维系多年的社会支持来源也会逐渐疏远，回国后尽管曾经的社会网络和社会支持来源都还在，但是需要重新去构建、融入和维持。此外，社会网络和社会支持内部的变更也会影响到海外人才回国后社会网络的重构。

> WU（化名）：刚回来时，确实困难很大。大概刚回来那9个月我都待在家里看书，找不到合适的事做，很迷茫，找不到方向。不光是生意，整个社交圈都要重新建立，以前的朋友、同学要重新恢复联系，但他们也都有各自的家庭与事业，没有太多的时间顾及我。

海外人才回流，无论是举家回国还是个人独自回国，因为家庭内部的人际关系变化不大，要么依然是和国外一样的家庭成员，要么是独自一人，要么是国内共同生活了多年的直系亲属。因此，他们需要重新面对的人际关系主要来自工作和社会，社会人际关系包括朋友关系、邻里关系等，这将在下面内容里介绍，此处主要关注海外人才回国后工作中的人际关系状况。从访谈中发现，无论是之前讨论的归国创业者还是体制内工作的海外人才，相比

---

① 黄希庭：《心理学导论》，东华书局，1998，第21页。
② 刘万伦、沃建中：《师生关系与中小学生学校适应性的关系》，《心理发展与教育》2005年第1期，第87～90页。

国外的人际交往模式，国内复杂的人际关系是他们普遍反映回国后无法适应的方面。

  FG（化名）：刚回来的时候，不太适应。主要是人际关系处理不好，彼此观念不一样，理念也不同，在国外通常是对事不对人，在国内则人、事混在一起。

  XX（化名）：回国后我感觉到所在单位并不是很重视"海归"这个群体。没办法，留学归国人员在海外这么多年当然没有他们的国内"圈子"。而国内恰恰是一个很重视"圈子"的社会，加上"海归"们对这种事情反应能力也不行，所以被排在外面可能也是必然的。

  JS（化名）：在国外10年养成了好多习惯，一下子改不了，常常与现实生活冲突。比如，在国外教授就是闷头搞研究，不用考虑太多的事情，可是国内不行，人际关系是一篇大文章。有时候就逃避，可是在国内人际关系也是你成功的标志之一啊。这个挺复杂，我这个人不是不善于搞人际关系，但是有时候觉得中国人的人际关系太复杂，会很累。

  中国社会自古以来就是个人情社会，"有人好办事"的社会现象较为普遍，虽然出国前身处其中，但是"不识庐山真面目，只缘身在此山中"使得他们对人际关系的感受不会那么强烈。然而当出国后受到国外文化的熏陶，回国后再重新融入同样的人际关系中，经历同样的事情，难免将国外国内环境进行对比，由此，对人际关系不适应的感受开始明显。当面对这种不适应时，有的海外人才因缺乏人脉，只能默认或忍受，有的会选择逃避，尽量不触及不适应的方面，还有的海外人才当认识到自身在人际关系中的弱势地位后，会主动选择逃离，选择一个认为可以避免复杂人际关系的环境重新适应。但应该认识到对于国内人际关系，海外人才即使是默认或适应，也仅仅是表明被动或机械地适应，还远达不到心理层面的共识。

　　BZ（化名）：回来找工作也还要看人脉的，可能很多时候你觉得自己表现得不错，进入第几轮面试啦，前面淘汰多少多少人啦，但到了最后还是发现那个职位不是你的，你只是陪考的，职位早就被人内定了。你觉得自己很有能力也没用。

　　TC（化名）：公司里人际关系太复杂了，这里根本不怎么看你的能力，主要看你和老总啊、总监啊什么的关系，而且发现国内那些人每天把心思都放在这上面，根本没人好好工作。没办法，我只好辞职，准备还是到外资去，挺受不了人浮于事的环境，觉得那太浪费时间了。

（二）工作环境的不理解

　　与人际关系一样，工作环境是海外人才回国后必须面对的环境，对它的适应可能是针对真实存在的事物，比如办公地点、办公环境、办公设施等，也可能是针对一种意识形态，比如工作氛围、学术交流氛围、教学氛围等。笔者在访谈中发现，回国后在体制内工作的海外人才在国外多半也是从事科研、教学工作，或者在国外大学学有所成之后，回国直接从事研究、教学工作。因此对他们而言，对国内工作环境的适应可能涉及两个方面：一个是从国外工作环境到国内工作环境的适应，另一个是从国外学习环境到国内工作环境的适应。但作为研究者，首先感受到的是学术研究氛围，而且不同的人由于观察视角不同，对学术研究氛围的理解和适应状况也随之不同。从纵向来分析，把回国后的学术研究环境和出国前相比，学术水准和质量的提升会让海外人才回国后倍感欣慰，其融入也相对较快，社会适应状况较好。

　　HZ（化名）：中国的学术水准在我出去的这十年里有非常大的提高，虽然有很多关于中国学术腐败、学术落后的话语或者批评，但是我觉得他们说的现象可能都是对的，可是这个现象后面是中国整体学术水准的大幅度提升。像很多没有出过国的学者看国外的学术水平还是看得很清楚的，其实在很大程度上，国外的东西很多是比较差的，我们没有必要去崇洋媚外，没有必要觉得国外的学术水准或者国外名校的学术水准多么多少高，我觉得在国内做研究挺好的。

当仅仅进行横向比较，将现阶段所观察到的国内学术研究环境和国外相比，海外人才感受到的差异会比较大，由此产生的不满情绪或者抵触心理一方面会影响自身在国内学术环境下的科研活动，另一方面会影响平时工作中的人际关系，最终会导致海外人才整体上不适应国内的环境。访谈中 HJ 和 QY 在谈及对国内工作环境的感受时，都直言不讳地说了自己的感受。

> HJ（化名）：我感觉国内做学术有点浮躁，比如申请项目，好像项目申请下来就万事大吉了，就值得祝贺了，给我感觉有点太功利性了。我在国外也跟我导师参与过他的研究项目，觉得跟国内完全不一样，他们做得比较扎实。
>
> QY（化名）：那边做东西还是很认真很仔细的，别看他们工作时间以外很清闲、很放松，但是在工作时间里他们工作特别认真，而且效率也高，但是国内就不一样了，还是感觉蛮放松的，有的时候也不怎么严谨。

"浮躁""功利""不严谨"是他们对国内学术环境的"否定"，相对的"扎实""认真""仔细"是对国外学术环境的"肯定"，三组对立的词语在一定程度上反映了海外人才对国内外学术环境的取向：他们更倾向或者更认同国外的学术氛围。但是回国后在他们持否定态度的环境里，又该如何取舍：顺从，抑或抵制？在已知或感受到国内外工作环境的差异时，采取的不同态度也影响着海外人才在工作中的社会适应状况，积极的态度会让海外人才努力适应国内的工作环境，在求同存异中达到平衡，反之消极的心态会让海外人才的适应进程停滞不前。访谈涉及的海外人才大多积极地去适应国内环境，但是在 HJ 的表述中我们发现，"挺不喜欢这样的环境"这样直接的表达，映射出海外人才对工作的适应更多的是出于工作压力和个人发展要求下被动、机械的适应，但在内心深处的确有些抵触国内的学术科研环境，更谈不上被国内环境所同化。

> HJ（化名）：迫于工作的压力，我也去申请了国家社科，自己想做的研究本来是需要条件成熟了，经过深思熟虑了再开始，但是现在都是迫于考核的压力，也不管到底考虑得成熟不成熟，就每年都去申请，挺不喜欢这样的环境。

除了学术研究氛围，由于中国是个制度性的国家，这种制度性体现在每个体制内单位中，无论是从回流的海外人才还是国内本土人才的口中，我们多多少少会听到"体制内单位条条框框太多"这样的言论。在这些"条条框框"下，压力大似乎成了海外人才回国工作后的"口头禅"，这种压力也在一定程度上影响了他们的回国社会适应。

> HJ（化名）：现在学校对老师的考核都量化，很有压力，在国外，大学就不太讲究这些方面，他们更多地看你时间差不多到了，该晋升什么职称就晋升什么职称，没有什么硬性的指标去考核，我也不喜欢大学里的老师还有那么多的指标被考核。那边大学也写文章、发文章，但也不会作为指标被考核。发文章也不知道该怎么去发文章，今年好不容易发了一篇文章，那是因为同事的朋友在做这方面，后来联系认识了编辑，发了文章，这也是件挺头疼的事情。关于发表的期刊还有很多很多的说法，如这是什么什么级别的期刊，我在国外大学就没有听说过这方面的东西，那边大学不讲究这些东西，所以到这边什么东西都是要分等级，什么东西都是要去争取、去竞争，去量化考核你，觉得还是比较有压力的。

WL（化名）：我们回来都是怀着一股理想、一股冲劲回来的，但回来想独立做点科研就很困难。像××市科委申请经费和国家科技部申请经费，对我们这种30多岁刚回来的年轻海归是非常不利的。重大项目肯定是给前辈们的，毕竟我们经验也是不足的，不足以去承担这些项目，然后总结下来也就只有国家自然科学基金可以去拼一下，但是从国外刚回来对国内一些经费申请的规则不了解，对于申请报告怎么写等一系列的东西都不熟悉，拿到的可能性也不大。所以感觉现在的环境对于特别年轻的海归也不是很有利，我们不在"千人计划"，不在"青年千人"，也不在"百人计划"，哪里去找科研经费。

国内体制内单位有其自成体系的工作模式和工作流程，办什么事情找什么单位走什么程序，在这个环境下成长起来的国内人才自然轻车熟路；但对于刚回国的海外人才而言，不仅工作方式需要适应，对于工作流程也需要从零开始学习。回来本是做研究、干事业，却需要在最基础的方面分神，这是访谈中很多海外人才刚回国时较为无奈的地方，而且制度背后的诸多潜规则也让他们感到诸多的不理解。再有，缺乏宽松的科研环境也是海外人才反应较强烈的方面。目前国内科研单位普遍用行政管理的方法考核科研人员，简单地以工作量、发表论文量等来衡量科研人员的工作业绩和学术成就，使他们难以潜心从事一些基础性、理论性、探索性等耗时费力的科研项目的研究。访谈中有人这么描述："这些考核弄得人精疲力竭，想做的事做不了，不该做的事又过多。"总结来看，海外人才对工作环境的社会适应结果多为两种：以积极的心态融入国内的工作环境，但是会以旁观者的身份去看待工作中遇到的无法理解的事情；或者被动的迎合国内的工作环境，但内心抵触工作中的种种规章制度，有种不得已而为之的倾向。无论是哪种适应的结果，都仅仅停留在与工作环境的互动过程中，无法达到文化上或心理层面的同化。

（三）经济生活的压力

如前文所述，在我国关于社会适应的研究中，经济适应是城市适应过程的基础，是社会适应的最低层次，只有完成了初步的生存适应，才谈得上社会层面和心理层面的适应。相比流动人口，回流海外人才具有高学历、高人力资本的特点，其在城市的社会适应资本比流动人口多，理论上应该不存在经济上的生存适应问题。但在访谈中发现，无论是刚回国的海外人才，还是已在国内工作多年的老一辈学者对经济生活都感到了压力。

早先回来的老一辈学者感受到的经济生活压力主要来自对退休后生活的担忧。目前中国社会中体制内单位的工资相比私营企业、外籍企业等确实偏低，加上我国社会保障制度的规定，体制内工作人员退休后的薪资水平与未退休前相比差距较大，从而引发了老一辈学者提前感受到退休后的经济压力。但细究这一现象，这可能是在体制内单位的工作人员普遍会遇到的问题，而不因为从国外回流而产生的特殊现象，因此对于回国多年的老一辈学者来说，他们的经济问题是经历过社会层面和心理层面的适应以后，或者说被国内环境同化以后，与国内其他成员面临的共同的问题。

CJ（化名）：我们学校从国外回来的老师，有"千人计划"引进回来的，也有很多早先回来的不是"千人计划"，只是一般的海外人才，所以我们的养老问题比较突出。我们现在的收入和社会差距已经蛮大了，现在工资收入中很大一块是学校以各种名义发下来的，当退休以后就享受不到了，所以大家都感觉等60岁退休以后，我们的工资水平可能连农民工还不如。我们退休金是按基本工资交纳的，但基本工资太低，一个教授的话也就3000元左右，现在有岗位津贴、有课题支撑还好，要是没有课题，其实生活还是蛮艰难的。

随着出国留学和回国海外人才人数的不断增加，很多回国就业的海外人才多为学业有成后随即回国。由于长期在校园内，没有工作也就意

味着没有收入来源，但当读完硕士或博士回国时，将会紧接着面临结婚
生子等一系列个人问题，解决这些问题需要和钱画上等号，即便不需要
房子、车子，由于城市生活水平的大幅度提高，房价高、消费水平高，
平时的工资也仅仅能够维持日常生活，从而对于大多数年轻海外人才来
说，生存压力是回国后较为头痛的问题。

> WL（化名）：我觉得像我们这样的年轻海归回来之后的后顾之忧
> 还是很多的。从海外回来首先遇到的就是薪酬巨大的转变、巨大的降
> 低，像我在国外每月工资税前是5000美元，税后是3000美元（访谈对
> 象因为在国外读的博士后，每个月会有工资），其实现在国内的待遇跟
> 其他高校比还算好的，但是像我这个级别（访谈对象为上海某科研单
> 位的副高级职位）扣掉公积金、社保什么的，一个月拿到手也就6000
> 块钱不到，上海这么高的生活消费，像我的话2006年出国，2011年回
> 来，其间房价就翻了好多倍，回来之后就感觉完全都变了。像我每个月
> 工资6000元不到，2500元的房租，平时吃饭什么的消费2000元，这样算
> 下来每个月能存下来的工资2000元不到，一年下来也就一两万元的样子，
> 所以像我这样的想在上海有自己的一套房子，要100年，太困难了，自己
> 有时候想想后顾之忧还是蛮多的，这还是生活上蛮大的一个问题。
>
> WH（化名）：像我们现在回来才一年多，住的房子都是家里提供
> 的，买个车也是跟家里要钱的，学历再高也成啃老族了。

马斯洛的基本需求层次理论将人的需求分为五层：生理需要、安全需要、
社会需要、尊重需要和自我实现。对于流动人口来说的经济层面适应可能主
要是生理需要，"只有拥有一份可以维持最低消费的收入，解决了住宿、吃饭
等日常必需消费问题，才有在城市继续生活的开端和立足的资本"①。按照

---

① 朱力：《论农民工阶层的城市适应》，《江海学刊》2002年第6期，第82~88页。

WL 的表述，同样的 6000 元，流动人口可能在日常生活中只花费其中的一小部分，将工资的 50% 以上汇回家乡，并且他们在城市的消费行为参照的是家乡的生活水平而不是城市的[①]。但同样的经济适应问题，对于回流海外人才已不再是生理需要，而是出于安全需要和社会需要。WL 每月去除正常的消费以外还可以存 2000 元左右，可是这与 WL 想在上海买房子的理想相差甚远。正如她所言，按照现在的薪资水平可能需要 100 年，而房子更多的是出于安全需要而非生理需要，因此即使出于安全需要的经济适应未达到，也不会影响回流海外人才回国后的生存状况。相比流动人口和本地居民中的经济困难群体，他们依然是"经济强势"的，安全需要的经济适应对他们来说，只是实现需要的时间稍微长一些而已。

（四）海外经历的自我否定

回流海外人才与国内人才最基本的差别就在于，海外人才有一段海外学习或者工作的经历，这段经历的价值无法用金钱去衡量。但是从 21 世纪以来公费留学生和自费留学生数量的大幅度增加可以看出，越来越多的学生或者家长认为出国留学的回报比付出要多，回国以后更是可以为未来的求职加分，这点在最近几年各大高校和企业的招聘信息中也能够反映，在各个招聘信息里可以频频发现这样的招聘条件——"优先聘用获得海外高水平大学博士学位或长期海外研修者"，这反映国内对海外人才在海外学习或工作经历的认可，也映射出相比国内本土培养的人才，求职过程中海外人才更具有优势。但是"师傅引进门，修行在个人"，进入单位之后的社会适应还需要海外人才自身去调适，海外经历对于海外人才回国后工作中的适应，到底是利大于弊还是弊大于利？

> HJ（化名）：在中国的体制下，海归其实没有什么优势的，中国毕业的学生更有优势。从人际关系各方面来说，国外回来的我们很多东西

---

① 李强：《转型时期中国社会分层》，辽宁教育出版社，2004，第 213 页。

是不具备的，但中国是讲究关系、讲究社会关系网的，这方面国内肯定
会强于海归。而且他们一直在国内，懂得国内的情况，发文章什么的会
比我们会写，申请项目也会比我们有优势，所以海外经历这样来看，在
实际工作中没有多大帮助。

  JF（化名）：我还是觉得他们蛮歧视海归的。外国文凭现在被唾
弃的比较多，国内文凭比较吃香。国内文凭不会贬值，国外文凭现
在不是都在贬值嘛。虽然国外文凭回来都是被教育部认证的，但是
在别人心里其实不太认可，觉得不如国内的。我们花了那么多钱出
去读书，回来还不被承认……

HJ 和其他回流海外人才传递给笔者的一个信息是：海外经历和国内经
验如同"跷跷板"，获得了海外经历却伴随着国内经验的空白，这种经验
的有或无会直接影响海外人才回国后的社会适应状况。因为缺乏对国内工
作环境的了解，在某些方面国内本土人才的优势凸显，而海外人才处于劣
势，加上前文所提及的社会网络的缺乏等，一旦遇到不适应的问题或挫折
时，会引发海外人才对自身海外经历的质疑甚至否定，会认为"出国还不
如不出国"。从社会同化的角度来分析，正是在中国特殊的制度环境下，
海外人才无论是主动还是被动地向"主流社会"靠拢，在被同化的过程
中，发现在现有体制下工作有困难时，海外人才会重新审视自己海外经历
的价值，会有对自己海外经历的质疑或否定的自我暗示。从这个角度来分
析，当海外人才有了这种自我暗示时，也意味着他们有了被同化的倾向。

三 体制外工作群体在就业中的社会适应

（一）就业中的迷茫

对于海外人才来说，无论是自主创业，还是在体制内工作，抑或在
体制外工作，有个自己的公司、企业或者有份稳定的工作是他们回国后
在城市落脚的前提条件，这好比流动人口在城市扎根需要先定居，才能

谈及经济层面、社会层面和心理层面的社会适应问题。但是在国外转了一圈回国后，求职是否真如之前所预想的那么顺利？海外经历真的会在求职中加分吗？

　　JF（化名）：当时投了很多简历，100多份吧，都是外企、外资银行，跟金融有关的，国内银行也有投，应届毕业生找工作竞争特别激烈，竟然一万个人就招几个人，面试一轮一轮，很激烈的，很痛苦的，刚回来那几个月基本都在面试了，我的竞争对手都是上海很好的学校的学生，都是交大、复旦的学生，国内的学生功底比较扎实，我在国外学的理论一方面都是英文的，还有就是不太懂国内面试的规则的，所以那时候参加面试是有劣势的。比如在无领导小组讨论的时候，明显感觉处于劣势，说不过他们，他们有些人很善于表现自己，感觉很能讲，很有逻辑性，头头是道，在这种场合我就不太喜欢讲，因为在国外的时候，大家都是比较斯文的那种，也没有人说要争着抢着、面红耳赤地要跟你讲，大家讲话也都是挺轻声的那种，基本上大家会相互尊重，听你讲，国内大家就都争着讲，不太适应这种面试的场合，所以结果也不是很理想。

　　CY（化名）：回国前怎么都想不到连份自己想要的工作都找不到，其实回来也面（试）了几个银行，像中国银行、国家开发银行，都面试了，但是面（试）了一圈，也没有结果，公务员也考了，笔试过了，面试的时候被刷了，没有被录取。那时候找了一大圈之后，又没有一个落脚的地方，让我能下得了台阶的地方，觉得蛮失败的，那个跟我之前想象的差距还是蛮大的。

　　在绪论对海外人才概念的界定中，海外人才的受教育程度分为三个层次：大学专科、大学本科和研究生。回流海外人才群体中，回国创业和在体制内工作的海外人才的人力资本和经济资本相对较高，很多人在国外接受硕士研究生阶段教育，甚至获得了国外博士学位，因此回国后求职机会比较多。但还有一大批学历为大学专科、大学本科和硕士研究生的海外人才，他们回国寻找工作与那些拥有更高学历的海外人才相比处于劣势，对于国内求职环境本土人才比他们更熟悉，因此他们面对的竞争对手可能不仅仅是国内本土人才，还有比他们人力资本更高的海外人才，双重夹击下求职难度也随之上升。为了能先"定居"，海外人才面对就业难的困境，经常会放弃在国外所学专业而转投其他行业，以实现第一步的融入。比如 WY 就因为学的小语种，回国后求职遇到挫折转投咨询行业。从这个角度来说，海外人才在求职过程中会通过各种途径让自己先"定居"下来，实现最初步的社会融入。

> WY（化名）：我觉得国家在就业方面还是存在问题的，包括像北京、上海、深圳等大城市。第一，职业结构有问题，主要是专业不对口，所学不能得到很好的应用。比如，我留学时学的是阿拉伯语，同时也学了英语，有两个学位，但是很明显，我现在的工作使我的特长发挥不出来。这种情况挺普遍，包括我的同学，他们有的已经经商，完全搞经济了，所学专业等于抛弃掉了。

经过海外几年的学习或者工作，海外人才怀着满腔抱负回国，希望回国后可以利用自己在国外所学的专业或者语言优势，找到一份专业对口、能实现自身价值的工作，但现实和理想抱负总是具有一定的差距。从国内就业环境来说，留学生回国热潮兴起，造就了海归四处开花的局面，使人们对海归的认识趋于平淡，笼罩在他们头上的那些光环也随着回国人数的增加而逐渐淡化。加之国内大学的扩招，大学毕业生数量逐年攀升，硕士、博士的数量也在增加，本土人才竞争力上升，从而在一定程度上冲击了海外人才在就业中的优势。再者，招聘单位是根据自己的需求寻找合适的求职者，而不是根据求职者的专业和能力设定招聘职位，海外人才在求职过程中只能看着菜单点餐，这又缩小了海外人才按自己意愿求职的范围，因此海外所学与工作内容的不一致会使海外人才对回国后的工作产生迷茫。从社会适应的角度来分析，虽然最初在求职过程中会遇到各种困难，这种困难一部分来自中西方文化的冲突，另一部分来自国内就业市场的严峻，但是通过自身的调适，海外人才基本上都可以在城市里"定居"，达到社会适应最基本的要求。

（二）就业中的角色定位

"角色"一词原本来自戏剧，20 世纪 20 ~ 30 年代被一些社会学和人类学家引入社会学的研究中，衍生出"社会角色"这一概念。"社会角色是与人的社会地位、身份相一致的一整套权利、义务和行为模式，它是对于处在特定地位上人们行为的期待，也是社会群体或组织的基础"①。从美国芝加哥学派的 G. H. 米德、美国人类学家 R. 林顿到后来的 T. 帕森斯、R. K. 默顿、R. 达伦多夫、E. 戈夫曼等，都对角色理论进行了深入的研究，至此社会角色逐渐发展成社会学的基本理论之一。

将"海外人才"这一特殊群体放置于角色理论框架中，我们可以了解关于海外人才的一些基本角色特征。从类型上来看，"海外人才"非先赋角色，而是自致角色，是海外人才有了国外的学习或工作经验后产生的社会角色。在求职中因为海外经历会被优先录取，这是在"海外人才"角色扮演过程中享受的角色权利；但是对于"海外人才"，人们会有自己的认知，觉得他们应该可以做到一些国内本土人才无法胜任的事情，这是社会对"海外人才"的角色期待。比如"千人计划"中对海外高层次人才的期望是回国后可以突破关键技术、发展高新产业、带动新兴学科发展，即国家和社会对"千人计划"这一角色的期待。当"海外人才"这一角色与周围环境发生冲突时，海外人才对自身角色进行重新调整来适应环境即海外人才的角色调适过程。细究这一角色调适过程，我们会发现从社会角色到社会适应，中间经历了很多过程，比如角色期待、角色定位、角色扮演、角色冲突等。有

---

① 中国大百科全书总编辑委员会《社会学》编辑委员会：《中国大百科全书·社会学》，中国大百科全书出版社，1998，第 19 页。

学者认为，社会化的过程要求人们对角色做出选择，在认识自身的社会地位、身份、权利、义务和行为方式的基础上合理进行角色定位，才能很好地适应社会①。由此，我们可以知道角色定位与社会适应的正向关系，对于海外人才也一样，虽然是外界给予的身份和角色，但是自身如何正确理解这一角色，如何合理地定位将直接影响海外人才回国后的社会适应状况。

> JF（化名）：其实海归就是一张标签，这张标签会让别人对你的态度有一些不同，在平时人际交往的时候还是会有好处的。但是总的来说，工作生活还是要看你自己的能力的，就像跟别人相处，别人还是要看你性格的，工作上领导还是要看你工作能力的，其实海归只是会让你人际交往上更顺畅一些。
>
> CY（化名）：从自身来说，放下海归的光环、放下标签，要务实一点，要脚踏实地一点。现在很多海归不务实，很多事情看不上，我觉得心态要好一点，不要说我是海归就怎么样，长远来说，你就比人家多了几年的经历，从一生来看，还是很短的。
>
> WY（化名）：像现在很多海归变海待，那是自身情况和实际情况有差距，不愿放下身价。主要还是自己的心态问题吧，要么不要回来留在外面，既然回来了就要自己去适应。

"标签""光环"这些出自海外人才口中的词语反映了他们对"海外人才"这一社会角色有了比较客观的理解和认知，对自己的角色定位也主要表现在"务实""脚踏实地"等方面。在访谈中发现笔者发现，目前回流的海外人才基本已清楚地认识到，国内和他们一样具有海外留学背景或海外工作经验的人才数量非常庞大，求职中并不会因为自己的国外留学背景而觉得自己高人一等，更多的海外人才会摆正自己的心态，将

---

① 陈岢：《学生心理健康与社会适应》，国际文化出版公司，2002，第62页。

海外经历仅作为一段人生历程，把自身的能力、实力放在求职和工作中的首要位置，海外经历只是求职和工作中的附加值。虽然求职过程中或多或少会遇到困难，但访谈对象最终都在社会里找到了属于自己的位置，这与他们对自身角色的合理定位不无关系。

（三）就业的"晕轮效应"

JF（化名）：其实现在社会对海归的认可度也越来越低，像我之前去一所大学应聘老师，他们就不喜欢海归，他们觉得国内的硕士读三年出来好像含金量高一些，像英国有些大学学习一年就回来，学不到什么东西，觉得他们基础不是很扎实。我去应聘的时候，他们觉得我上课什么的都没有问题，课堂驾驭能力也蛮好，但他们就觉得我的文凭含金量不高，而且现在的硕士都是合同工，没有编制，这样福利待遇也会差很多，所以我还是觉得他们蛮歧视海归的。外国文凭现在被嫌弃的比较多，国内文凭比较吃香。国内文凭不会贬值，而国外文凭现在不是都在贬值嘛。其实我们的国外文凭回来都是被教育部认证的，但是在别人心里其实不太认可的，觉得不如国内的文凭。

晕轮效应最早是由美国著名心理学家爱德华·桑戴克于20世纪20年代提出的，他认为，人们对人的认知和判断往往只从局部出发，扩散而得出整体印象，也即常常以偏概全。一个人如果被表明是好的，他及周围类似的人就会被一种积极肯定的光环笼罩，并被赋予"一切都好"的品质；如果一个人被标明是坏的，他及周围类似的人就被一种消极否定的光环所笼罩，并被认为具有各种坏的品质。这就好像刮风前夜，月亮周围出现的圆环，其实圆环不过是月亮光的扩大而已。据此，桑戴克为这一心理现象起了一个恰当的名称——"晕轮效应"，也即"光环作用"。

随着近年出国留学读书的人数激增，留学生学成回国的数量也逐年上升。由此产生的一个问题是，各种类型、不同层次的回流海外人才数量也较多。回国潮初期，海外人才回国后成为各单位竞相争夺的"香饽饽"，都想将他们纳为己有，但一旦海外人才表现不尽人意或没有达到单位当初引进人才的预期，之后相同类型的海外人才就会遭遇"晕轮效应"：无论你自身能力究竟如何，都会被求职单位根据之前的印象而加以否定。

第三节　家庭和社会关系

在访谈中笔者发现，自主创业、体制内就业、体制外就业三种类型的海外人才在家庭和社会关系以及文化差异的社会适应上有很大的"趋同性"，因此下文将三种类型的海外人才合并分析。

（一）　自然环境与人文环境的落差

作为生物性的人，回国后与祖国的第一次亲密接触即所看、所听、所感受到的周遭环境。同样作为回流海外人才的一员，英年早逝的复旦女老师于娟在反思"为何是我得癌症"时如是写道："我真正体会到空气污染是 2007 年从挪威回国，在北京下飞机的那一瞬间，突然感觉眼睛很酸，喉咙发堵，岗布的话犹然在耳。……同期回国的有若干好友，我们在电话里七嘴八舌交流我们似乎真的不适应中国国情了：喉咙干，空气呛、超市吵、街上横冲直撞到处是车。这不是矫情，这是事实。这也不是牢骚，这是发自内心的感受。"[1] 在笔者的访谈对象中，大家也无一例外地谈到了回国后对自然环境的不适应。

> NQ（化名）：回国好几年了，我一直在努力地融入这个社会，但还是觉得很困难。很多东西在国内……我记得刚回国那一天，在浦东机场下的飞机，一下来就觉得天一点都不蓝，灰蒙蒙的，而且空气也不好，

---

[1]　于娟：《活着就是王道》，http://blog.sina.com.cn/s/blog_7180e9800100lrag.html，2011 年 2 月 1 日。

呼吸不舒服，有一点喘不过气的感觉，然后过马路的时候，就发现怎么这么多人啊？回来没多久我就生病了，然后就在想我要不还是回去吧。

如果说自然环境单单依靠人自身的力量是无法改变的，那么人文环境呢？人文环境是以城市文化积淀为基础的，包括一个城市中的文化、市民素质、生活方式、社会治安、社会秩序等方面①，它应该比自然环境更具有可塑性。人多是中国客观现实，但国内外人文环境差距的客观存在，使得环境脏、公共场所嘈杂、社会秩序不完善等方面成为海外人才回国后生活不适应的最直观感受。

> JF（化名）：回来感觉人的素质明显没有国外那么高，买东西排队啊什么的，在国外那边大家都是很自觉的排队，刚回来买东西有的时候大家都不排队，觉得好愤怒，你要是不插队永远买不到东西。
> CY（化名）：在国外和在上海的生活确实有些不一样，比如坐公交，那边从来不存在挤公交的现象，车来了大家排队上车，位子满了大家就自动等下一班，不存在那么多人挤的现象，可这里不挤你就上不了车。还有我比较喜欢看电影，这一点也没有在国外方便。在那边几乎什么类型的影片都可以在电影院看到，而在国内，各影院上映的电影是有选择的。还有，在国内看电影的成本有点高，而且不同影片或者同一影片不同时间段的票价也不统一。

关于国内文化市场的开放程度我们不予置评，但无论是 JF 提到的排队买东西时的插队现象，还是 CY 提到的排队等公交的问题，其实都指向同一个问题：国内公民表现出来的社会规范与国外的差异。"社会规范是人们社会行为的规矩，社会活动的准则，是人类为了社会共同生活的需要，在社会

---

① 陈辉：《我国区域人文环境差异研究》，硕士学位论文，兰州大学，2011，第49页。

互动过程中衍生出来，相习成风，约定俗成，或者由人们共同制定并明确施行的。"① 根据《中国大百科全书·社会学》对社会规范的定义，我们可以知道社会规范反映了一个群体的共同意见。也就是说，社会群体内有一个共同的价值体系，其他个体想要在该群体中生活，需要或者必须掌握这种价值标准，这种适应社会规范的过程，也就是个体完成社会适应的过程。因此，回流海外人才想适应国内的生活，也需要面对社会规范的重新适应问题。从JF 和 CY 的话语中我们发现虽然他们并不认同国内的一些社会规范，但想要在社会中生活，也不得不按照国内的社会规范办事。从这个方面来看，他们在社会适应过程中被同化的倾向比较大。

但是也有一部分海外人才在社会规范的适应过程中会与社会成员之间发生冲突：

> HJ（化名）：昨天我就遇到个问题，我在网上买书，配送员给我送书。其实老早就应该送到了，但是配送员服务态度很差，他每次送过来都是我不在家的时候，送了 2 次以后他就发脾气了，威胁我说你的书我不送了。这个话让我觉得很不可思议，一开始我还跟他好好地说，你就提前通知我一下，告诉我什么时候送到，问我在不在家，那我可以给你个答复，在家你就送过来，不在就不要送过来，再约个别的时候送过来，但他就觉得这不是他干的事情，他不会这么去做，他要送的书太多了，无法这么做，所以他还是坚持他方便的时候把书送过来，每次送过来我都不在，所以这个事情拖了一个多礼拜，最后搞到他们网上的客服、负责人员那我都去投诉，他们给我解释也给我道歉，但是到配送员那态度一直都不好，直到昨天把书给我送过来他的态度还是非常不好，所以我觉得这种事情很恼火，这样类似的事情还有很多很多。要是还在

---

① 中国大百科全书总编辑委员会《社会学》编辑委员会：《中国大百科全书·社会学》，中国大百科全书出版社，1998，第 31 页。

国外的话，肯定是他很客气地问我，我什么时候方便，他再来送，因为你花了钱是消费者，就不用过多的去操心这种事情，因为是他来为你服务的，但是回来以后花钱受气的事情太多了。

随着电子商务的兴起，网上购物成了司空见惯的事情，随之发展起来的还有快递行业，买卖双方受牵制于快递似乎成了默认的社会规范。网上买书是日常生活中极其平常的小事，但是 HJ 在网上购书的这段经历在访谈过程中，先后两次和笔者谈起，每次叙述时都很气愤，缘由是快递员的服务态度不好。与国外"顾客是上帝"的服务宗旨相比，国内的服务行业似乎总让人不那么满意。因为习惯了国外的"人性化服务"，当面对与国外并不一致的社会规范时，HJ 的反映特别强烈，并且进行了投诉。由此我们看到，当无法适应国内的社会规范时，海外人才会试图与其斗争，希望找回国外的社会标准，但是发现一切只是徒劳后，其通常的选择是撤离。因为在叙述完这个事件后 HJ 向笔者询问了国内其他的买书渠道，并表示不会再在××买书。HJ 的例子或许只是个案，不具备代表性和普遍性，但是只有通过这一个个实际个案，我们才会发现海外人才真实的社会适应过程。

（二）社会交往的趋同性

社会交往是人类社会中人际互动以及人们在社会中得以生存的关键环节，也是生活方式的一个重要方面。人们在社会交往的过程中，可以实现物质、能量、信息的交换，社会交往也是人们在社会适应过程中与周围环境进行互动的主要方式之一。对于海外人才这一群体来说，从国外迁移到国内后，面对的是不同于国外的人际关系和社会交往方式，在这样的环境下，是选择被同化还是另寻出路，国外的学习工作经历是否会改变海外人才回国后的社会交往对象和交往模式呢？

　　BZ（化名）：社会交往，我基本接触较多的是留学时的朋友和原来国内的一些同学。像我现在单位这种地方同事间交往本来就少，和同事接触不多。说实话，对留学生联谊会的交往我个人比较满意，因为这毕竟是一个组织，而且挺温暖的，它给我们提供了不少空间。其他的就很少了。觉得一点很怪的就是我觉得我们所在单位的凝聚力挺差的，可能因为大家彼此交往太少的原因吧。

LW（化名）：我们接触老外多些。业务上主要与客户打交道。平时接触较多的是留学时的朋友，主要因为大家共同的东西较多吧。原来国内的朋友也有些交往，但是不太多。工作太忙了，平时哪有时间交往？周末了还要陪家人。

JF（化名）：平时玩在一起比较多的还是留学生联谊会里面的，也是国外回来的，这样大家比较有共同话题，能够理解彼此的心情，一个礼拜都有好几次聚会，而且和他们在一起，英文也会讲讲，也常有派对，都是比较西化的聚会，像酒吧里，有的大家都会穿西装、晚礼服啊什么的，这种聚会比较多。

访谈中发现，海外人才回国后的社会关系网络主要由血缘、业缘和地缘组成。血缘主要为家庭关系，也是社会网络的基础；地缘主要是留学前的同学；相较于地缘来说，海外人才回国后的社会关系网络主要是业缘，并且更多的是和自己一样有留学背景的海外人才。究其原因，访谈中在谈到海外留学经历对自己的意义时，开阔自己的眼界、改变之前的思维方式、转变看待事物的方式方法是大家的共识。回国后自己的思维方式改变，而国内原先地缘中的社会关系网络却维持原样，使海外人才回国后在他们身上找不到共同语言。而当身边出现可以相互沟通、有共同话题、相互理解的人时，很容易使海外人才找到心灵上的归属感，这也是海外人才群体回国后容易抱团的原因之一。结合前文对国外跨国移民在我国社会适应状况的文献梳理可以发现，在社会交往中，海外人才的适应模式与国外跨国移民在我国的社会适应模式很相似，但也略有不同。国外跨国移民是因为没有与本地居民深入交往的需要而主动拉开与迁入地居民的社会距离，并且重构国外社会网络；而海外人才出国前在国内有其稳定的社会关系网络，回国后它依然存在，为了适应国内环境，海外人才在行为上会以"老"的习惯和交流方式与国内社会网络维持关系，但在内心深处的不适应会促使海外人才在身边找寻有同样留学背景或海外工作经验的群体重构国外的生活圈，表现出人际交往中的趋同性。

（三）未婚女性对婚姻的担忧

21 世纪以来，在我国男女性别比居高不下、男性人口数量远高于女性人口的大背景下，高知大龄未婚女性人口越来越多。教育部于 2007 年新公布的 171 个汉语新词中对高知大龄未婚女性的解释如下：高学历、高收入、高智商的一群在婚姻上未找到理想归宿的大龄女青年。若按此界定，海外人才中很多回国后仍未婚的大龄女性也可以归入高知大龄未婚女性的行列。回国后对比周围朋友的生活状况，加之家人朋友的担心，让回流海外人才中的未婚女性对自己的婚姻状况也有了些许担忧。

> JF（化名）：出去读个研究生回来，倒腾倒腾，工作定下来，周围的人可能都已经结婚生孩子了。然后女孩子年纪大了，男的也就不太好找了，剩下不是"名花有主"了，就都是别人挑剩下的了，婚姻啊什么的会遇到些问题。
>
> CY（化名）：在找到现在的工作之前，其实在别的地方工作了一段时间，其实落差还是蛮大的。爸妈没给我什么压力，他们都还理解我，但别人都找到工作，结婚生子了，我还在找工作，还找不到合适的，也没有男朋友，爸妈虽不说，但肯定心里着急，亲戚朋友也会聊到这方面，压力还是蛮大的，所以那段日子还是蛮灰暗的。
>
> HZ（化名）：婚姻方面啊，还好吧，没什么压力，毕竟是个男的嘛，现在慢慢找，这个东西要看缘分和感觉的，不好太着急的。

访谈对象中，当谈及未婚状况，"毕竟是个男的"映射出回流海外人才中的男性对未婚现状不太着急的心态，而"灰暗"也一览无遗地表露了回流海外人才中未婚女性的担忧心理。这与我国传统的婚恋观有关，男性与女性的择偶标准相差较大，男性一般往下找，而女性是往上找：大多数男性不愿意与一个职位、学历、收入都比自己高的女性结婚；多数女性也不愿找一个与自己条件相差太大的男性。因此，回流海外人才中的未婚男性属于婚恋市场的优势群体，而女性则一般找和自己一样条件或者条件低一些的男性，而她们的海外背景进一步增加了择偶的难度。虽然对婚姻状况担忧，但这并未影响回流海外人才中未婚女性择偶条件的下降，相对国内同样学历的未婚女性来说，反而额外增加了对结婚对象海外背景的要求。从这个角度看，回流海外人才中未婚女性在回国社会适应过程中，并未因为自身条件较好、年纪较大这些传统婚恋市场中所谓的女性择偶劣势因素，而屈从于国内一般的择偶标准，反而因为海外背景对配偶有自己的选择标准。

> JF（化名）：海外经历对找男朋友的话，我觉得还是有优势的吧，别人也会觉得各方面素质都会好一点吧，条件也好一点吧，别人介绍的时候好听一些，后面具体深入的话还是看接触吧，看对方性格、自身素质吧。因为自己是留学生、是研究生嘛，对对方的条件要求的话，肯定还是希望找一个和自己有同样海外留学背景的人，这样子沟通也比较容易，要是他一直在国内，毕业之后就直接找个稳定的工作，就觉得跟这样的人生活一点情趣都没有，跟这样的人生活好像一眼就可以望到头了，一辈子就这样了，没有什么盼头。

第四节　文化认同

（一）回国后文化的归属感加强

在人类发展历程中，世界文化逐渐趋于多元化，而中华文明是世界古代文明中始终没有中断、连续五千多年发展至今的文明，其身后的文化底蕴影响着一代又一代中华儿女。尽管身处异国文化之中，中国文化对他们的影响仍根深蒂固。

TW（化名）：在国外，多多少少还是有点种族歧视的感觉，毕竟你是个亚洲人。就像我女儿，在当地出生长大，可以算是地地道道的当地人了吧，可是也会有人不把她当成"自己人"的感觉，在学校我女儿还是更多的和亚洲人在一起。我自己也没有因为入籍了，就把自己当作外国人了，我还是中国人。在语言上，你说得再好，对他们来说都是外语，再有我也没打算过改变自己，去融入别人的文化。所以回来后，因为什么都熟悉，觉得人与人之间没那么疏远了，回来以后也没有在国外的那种孤独感了。

HZ（化名）：和国外文化的交流，我感觉到某一个层次就停滞了，对这个文化的接触就只能到某一个层次了，再也进不去了。刚开始的时候和老师、同学关系都很融洽，没有什么太大问题，但是问题在于，没有办法跟那边当地人做特别好的朋友，这个是在第一年过去之后，是在第二年，开始让我非常苦恼的一件事情，因为我所期待的这种友谊的关系不是这种笑嘻嘻打个招呼问问天气的。我之所以硕士到博士换了学校也是因为那个环境是很闭塞的，我硕士学校是靠近当地首都的一个郊区，问题可能是我没有真正住在城市里面，所以接触的人和事物都很有限。所以后来我换了个学校，虽然在城市里面了，但人与人的疏离感还是很强。开始的几年我还试图跟×国人做朋友，但是后来基本上就放弃了，因为我觉得这是不可能的事情。一个是文化的差异，一个是×国的社会交往关系本身疏离感就很强，他们自己可能也有这种感觉。还有就是种族的隔阂，大家都不会去说破，但它确实存在，你又不能去讲它。在那边我触摸不到很实在、很温暖的东西，但是回来后我想我已经找到了想要的东西。

在访谈中笔者有个深切的感受：异国文化的差异和排斥会影响海外人才在国外的深层次融入，中国传统文化在他们的回国抉择中起着拉力作用，这是很多海外人才最终选择回国的因素之一。因此这里含有这样一个假设：回国前海外人才就已对中国传统文化持肯定和认同的态度。不少留学生包括定居在海外的人士都有这样的感受：无论你事业多么成功，但你总感觉到你自己是一个外人，与当地的主流社会格格不入。这不仅仅是因为肤色，更是因为潜意识中的文化基因以及日常生活中的细枝末节。当前，中国处于剧烈的转型期，发展势态强劲，国内机遇较多，对于海外人才来说回国的时机也已经较为成熟，于是每年回国的海外人才比例在大幅度提高。回国参与国内建设使得海外人才找到了主人的感觉，而且将所学的知识与技能应用到实际工作中去，大大增强了他们的自我认同。因此对于海外人才来说，回国也意味着可以重新融入祖国文化，文化的归属感加强。此外，关于自己国民身份的认同，海外人才中很多人即使拿到别的国家的永久居留权甚至成为他国公民，但是内心深处还是认同自己是个中国人。

（二）回国后对国外生活的怀念

　　JF（化名）：我比较喜欢国外的生活方式吧，因为国外生活比较有安全感，福利比较好，就算很普通的一个人，生活幸福感也会比较多，一毕业去银行做个职员，你会觉得这样的生活也挺不错的，一生平平淡淡的，结婚生子，周末可以开车去郊区野餐啊什么的。但是在国内做银行职员的话，就会有很大的压力，各种存款、贷款压力啊，工作压力啊，在国外一份正常的工作赚钱，完全可以维持你正常的开支，生活质量还比较高；像国内的话，一般你挣的钱估计养活不了自己的，国内消费水平也很高，然后收入水平又不高，所以整个就是让你感觉很没有安全感，活得很焦虑。贫富差距这么大，社会互相攀比这种风气的存在，整个就是让你有很浮躁的感觉，静不下来。

　　尽管回国之后，文化归属感加强，但国外相对舒适、安逸、简单的生活却在回流海外人才心中留下了较深的印象，访谈中绝大多数受访对象对之前在国外的生活表示怀念。"怀念"属于心理感受，是海外人才在回国社会适应过程中心理层面的反映，这也从侧面映射出他们心理层面的社会适应状况。细究这种"怀念"，一方面是缘于国内工作和生活的较大压力，以及国内人文环境相对国外的差异，另一方面也反映在两种不同文化、制度环境中生活后，国内国外生活环境的对比形成的落差，让海外人才从内心层面上渴望国内生活环境和生活质量的提升。从吸引海外人才回流的层面来考虑，改善国内人文环境和生活环境、提高生活质量等改善国内软环境的举措，是帮助海外人才回国后适应社会的主要因素之一。

第五节　小结

　　本章关于海外人才回流后社会适应问题的研究是建立在访谈资料基础上的定性研究，通过对回流海外人才职业和经济成就、家庭和社会关系以及文化认同三方面的分析，最后借用美国新经济社会学家格兰若维特的弱嵌入性理论对其社会适应过程及适应模式做了简要的总结。

　　弱嵌入性是经济社会学的理论，最早由经济学家卡尔·波拉尼于1957年提出。他把两种看似不相关的事物——经济和社会结构联系起来，组成结构性关系，后来在20世纪80年代被格兰若维特引入社会学研究领域并进一步发展。格兰若维特认为人的经济活动不仅可以放置于制度架构中，还可以放在人际关系的网络中讨论，虽然人的经济活动嵌入社会关系中，但仍有其自主性。换句话说，格兰若维特的弱嵌入性理论一方面承认社会结构对嵌入者的制约，另一方面并不把嵌入者当作结构的奴隶，嵌入者还有其能动的空间。当把弱嵌入性原理引入对微观社会行动者的研究中，就意味着把社会活动者当作嵌入者。

　　"在弱嵌入性概念中含有几个基本要素：（1）嵌入者；（2）被嵌入

者；（3）被嵌入者赋予嵌入者的种种社会性，如身份、规范、行动的限度及观念，等等；（4）嵌入者的能动性；（5）嵌入者与被嵌入者互动及互动的结果。"① 把这五个要素操作化，即构成了经验研究中个人与群体、社会结构互动的一个具体的认识图式。本书研究的海外人才回流后的社会适应过程及模式实质上也是回流海外人才与社会成员、社会结构互动的过程，这一互动过程主要在职业和经济成就、家庭和社会关系、文化认同三个场域中实现。当把海外人才回流后的社会的适应问题置于弱嵌入性的五个基本要素中时，我们会发现以下几点。

嵌入者：本书研究中，嵌入者很明显是回流的海外人才群体。

被嵌入者：回流海外人才是从国外归来，拥有高人力资本或经济实力的群体，他们回国后整个群体嵌入的是国内大的制度环境和社会环境。在工作中，群体内部按照不同的工作环境嵌入不同的社会环境和社会制度。对于回国创业者来说，主要嵌入的是国内的创业环境和企业、公司正常运转需要遵行的相关政府制度；回国工作者嵌入的最显著的环境是工作环境和体制内单位、体制外单位各自的规章制度。在生活中，回流海外人才嵌入的是国内的社会规范、人际交往模式和婚恋市场等社会环境。

被嵌入者赋予嵌入者的种种社会性："回流""海外""人才"构成了本书研究对象的特殊身份。"回流"意味着他们与仍生活在国外的海外人才不同，置身于国内环境，需要去重新适应国内现有的各种制度环境和固有的社会规范、人际交往模式等。"海外"将他们与国内本土人才区别开来，社会对他们有特定的角色期待、赋予特定的角色权利，使其成为人才市场中等级地位的一个符号。他们是"人才"，是知识、能力的承担者，与就业市场中的一般劳动力相区别，因为拥有较高的教育和经济资源，他们具有在城市里扎根的人力资本。

嵌入者的能动性：国内外文化、制度政策、社会环境的差异使得海

---

① 孟宪范：《转型社会中的中国妇女》，中国社会科学出版社，2004，第129页。

外人才回国后面临来自各个方面的文化冲击，这种冲击的表现小到自然环境的不适应，大到制度政策的不适应。在前文的论述中我们看到，海外人才在与政府的互动过程中、在求职过程中，在社会交往模式、在社会规范方面都进行了抗争，但是在国内相对强势的文化、制度、社会环境下，回流海外人才的能动性非常有限。

首先，因为国内创业环境的制度化和创业中社会关系网络效应的隐性存在，回国创业者是以承认这些客观存在为前提的被动适应。除了少数回国二次创业的海外人才，大部分回国创业者进入创业环境的唯一途径是寻找投资者，这就意味着把能否创业的主动权交到别人手中。若没有找到合适的投资者，创业之门即被关闭；当有机会打开创业大门后，又需要面对各种规章制度的约束，为了企业或者公司的正常运转，回国创业者只能被动地选择接受。

其次，对于人际关系的复杂和工作单位的各种"条条框框"，入职即意味着默认了他们的存在。制度的"强势"让寻求个人发展的海外人才只能被动、机械地适应工作环境，而这种被动适应的结果经常带来他们对工作、对海外经历的质疑。而对于人际关系这种非制度性环境，海外人才的能动性要稍微大一些，他们可以自主地选择适应抑或逃避。此外，对"海外人才"这一社会角色，社会成员都有自己的认知，海外人才本身无力改变他们的认知，只能被动接受或改变自身的角色定位去适应社会。

最后，对于国内社会成员都已适应的社会规范和人际交往模式等社会生活环境，当海外人才觉得可以融入时，其主动适应的过程较为顺利；但当觉得无法适应时，又因缺乏足以改变社会规范的能力和条件，海外人才更多的只能被同化。HJ在买书经历中曾选择与"社会规范"相抗争，但不尽人意的结果让他最终选择了撤离。关于人际交往，海外人才无论是出于自身职业发展的考虑还是心理慰藉的缘由，他们在行为中不自觉的更倾向于寻找同质人群纳入自己的社会网络中。

总体来看，对于强势的制度性因素和无法撼动的社会性因素，海外人才的能动性比较有限，对于个人亲身参与可以自主选择的社会因素，海外人才的能动性相对强一些。

嵌入者与被嵌入者互动的结果：回流海外人才的城市适应过程呈现的以下特点，是回流海外人才与国内的制度环境和社会环境交互作用的结果。

1. 高期待值下的被动适应

因为有海外的学习经历或者工作经验，同时近年国内经济快速发展的信息在互联网或其他信息渠道随处可见，大多数海外人才虽然没有身临其境地感受到国内环境的各方面变化，但并不妨碍他们对回国后创业和就业机会的获得，以及对较高收入和较高生活质量的心理预期，这种心理预期会让海外人才在回国之前就对回国后的工作和生活抱有较高的期待值。但是真正回国以后面对国内外文化、制度政策、社会环境的差异，他们会觉得回国以后并不像他们之前想象的"回国就是回家了，会很舒服"那样，反而"回来后要融入国内的生活还是需要好几个月的时间，那段时间很迷惘的，要小心翼翼地生活，确实不一样，就感觉两边不一样"①。在强势的制度性因素和无法撼动的社会性因素面前，个人即使不认同，但行动上还是会被动地适应。

2. 国内社会转型、区域间文化差异与国内外文化差异的三重夹击

在第五章对海外人才回流动因的分析中已知，近十年是海外人才回流的高峰期，也即海外人才多在 21 世纪后回国，而彼时正处于我国社会急速转型的时期。社会在转型过程中伴随着结构转换、机制转轨、利益调整和观念转变，由此也引发了人们行为方式、生活方式、价值体系的明显改变。对于海外人才而言，即使出国时间较短，但回国后仍会深切感受到出国前后社会的巨大改变。这种改变一方面拉近了中国和国际社会的距离，在一定程度上促进了海外人才回国的社会适应，但回国后社会各个方面的变化也改变了海外人才脑海中对国内环境的认识，重新融入

---

① 来自笔者对 CY 的访谈资料。

和适应仍需要一定的时间。

此外，本书研究对象为目前居住在上海的海外人才，对原户籍所在地没有限定，其中既包括出国前户籍所在地为上海的海外人才，也包括出国前户籍所在地为上海以外其他省份的海外人才。中国地大物博，文明源远流长，南北之间、不同省份之间文化差异较大，即便同处南部沿海的一些周边地区，其地域文化与上海仍有一定差异，对于其他地区而言，其差异可谓更显著。因此，对于出国前户籍所在地不是上海的海外人才而言，他们所要面对的不仅仅是回国后国内社会急速转型所带来的变化，还要面对区域间文化差异和国内外文化差异。在这三重压力之下，海外人才的社会适应过程和模式更为复杂。

3. 文化归属、经济层面、社会层面和心理层面间的交互影响

如前文所论述，"回流""海外""人才"构成了回流海外人才的特殊身份，因此他们的社会适应过程既不同于国内流动人口在城市的社会适应过程，也不同于跨国移民在我国的社会适应过程。同样是国际迁移，对于跨国移民来说，只有经历了定居、适应和同化这一过程，完全融入当地社会以后才有可能对异国的文化产生共鸣；但是对海外人才而言，异国文化的排斥影响他们在国外的社会融入，反而触发了他们对中国传统文化的向往。虽然身居国外，但中国传统文化一直根植于他们体内，所以回国后海外人才首先感受到的是文化的归属感，文化的认同会对他们在国内的社会适应过程起到加速的作用。因此，笔者认为除了经济、社会和心理层面，海外人才回国后的社会适应过程首先是文化的归属感。

经济层面的社会适应是决定其他移民群体能否最终完成社会适应的先决条件，其内涵更多的是指生存适应。海外人才因为自身的高人力资本，回国后的生存适应已不再是社会适应面临的首要问题，对他们而言，经济适应更多的是处于安全需要和社会需要，当两者得到满足时，不仅意味着海外人才经济水平的上升，也意味着他们社会地位的提高，他们更容易在社会扎根并长期居留，这些都会对他们心理层面的社会适应乃至最终的社会适应起到正向的作用。

对回流海外人才而言，回国后的社会适应过程中最困难的可能是社会层面和心理层面，适应需要的时间也比较长，两者之间还存在交互效应。如前文所述，海外人才回国后会遭到各个方面的文化冲击，比如社会交往模式、社会规范。虽然对中国传统文化有归属感，但国外经历会影响海外人才原先的思维模式和社会行为方式，在国外时间越久影响越深，因此国内不同于国外的社会环境会让海外人才感到迷茫、不理解，甚至是恼火、愤怒，进而影响他们心理层面的社会适应，另一方面也会影响他们最初对国内文化的认同。反过来，心理层面的不适应会让海外人才拒绝与社会的过多接触和来往，或者依然按照国外的方式在社会中生活，如果遇到不适应就再次加深心理层面的不适应，如此便进入一个无法适应的恶性循环中。

此外，笔者在分析访谈资料后认为，海外人才的社会适应不是简单地从文化归属、经济、社会到心理的依次递进过程，而是呈现复杂的相互影响关系。因为社会层面和心理层面之间存在交互影响，交互影响的结果会影响海外人才对国内文化的认同，经济层面的适应会加速海外人才心理层面适应的进程，但并不会改变他们对国内社会环境的认同。图6-2是笔者认为的海外人才回流后的社会适应过程。

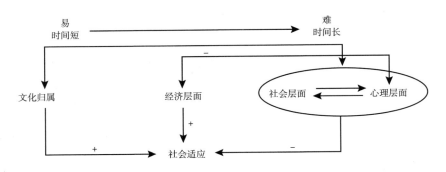

图6-2　海外人才回流后社会适应过程

4. 被动适应中"国外社会"的重构

在经历了文化归属、经济、社会和心理四个层面的调适之后，海外人才回国后的社会适应状况主要有两种结果：适应和不适应，其中适应又可以分为主动适应和被动适应。三种适应结果分别反映了海外人才回国后的三种社会适应模式。有的人在经历了长时间的调适之后，最终仍无法适应国内环境，于是重新返回国外或意愿再次迁移，在访谈过程中很多人都提及自己或周围朋友因为无法适应而有再出国的计划。另一些人积极主动地适应国内的工作和生活环境并达到最终社会适应，这也意味着海外人才在适应过程中逐渐被国内环境所同化。还有一些人被动地采用出国前的"老"方式重新融入国内环境，但在心理层面会跳出所处的环境，拉开自己与社会的距离，用旁观者的心态去审视国内的环境。尽管能动性有限，但仍在可能的范围内主动地、有选择地重构国外的生活方式和人际交往模式，这种模式与跨国移民在我国的社会适应模式类似。

结　论

第一节　主要结论与政策启示

在经济全球化发展的今天，人才成为促进国家经济发展的重要因素之一。在经历了人才大量外流阶段后，我国海外人才回流潮在改革开放以后悄然到来。我们在为海外人才回流数量不断增长感到欣喜的同时，仍有两个问题值得深思：为什么海外仍有大量人才没有回流？已经回国的海外人才为何会再次外流？细究这两个问题会发现，这其实涉及海外人才回流行为的整个过程：回流意愿、回流动因以及回流后的社会适应，理解这一过程对我们回答以上两个问题具有重要的意义。

一　主要结论

本书旨在通过对海外人才回流行为过程的分析，寻求以上问题的答案。综合前文的分析，现将研究的主要结论予以归纳和总结。

1. 海外人才的回流行为受经济等宏观因素影响较大，但在相同的宏观经济背景下，相比微观因素中的个人、迁移特征，家庭因素对海外人才回流行为的影响更为显著

影响海外人才回流的因素一直是我国学者较为关注的问题，因为身份的

特殊性，关于海外人才的微观数据较难获得，大范围的调查难度更大，因此早期对这一问题的研究更多的是通过定性方法的分析。随着有关部门对留学生回国数据的统计工作不断完善以及定量分析技术的发展，研究留学生回国数量和宏观经济指标之间关系的定量分析逐渐增多，无论是通过简单的线性回归模型分析，还是利用计量经济学的手段，研究结果均显示经济因素是影响海外人才回流的主要因素。本书利用上海市侨情普查数据，对海外人才微观数据的分析也得出了类似的结论，与前人通过宏观数据得出的分析结果相互验证。

从不同年代的演变来看，随着国内经济的飞速发展和创业、工作环境的改善，回流海外人才数量的增长速度逐年增加。从回流动因来看，创业和工作是海外人才回国的主要动因，也即意味着海外人才回国受经济因素驱动较大。从海外人才回国后的空间分布变动来看，海外人才主要聚集在上海经济较为发达的中心城区附近，并且分布范围逐渐向经济发展潜力较大、经济开发区数量多且发展实力较雄厚的浦东新区扩张。从海外人才职业分布和从事的行业来看，以企事业单位负责人和专业技术人员居多，并且主要从事于制造业和金融业等掌握上海经济发展命脉的行业，这些都说明了经济因素对海外人才回流行为的影响。

海外人才回国的目的地均为中国，而迁出国分布于世界各地，为了避免不同国家间经济差异对分析海外人才回流行为的影响，本书利用分层线性模型在控制国家变量的前提下，分析个人微观因素对海外人才回流意愿的影响。结果表明：个人特征、迁移特征和家庭特征均对海外人才回流意愿有显著影响，其中家庭特征中的配偶状况、配偶回流意愿和子女受教育状况影响最大，当配偶同在国外、配偶回流意愿不强、子女正处于高中及以下学习阶段时，海外人才回流意愿较弱。

2. 身份不同，海外人才回流意愿有所差异；身份不同，个人、迁移和家庭因素对回流意愿的影响也有所不同

根据笔者查阅到的大量关于海外人才回流行为研究的资料和文献，学者

们基于自己的数据调查分别得出海外人才愿意回流的比例，但由于是小范围调查，数据的代表性有待考证。此外，由于海外人才定义的不统一，多数研究仅将研究对象集中于留学生这一群体，却忽略了我国海外的拥有巨大潜力的人才资源——外籍华人和华侨。本书利用上海市侨情普查数据的优势，将外籍华人、华侨和留学生中的高学历人群作为海外人才的主体，对他们的回流意愿进行深入分析。研究结果显示：身份不同，海外人才的回流意愿有所差异，留学生回流意愿最强，华侨较弱，外籍华人最弱。

从海外人才具有的不同身份来看，不同的微观因素对海外人才回流意愿的影响也有所不同。海外人才所从事职业、配偶居住状况、配偶回流意愿、父母居住状况对三个群体均有显著影响：当海外人才是企事业单位负责人、父母在国内时，其回流意愿较强；反之，当配偶在国外且回国意愿较弱时，海外人才的回流意愿也较弱，并且配偶的影响作用更强。其他微观影响因素对于不同的群体影响程度不一。

研究还发现，在整体分析时并不显著的子女受教育程度，当按照不同身份分析时其影响作用凸显：当子女处于高中及以下学习阶段时，华侨和留学生回流意愿显著减弱，但外籍华人受此影响较小。比较不同模型中各自变量的系数估计发现，众多微观影响因素中，家庭因素对海外人才回流意愿的影响最大。

3. 身份不同对海外人才回国动因影响不大，出于个人事业发展考虑的投资型和工作型回流是海外人才选择回国的主要动因，不同的回流动因缘于海外人才的社会人口学特征、社会经济地位和家庭特征的差异

回流意愿是海外人才对于回国与否的抉择，而回流动因是海外人才选择回国的目的因素，它不仅受到祖（籍）国经济、政治、文化等因素的影响，个人的客观现实状况和家庭状况差异也会影响海外人才的回流动因。对已回国的海外人才回流动因进行分析后发现，身份不同对海外人才回国动因影响不大，无论是外籍华人、华侨还是留学生，出于个人事业发展考虑的投资型和工作型回流是海外人才选择回国的首要动因，其次是家庭型和落叶归根型

回流。这从一定程度上反映相比家庭因素和社会文化因素，经济因素对海外人才回流行为的影响更大。

通过对不同动因的社会人口学特征、社会经济地位和家庭特征的深入分析发现，男性以投资型和工作型回流居多，女性虽然因工作回国的比例也较高，但社会经济职能的不同使得女性相比男性来说，受家庭因素影响更甚。不同动因回流的海外人才其回国年龄呈现明显的集中趋向，投资型、工作型、家庭型和休假型回流以中青年为主，学习型回流以青年居多，而落叶归根型回流更多地发生在退休人员群体中。尽管都是海外人才，但投资型和工作型回流群体以研究生学历者居多，受教育程度明显高于其他动因回流群体。不同动因回国的海外人才从事行业分布较广，其中投资型、工作型、家庭型、学习型和休假型回流群体从事第二、三产业居多，从事科学研究和技术服务业的海外人才更易受社会文化因素影响回国。海外人才不同回流动因特点也体现在他们所在的职业上，投资型和工作型回流多为企事业单位负责人和专业技术人员，家庭型和休假型回流群体不在业的居多，学习型回流群体多为在校学生，而落叶归根型回流群体更多的是离退休人员。在本研究中，配偶与海外人才为同一原因共同回国的比例较高，但休假型回流群体由于他们仅为暂时回国，家庭重心依然在国外，其配偶在国外的比例相对其他群体较高。当子女未成年并且处于初中及以下学习阶段时，各种动因回流的海外人才都更倾向于让子女随迁，但落叶归根型回流群体多为离退休人员，其子女多半已成年，此时父母的回流行为对子女影响不大。

4. 尽管投资型、工作型和家庭型回流是留学生回流的首要动因，但在其实际动因背后，制度因素和在国外的社会适应状况极大影响着留学生的回流意愿和动因

由于留学费用来源不同，留学生有自费留学生和公费留学生之分。对于公费留学生而言，他们在享受政府资助外出留学权利的同时，也必须承担一定的义务，即学业完成后应回国连续服务至少两年时间。这一影响在留学生外出留学期间潜移默化地影响着留学生的回流意愿，认为自己毕业后肯定得

回国，并且将制度因素对他们回流动因的影响涵化在其他如工作或家庭回流动因下，以至于留学生自身都会忽视。

留学生在国外的社会适应状况总结归纳起来，主要分为学习、工作适应和心理适应两个方面。一旦留学生自觉无法适应国外的学习、生活方式或者找不到合适的工作时，就会通过各种方式来逃离国外的环境，比如回国工作。因此虽然在表面上留学生是工作或家庭等原因回国，但实质上是对国外环境的逃离，是在国外无法适应或生存后的被动型回流。

5. 在国内相对强势的文化、制度和社会环境下，海外人才回流后在社会适应过程中的能动性非常有限

国内创业环境的制度化和创业中社会关系网络效应的隐性存在，让回国创业者的创业行为是以承认这些客观存在为前提的被动适应。对于人际关系的复杂和工作单位的各种"条条框框"，入职也就意味着默认了他们的存在。制度的"强势"让寻求个人发展的海外人才只能被动、机械地适应工作环境，而这种被动适应的结果经常会带来对他们工作、对海外经历的质疑。对于国内社会成员都已适应的社会规范和人际交往模式等社会生活环境，当海外人才觉得可以融入时，其主动适应的过程较为顺利，但当觉得无法适应时，又因缺乏足以改变社会规范的能力和条件，海外人才只能被同化。总体来看，对于强势的制度性因素和无法撼动的社会性因素，海外人才的能动性比较有限。

6. 海外人才回流后的社会适应过程具有区别于国内跨区域移民和普通跨境移民的特点

首先，海外人才回流后的社会适应过程是高期待值下的被动适应。对国内较高收入和较高生活质量的心理预期，会让海外人才在回国之前即对回国后的工作和生活抱有较高的期待值，但是回国以后面对种种文化冲击，即使内心不认同，行动上还是会被动地适应。其次，海外人才的社会适应不是简单地从经济、社会到心理层面的依次递进过程。在经济适应之前，海外人才首先经历的是文化的归属，也即对国内文化的认同。四个部

分之间还呈现复杂的相互影响关系。社会层面和心理层面之间存在交互影响，交互影响的结果会影响海外人才对国内文化的认同，经济层面的适应会加速海外人才心理层面适应的进程，但并不会改变他们对国内社会环境的认同。

7. 由于个体差异的存在，海外人才回国后主要有三种社会适应模式

在经历了文化归属、经济、社会和心理四个层面的调适之后，海外人才回国后的社会适应模式主要有三种：在经历了长时间的调适之后，最终仍无法适应国内环境，选择重新返回国外或意愿再次迁移；积极主动地适应国内的工作和生活环境并达到最终社会适应，也即海外人才在适应过程中逐渐被国内环境所同化；被动地采用出国前的"老"方式重新融入国内环境，但在心理层面会跳出所处的环境，拉开自己与社会的距离，用旁观者的心态去审视国内的环境。尽管能动性有限，但仍在可能的范围内主动地、有选择地重构国外的生活方式和人际交往模式。

二　政策启示

在本书第二章对我国近年来吸引人才回流政策的梳理中，我们可以看到我国对吸引海外人才回国的工作是十分重视的，不仅制定了许多政策措施，还提供了很多资金和政策上的支持，鼓励海外人才回国工作和创业。这些政策措施确实为我国吸引海外人才回国起到了一定的作用，感召了一大批人才，甚至是站在世界科技前沿、掌握尖端高新技术的高层次人才回国。但我们仍应深入了解海外人才在回流过程中遇到的切实问题，发现现有政策的短板，也应清楚认识到资金、高薪并非海外人才选择回国的全部原因。本书通过对海外人才回流行为微观分析得出的研究结论，对我国未来人才引进政策和发展方向具有一定的政策启示意义。

1. 不以回国与否论"爱国"

随着经济、科技和教育国际化的发展，人才的国际流动是不可抗拒的世界潮流。只要打开国门，实行对外开放，就会不可避免地遇到人才外流的现

象。截至 2009 年，我国各类出国留学人员总数达 162.07 万人，留学回国人员总数达 49.74 万人，回国人数与未归人数比例达 1∶2.26。近年选择回国发展的华侨和外籍华人数量逐渐增长，但相比海外华人和外籍华人总量，回流的仍为小部分群体。对于目前未回国的留学生、华侨和外籍华人而言，他们不回国是否属于不爱国的行为？对这一问题的解答仁者见仁，智者见智，在国内一些著名的网络论坛上还对其进行了激烈的讨论，有人说"现在中国培养的留学生不像过去那样爱国，学成后不想回来回报祖国"，笔者认为这样的论断过于武断，目前不回国不代表今后一定不回国，不能以海外人才目前的不回国行为去评判他们内心深处的爱国精神。

《辞海》中对爱国主义的解释为"对祖国的忠诚和热爱"，或者说爱国主义是个人或集体对自身所属国家的一种积极和认同的态度和行为。2008年拉萨事件和北京奥运圣火传递遭阻挠，全球华人自发的、有组织的游行，保护圣火和对国家尊严的捍卫无不体现了海外华侨华人强烈的爱国之情，也反映了外籍华人和华侨近 30 年在海外的实力越来越强，在当地发挥着扩大中国国际影响力的重要作用，他们在国外发挥着国人在国内无法发挥的力量。

此外，深入了解海外人才不回国的原因可能更有利于我们对这个问题的理解和认识。随着海归越来越多，如今海外人才回国不再如改革开放初期那般受到众星捧月的待遇。留学生回国找工作会遇到国内人才和国外更高学历人才的夹击，因此在国外获得一定工作经验、增加回国择业的筹码是他们未归的主要目的。对于小有成就的海外人才而言，他们看中的并非国外的高薪，而是国外的学习和研究条件，国外从文献、实验设备到工作环境都优于国内，更容易出成果。而且即使人未归，很多海外人才仍通过国际项目合作、回国讲学等方式将国外先进的知识、技术和理念带回国内，可谓"心怀祖国"。这也说明了目前海外人才为国家做贡献方式的多样性，即使不回国也同样可以为祖国的建设事业发挥力量。国内教育理念与国外差异较大，对回国后孩子教育问题的担忧是很多海外人才未归的主要影响因素，一旦孩子进入大学，他们回国的意愿又会增强。

　　通过对以上问题的分析我们知道，不能以海外人才当前回国与否的决定推断他们最终的回流行为，更不能以此妄加评判海外人才内心深处的爱国情感。

　　2. 人才引进环境应从"笼子养鸟"向"森林引鸟"转变

　　前人的研究结果显示，历年留学人员回国数量和我国人均 GDP 有正向的相关关系，本书研究结果也表明海外人才回国以创业和工作为主。除了国家重点引进的"百人计划""千人计划"以外，回国的海外人才中还有很多"一般的"海外人才，他们从西方发达国家回来的居多，这些国家的经济科技条件与我国相比具有绝对优势。没有高薪的吸引、没有特别优惠的政策，他们仍选择回国发展，由此可见高薪并非吸引海外人才回国的主要因素，经济发展状况，国家综合实力和良好的创业、工作环境才是吸引海外人才回国的根本。正如访谈中一位企业家所说："我从深圳创业后移民温哥华，其实像我这样的华人就跟候鸟一样，哪个地方气候好就往哪飞，说什么鼓励海外人才回国创业、工作，我觉得不需要鼓励，中国经济发展好了、实力强了，不用鼓励，大家自然都会回来的。"由此可见，以经济建设为中心是我国在吸引海外人才回国过程中必须坚定不移的政策方针，这也是海外人才回国发展对我们提出的客观要求，我们用高薪吸引海外人才回国，用"笼子养鸟"，不如打造一片"森林"吸引更多的海外人才自主回国。

　　另外，目前的"百人计划""千人计划"引进的是海外高层次人才的个体，然而"突破关键技术、发展高新产业、带动新兴学科"更需要团队合作的力量，团体作战比孤军奋战力量更为强大。我们不仅需要领军人物带领一个团队发展，更需要更多的海外人才回国增强团队的力量，加快我国科技、产业和文化的发展速度。正如新中国成立初期原子弹的研制离不开如钱三强一样的学术带头人，更离不开如邓稼先一般从事前期大量模拟计算和分析基础工作的海外人才。通过"森林引鸟"吸引更多的海外人才自主回国，让领军人物、国内人才和海外人才自主选择、自主抱团，将会极大地增强我国的科研实力、加快高新产业发展，从而进一步快加经济建设，增强国家实力。

3. 练好内功才是硬道理

解决人才回流问题既要掌握海外人才的动态、贯彻人才引进政策、加强对海外人才的联系活动，更要加快国内创业环境建设、改善国内工作环境、创造人才的发展机遇与成才环境。本书第六章对海外人才回国后对创业、工作环境适应状况的分析发现，除了创业资金，他们对地方法律法规也较为敏感。因此，需要给予海外人才回国投资创业更多的经济支持，改善有利于创新创业的政策环境。比如对回国创业人员给予一定的启动资金，重点支持一批有发展潜力、有广阔市场，并对我国经济发展有重大贡献的高新技术企业，制定相应的市场准入政策，以发挥产业带动作用；或者建立有效便捷的融资渠道，建立中小企业担保公司、风险投资公司，方便创业初期的企业获得发展资金，帮助企业解决融资难的问题等。

对于在体制内工作的海外人才，需要完善他们的职称晋升、评级及科研资助等制度。目前回流海外人才在国外的工作年限被排除在国内工作年限之外，职称晋升和评级均与国内工作年限和科研成果数量挂钩，这是笔者在访谈过程中发现的众多海外人才苦恼的问题。笔者认为，回流海外人才的专业技术职称晋升、评级不应完全与现职单位的工作年限、业绩挂钩。除对符合规定的高层次留学回国人才可直接聘任相应等级的专业技术职称外，还应该就留学回国人员在海外任职年限如何参照计算、海外发表的科研成果如何折算等做出明确的规定，以体现在同等条件下对海外人才予以优惠的原则；还应当适当扩大和加强对科研项目资助的范围和力度，加大对青年海外人才科研资助的力度；应摘去体制内和体制外的有色眼镜，对待对国家经济、科技和文化建设有重要贡献的海外人才应一视同仁。

唯有完善国内的创业和工作环境，才能使海外人才感到回国后充满发展机遇，处处是利于成才的气候，才会有更多的海外人才参与国内经济、科技和文化建设。

4. 充分考虑海外人才的身份特征所引致的需求差异，做好服务型政府，保障海外人才回流后生活、家庭稳定

在希望海外人才大量回归的同时，我们需要换位思考：海外人才回流后我们可以为他们的工作和生活提供些什么。基于海外人才的立场，想海外人才所想，扮演好"服务型政府"角色，保障海外人才回流后的生活、家庭稳定，这才是能否吸引人才回流的关键。

访谈中，回国后的养老保险问题是海外人才考虑较多的问题。由于海外人才中外籍华人都已加入外国国籍，根据有关规定，他们在中国不能享受包括医疗保险、养老保险在内的社会保障待遇，但他们长期在中国生活居住，因此也不能享受国籍所在国的社会保障待遇，致使他们有两头落空的忧虑，影响了他们为祖籍国服务的热情。以下是访谈中一位访谈对象关于海外人才回国后社会保障问题的想法：

> 国内轰轰烈烈的建设我们看着很眼红，但回来拿不到"千人计划"，拿不到创业基金，回来工作怎么办，生活也是问题。回国创业的有20%能成功就不错了，那剩下80%的人不成功了以后是留下来还是回去，这是一个问题。以后养老保险怎么办，你成功了有钱可以养老，那不成功呢，是不是再回去？但是回去了这么多年我在国内，国外又没有交养老保险，我老了以后我靠谁？在中国我也没有交养老保险，现在政府要求我们也交保险，那么我们交了以后，国家会怎么对待我们的养老保险，现在这些一切都不明朗。

本书第四章对海外人才回流意愿的分析表明，外籍华人、华侨和留学生的回流意愿依次递增，其中出入境难是外籍华人回国的推力之一。笔者认为，应放宽对多次往返签证和居留的限制条件，凡是从中国到国外定居获得国外身份，在国外正规大学获得硕士以上学位的就都可以办理长期多次签证和居留手续。美国对移民加拿大的中国护照持有者都给予10年期的多次往

返签证，我国应该借鉴美国的经验，给予原籍中国的外籍华人 5 年或 10 年的多次往返签证和长期居留资格。

　　鉴于中西方教育体制和文化的差异，子女回国接受教育找不到合适的学校，在国内接受教育后又如何与西方教育接轨，这成为困扰已加入外籍的海外人才回国后遇到的实际困难。因此当子女在国外就读初中或高中时，影响海外人才回国决策的很大一部分是对子女回国后教育问题的担忧。笔者认为，应在国内挖掘适合海外人才子女教学的资源。除了外资办的国际学校外，教育部门应当办更多的双语学校，可以利用目前户籍学龄人口数量减少、教学资源丰富的时机，将一批基础较好的学校拿出来办成双语学校。同时，鼓励更多的知名学校开办国际部，应鼓励和支持民营和私营企业办国际学校，给海外子女求学提供更多的选择，从而满足海外人才希望子女能接受与国际接轨的双语教学的需求。

第二节　理论思考

1. 国际人口迁移理论对海外人才回流行为的解释力有限

　　人类有史以来一直有迁移流动的倾向，长期以来，关于人口迁移的研究和人口学一样备受学者们的关注。从 19 世纪末 E. 雷文斯坦对人口迁移的开创性研究至 20 世纪下半叶新古典经济学、迁移新经济学、二元劳动力市场理论、跨国主义和社会网络理论的发展，西方学者对人口迁移理论的发展做出了诸多贡献，研究也从宏观理论研究转向基于实证的微观理论研究。海外人才回流属于国际人口迁移中的返迁行为，因此国际人口迁移理论同样适用于解释返迁行为。Cassarino 认为用于解释返迁行为的国际人口迁移理论主要分为四类：新古典经济学和迁移新经济学、结构主义、跨国主义以及社会网络理论①，这几种理论

---

① Cassarino, J. P. , "Theorising Return Migration：The Conceptual Approach to Rurn Migrants Revisited," *International Journal on Multicultural Societies*6（2004）：253 - 279.

是否同样适用于解释我国海外人才回流行为呢？

新古典主义经济学者通常从工资差异和移民预期的角度来解释迁移行为，居住国和祖（籍）国之间的工资差异是返迁行为发生的动因，或者说移民迁移至所居住的国家是基于对预期工资的渴求。当祖（籍）国工资水平高于居住国，或者居住国的工资水平未达到移民的预期时，便会产生返迁。根据新古典主义经济学者的观点，返迁即意味着"失败"。对于我国回流海外人才来说，他们主要从发达国家返迁回国。根据 2011 年侨情普查数据分析，回流海外人才主要来自美国、澳大利亚、日本、加拿大、德国等经济较为发达的国家，对比 2010 年人均 GDP 会发现，回流海外人才主要来源国的人均财富拥有量远高于中国（见图 7-1）。

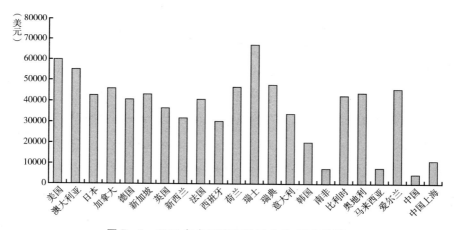

图 7-1 2010 年各国家和地区人均 GDP 比较

注：图中的 20 个国家和地区为截至 2011 年上海侨情普查时点回流至上海的海外人才数量排列前 20 位。

资料来源：The World Bank，http：//data. worldbank. org. cn/indicator/NY. GDP. PCAP. CD/countries 上海统计年鉴（2011 年）。

若按照新古典经济学理论的解释，中国和海外人才居住国人均财富拥有量如此悬殊，返迁几乎不可能发生，但现实却是我国回流海外人才数量逐年增加，并且增长速度逐年加快。同时本书研究结论指出，创业和工作是我国海外人才回国的主要动因，也就是说我国海外人才的回流行为受经济因素驱使较大，人均财富拥有量不高却仍有大量海外人才纷纷回国，这一现象似乎很矛盾，实则不然。陈昌贵对我国回流海外人才的研究发现：过半数的调查对象回国是为了个人未来发展①，他们在国外均有自己的事业，待遇也不低，已然是成功人士，回国是为了更大的成功，而非"落败而逃"。

"可以做自己想做的事""国内有一个好的发展前途""国内有较高的社会地位"是他们回国抉择中的主要诱因②。由此可以看出，即使回国后经济收入相比国外要低，但在可以接受的收入差距范围内，海外人才更倾向于对在居住国和祖（籍）国的个人发展前途进行比较，更看重回国后的未来长远利益，而非仅仅关注即时的工资差异。因此对海外人才返迁行为的解释还需要考虑祖（籍）国社会经济发展的潜力和海外人才对返迁后的预期，也即结构主义理论所谓的返迁不是个人问题，还受到背景性和结构性因素的影响③，当祖（籍）国经济、产业结构适合创业和工作时，海外人才返迁才会得以形成。

但即使上述迁移条件满足，现实中也并非每一位海外人才都会选择返迁，除了个人因素，家庭也是影响返迁行为的因素之一。迁移新经济学者将分析视角从个人转向家庭，更关注家庭经济利益的最大化。返迁即意味着当初迁移经济目标的实现，但是从家庭结构理论来看，家庭利益分为两种，一种是静态利益，包括已经具有的利益，例如财产、身体等，另一种是动态利益，即现有的生活状态。维护静态利益就是保护财产安全，维护动态利益即保护生活状态的稳定④。随着家庭规模趋于缩小，夫妻双方更注重婚姻关系的稳定，家庭利益的最大化也体现在家庭关系的和谐上。侨情普查数据显

---

① 陈昌贵、阎月勤：《我国留学人员回归原因与发挥作用状况的调查报告（二）》，《黑龙江高教研究》2000 年第 6 期，第 13~19 页。

② Cassarino, J. P. , "Theorising Return Migration: The Conceptual Approach to Return Migrants Revisited," *International Journal on Multicultural Societies* 6 (2004): 253–279.

③ Cassarino, J. P. , "Theorising Return Migration: The Conceptual Approach to Return Migrants Revisited," *International Journal on Multicultural Societies* 6 (2004): 253–279.

④ 朱平堂：《人类社会密码》，花城出版社，2006，第 57 页。

示，海外人才配偶在业的比例较高，同为人才的比例也较高，因此对于海外人才家庭来说，无须通过一方出国工作和邮寄汇款来分散家庭将会面临的经济风险，他们更注重家庭动态利益的最大化，即生活状态的稳定。研究结果也显示，当配偶同在国外并且回流意愿较弱时，海外人才返迁的可能性不大；反过来从愿意返迁的海外人才来看，配偶愿意随其一起返迁的比例较大，夫妻双方共同回国维持了生活状态的稳定，保护了家庭的动态利益。从这个角度说，当静态利益不变时，夫妻双方无论是共同返迁还是继续留在国外都在一定程度上实现了家庭利益的最大化。因此，基于家庭经济利益出发的迁移新经济学并不能很好地解释海外人才的返迁行为，当从家庭角度分析海外人才的返迁行为时，应综合考虑家庭经济利益和家庭关系的稳定对返迁行为的影响。

海外人才返迁是个非常复杂的过程，他们的回流抉择是在对经济、个人、家庭等诸多因素的综合考虑下做出的决定，返迁行为的最终发生也是基于多种动因的考量。因此，上述每一种国际人口迁移理论在某一方面均可以利用某些可得到的证据获得支持，没有一种理论被完全驳斥，这也决定了没有一种理论可以解释所有的返迁行为。在学术界关于西方理论的本土化一直存在争议，无论是人口学、社会学还是其他人文学科[1]，发展至今，对西方现有的理论不能采取"拿来主义"是学者们达成的共识，对于国际人口迁移理论同样如此。完全用西方的国际人口迁移理论来分析我国海外人才回流行为，解释力有所不足，因为迁移对象不同，理论的适用性无疑会面对较大的挑战。

2. 经典社会适应理论对海外人才回流后社会适应问题的适用性与局限

关于社会学理论的本土化问题，早在 20 世纪 30 年代中国早期社会学的发展阶段，众多学者就提出两个"强调"："强调对国外社会学理论、方法的借鉴和运动"以及"强调从中国社会的实地调查研究着手"。21 世纪以

---

① 郑杭生：《社会学中国化的几个问题》，《学海》2000 年第 1 期。

来，随着海外人才回流数量逐年增长，他们回国后的社会适应状况逐渐引起学者们的关注。对移民社会适应的研究在国外已趋于成熟，但是这一具有浓厚西方文化特征的社会适应理论对我国海外人才回流后社会适应问题的解释力有多大呢？

社会学中关于社会适应较为经典的理论是"熔炉论"和"同化理论"，他们主要用来解释弱势文化群体进入强势文化的社会适应过程。对于我国海外人才回流群体来说，他们出国前对国内的学习、生活和工作环境已完全适应，回国后重新面对国内文化，理论上不存在弱势文化与强势文化之分，但是海外经历让他们在回国前也不同程度地适应了国外文化环境，为了适应国外生活，他们在国内传统文化和国外西方文化之间找到平衡点，成为中西文化的综合体。回国后面对国内强势的制度性因素和无法撼动的社会性因素，海外人才社会适应的能动性比较有限。如此看来，国内传统文化对于中西文化综合体的海外人才来说，更倾向的是强势文化，对于在国外出生长大的海外人才来说，更是如此。因此，"熔炉论"和"同化理论"对我国海外人才的社会适应问题依然适用。

在社会适应过程中，"同化理论"认为移民一般要经历定居、适应和同化三个阶段。将其具体操作化即社会适应过程主要分为三个依次递进的层面：最基础的经济层面，生活方式构成的社会层面以及基于社会交往和心理归属的文化、心理层面。海外人才虽然身居国外，但中国传统文化一直根植于他们体内，选择回国即意味着他们在西方文化环境下，依然对中国传统文化持肯定和认同的态度，所以在"同化理论"所谓的经济、社会和文化适应之前，回流海外人才首先感受到的是对国内文化的归属感。并且海外人才的社会适应不是简单地从文化归属、经济、社会到心理的依次递进过程，而是呈现复杂的相互影响关系。例如社会层面和心理层面之间存在交互影响，交互影响的结果又会反向影响海外人才对国内文化的认同，进而影响他们在国内的整个社会适应过程以及最终是否再次迁移的决定。

从移民社会适应的结果来看，"熔炉论"和"同化理论"认为最终的结果是弱势文化群体被强势文化所同化。但本书经过研究认为，海外人才回国后的社会适应状况主要有两种结果：适应和不适应，其中适应又可以分为主动适应和被动适应。三种适应结果分别反映了海外人才回国后的三种社会适应模式：在经历了长时间的调适之后，最终仍无法适应国内环境时，海外人才可能会萌生再次迁移的想法；积极主动地适应国内的工作和生活环境并达到最终社会适应，也即所谓的被同化；被动的用"老"的方式重新融入国内环境，但在心理层面会跳出所处的环境，拉开自己与社会的距离，用旁观者的心态去审视国内的环境。尽管能动性有限，但他们仍在可能的范围内试图重构国外的生活方式和人际交往模式，这一模式与国外跨国移民在我国社会中"重新建立社会"的适应模式较为类似。因此对于海外人才回国后的社会适应不能简单地归结为"被同化"，而忽视了作为高智力群体在适应过程中的能动性——尽管能动性的范围和力度有限。本书的研究结果虽然无法验证 Rhinesmith 提出的海外人才社会适应"十阶段假说"，但关于社会适应结果的三个模式却与其有异曲同工之妙。

因此，总体来看，经典社会适应理论对我国海外人才回流后的社会适应问题依然适用，但对社会适应过程和社会适应结果的解释力仍存在一定的局限。

第三节　研究不足与展望

短短数十万字，笔者希望通过对海外人才回流意愿、回流动因以及回流后社会适应状况的分析来全面了解海外人才的回流行为过程，从而在理论上对国际人口迁移理论和社会适应理论有些许的贡献，在实践中为有关部门提供制定政策的客观依据。但研究中仍具有以下几个方面的缺陷，需要在未来的深入研究中进行完善和努力。

首先，受普查数据的限制，本书关于海外人才回流意愿研究资料的获得是通过海外人才国内直系亲属对问卷的填写，虽然笔者了解到调查中很多调查对象都是通过打电话询问其海外亲属的资料信息后再填写的问卷，但这种调查方式与海外人才本人填写问卷仍会存在一定的误差。

其次，本研究提出的海外人才回流意愿的微观分析框架是探索性的，很多方面需要进一步深入研究，其中包括居留意愿的类别化，以及分层模型中如何加入国家层面的变量来分析国别对海外人才回流意愿的影响程度等问题。同时，如何根据已有的结论和现有的资料来预测海外人才未来回流趋势也是一个很值得深入研究的问题。

再次，囿于人、财、物因素制约，本研究资料主要来自上海市侨情普查的调查，以及相关研究课题和笔者通过滚雪球方法获得的访谈资料。如果要全面掌握海外人才回流行为的特征及影响因素，必须基于全国范围的样本资料进行研究。

最后，受能力和专业所限，笔者在本书中首次通过定性研究方法对海外人才回流后的社会适应状况进行研究，对社会学研究范式理解有限，难免对访谈资料挖掘不够深入，从而对访谈对象言语背后的深层次含义理解不够，这也是笔者希望今后可以加强学习的地方。

参考文献

中文文献

阿鲁秋尼扬：《民族社会学：目的、方法和某些研究成果》，马尚鳌译，中央民族学院出版社，1992。

曹云华：《变异与保持：东南亚华人的文化适应》，中国华侨出版社，2001。

陈昌贵：《人才外流与回流》，湖北教育出版社，1996。

陈昌贵、阎月勤：《我国留学人员回归原因与发挥作用状况的调查报告（一）》，《黑龙江高教研究》2000年第5期。

陈昌贵、阎月勤：《我国留学人员回归原因与发挥作用状况的调查报告（二）》，《黑龙江高教研究》2000年第6期。

陈潮：《近代留学生》，中华书局，2010。

陈辉：《我国区域人文环境差异研究》，硕士学位论文，兰州大学，2011。

陈忞：《学生心理健康与社会适应》，国际文化出版公司，2002。

陈向明：《旅居者和"外国人"：留美中国学生跨文化人际交往研究》，

湖南教育出版社，1998。

陈秀容：《近三十年印尼华人族群文化适应初探》，《人文地理》1999年第 3 期。

传瑛：《台湾人才回流热潮透视》，《中国人才》1994 年第 8 期。

崔大纬、钟少凤：《对智力外流的再认识：中国的"移民选择"》，载香港中文大学中国研究服务中心四十周年《中国现况》，2004。

崔源：《我国海外人才回流现状、问题及对策研究》，硕士学位论文，山东大学，2010。

崔志鹰：《如何吸引海外人才（一）——韩国吸引海外人才的经验》，《上海微型计算机》2000 年第 26 期。

《邓小平同志论教育》，人民教育出版社，1990。

杜宇、辛义：《海外华侨华人回国正火热》，http：//newspaper1. duxiu. com/readbz. jsp？npid＝30909086&qwid＝46300054&d＝AA3D321C8D901EC4DE164DB304EC5D34&sw＝&ecode＝utf－8，2010 年 1 月 26 日。

冯帮：《流动儿童的城市文化适应研究——基于社会排斥的分析视角》，《现代教育管理》2011 年第 5 期。

复印报刊资料编辑部：《图书评介》，中国人民大学书报资料社，1999。

干春晖：《中国产业发展报告》，上海财经大学出版社，2008。

高兰英、陈昌贵：《影响我国留学人员回归的主要原因》，《教育评论》2000 年第 2 期。

高永中：《全球人才争夺越演越烈，如何建设人才强国》，《人民日报》2010 年 6 月 22 日，第 3 版。

缑元有、王君华：《论水库移民的社会适应性调整》，《华北水利水电学院学报》（社科版）2000 年第 3 期。

桂世勋：《海外华侨华人及其对祖（籍）国的贡献》，载丘进主编《华侨华人研究报告（2011）》，社会科学文献出版社，2011。

国家教育委员会外事司：《教育外事工作历史沿革及现行政策》，北京师范大学出版社，1998。

国家统计局：《改革开放 30 年人口素质全面提高就业人员成倍增加》，http：//www.gov.cn/gzdt/2008－11/03/content_1138587.htm，2008 年 11 月 3 日。

郝玉章、风笑天：《三峡外迁移民的社会适应性及其影响因素研究——对江苏 227 户移民的调查》，《市场与人口分析》2005 年第 6 期。

何晓群、闵素芹：《分层线性模型层－1　自变量中心化问题研究综述》，《统计与信息论坛》2009 年第 9 期。

何亚平、骆克任：《海外科技人才引进结构分析》，《人才开发》2003 年第 10 期。

胡红晓、谢佳、韩冰：《缺失值处理方法比较研究》，《商场现代化》2007 年第 5 期。

胡凌伟：《如何吸引海外人才（四）——香港吸引海外人才的经验》，《上海微型计算机》2000 年第 32 期。

华东师范大学人口研究所课题组上海市人民政府侨务办公室：《近年来沪定居的新归侨现状及工作对策研究》，http：//www.chinaqw.com/zgqj/qkjc_qwgzy/200712/17/99356.shtml，2007 年 12 月 17 日。

黄昆章：《论华人文化的适应，传承与改造》，《华侨华人历史研究》1998 年第 4 期。

黄希庭：《心理学导论》，东华书局，1998。

季安照、袁靖华：《当前浙江华侨回国定居现象探析》，《华侨华人历史研究》2008 年第 2 期。

李建钟：《国外吸引人才的主要策略》，《中国人事报》2009 年第 1 期。

李晶：《逆向文化冲击中的文化适应》，硕士学位论文，复旦大学，2008。

李竞能：《现代西方人口理论》，复旦大学出版社，2004。

李明欢：《20 世纪西方国际移民理论》，《厦门大学学报》（哲学社会科学版）2000 年第 4 期。

李琦：《赴美谈判留学生问题始末》，《世界知识》1998 年第 16 期。

李强：《转型时期中国社会分层》，辽宁教育出版社，2004。

李珊：《农村移居老年人的社会适应及其影响因素探析》，《安徽农业科学》2011 年第 13 期。

李尚敏、朱芹：《中国近代留学运动的现代启示》，《文史杂志》2007 年第 6 期。

李树娜：《上海市中学生社会适应状况调查与分析》，《上海教育科研》2011 年第 5 期。

李滔：《中华留学教育史录：1949 年以后》，高等教育出版社，2000。

李先知：《试析中国留美高校学生的跨文化适应和对策》，硕士学位论文，重庆大学，2011。

李珍玉：《美国华人生存状态大扫描》，《侨报》2009 年 11 月 16 日，第 4 版。

梁飞、雷丹：《城市农民工文化适应问题探析》，《中国－东盟博览》2011 年第 1 期。

林琳：《智力环流——人才国际流动"共赢"模式的新探索》，《国外社会科学》2011 第 2 期。

林琳、孟舒：《中国智力回流动因的实证检验》，《统计与决策》2009 第 17 期。

林勇：《国际人才竞争与我国海外华人高层次人才战略》，《八桂侨刊》2004 年第 4 期。

羚邱：《组织行为学》，清华大学出版社，2005。

刘昌明：《韩国是怎样吸引海外人才回国服务的——从科技发展的角度解读韩国的人才外流与回归现象》，《国际人才交流》2004 年第 7 期。

刘昌明、陈昌贵：《韩国人才回流的社会成因及启示》，《高等教育研究》1996 年第 17 期。

刘莉莎：《中国海外留学生跨文化适应研究》，硕士学位论文，辽宁师范大学，2008。

刘权、董英华：《祖国大陆与台湾吸引海外华人人才措施之比较》，《华侨华人历史研究》2003 年第 1 期。

刘万伦、沃建中：《师生关系与中小学生学校适应性的关系》，《心理发展与教育》2005 年第 1 期。

刘炜：《中国留英高校生跨文化适应，社会支持与生活满意度的相关研究》，硕士学位论文，福建师范大学，2008。

刘祖华：《金融海啸危中有机，积极谨慎"抄底人才"》，《中国人事报》2009 年 2 月 20 日，第 6 版。

陆芳萍：《上海市女性劳动力移民的社会适应过程研究》，硕士学位论文，华东师范大学，2005。

骆克任、何亚平：《海外人才回流规模的预测及引进策略的若干思考》，《上海交通大学学报：哲学社会科学版》2005 年第 13 期。

骆克任、何亚平：《海外回流人才基本状况的调查》，《社会》2003 年第 12 期。

马德峰：《三峡外迁农村移民社区适应现状研究——来自江苏省大丰市移民安置点的调查》，《市场与人口分析》2005 年第 2 期。

马歇尔：《经济学原理》，中国商业出版社，2009。

马祖圣：《历年出国/回国科技人员总览：1840～1949》，社会科学文献出版社，2007。

毛大立：《向往之地：上海国际人才高地建设构想》，上海社会科学院出版社，2009。

孟庆艳：《大城市人口分布与公交网点发展的互动关系研究》，硕士学位论文，华东师范大学，2006。

孟宪范：《转型社会中的中国妇女》，中国社会科学出版社，2004。

倪鹏飞：《人才国际竞争力：探寻中国的方位》，社会科学文献出版社，2010。

潘晨光：《中国人才发展报告 NO.3》，社会科学文献出版社，2006。

彭进：《人口与人力资源概论》，中国劳动社会保障出版社，2005。

钱钢、胡劲草：《大清留美幼童记》，当代中国出版社，2010。

丘进：《华侨华人研究报告》，社会科学文献出版社，2011。

邱婧婧：《韩国人在华的跨文化沟通与适应》，硕士学位论文，华东师范大学，2011。

石凯、胡伟：《海外科技人才回流动因，规律与引进策略研究》，《中国人力资源开发》2006 年第 2 期。

舒尔茨：《论人力资本投资》，北京经济学院出版社，1990。

宋卫国：《对我国扶持海外人才回国创业的政策建议》，《决策咨询通讯》2004 年第 15 期。

苏红：《隔阂、磨合与融合——崇明县三峡移民的社会整合研究》，《社会》2002 年第 5 期。

孙健、纪建悦、王丹：《海外科技人才回流的规律研究》，《中国软科学》2005 年第 8 期。

孙健、朱雨顺、纪建悦：《我国海外人才回流的动因分析》，《人才资源开发》2005 年第 3 期。

谭崇台：《发展经济学》，山西经济出版社，2004。

唐洁：《在中国城市生活的外籍旅居者：生活状况，文化适应及社会互动研究》，硕士学位论文，厦门大学，2009。

唐秀英：《我国农民工城市适应问题略论》，《中共桂林市委党校学报》2003 年第 3 期。

田凯：《关于农民工城市适应性的调查与思考》，《人口学刊》1996 年第 4 期。

万晓兰：《制约我国人才回流的社会经济、文化因素》，《宜春学院学报》2006 年第 1 期。

汪洋、杨捷：《21 世纪的中国》，甘肃人民出版社，1991。

王海亮：《政协委员叶建农："双重国籍没人管"成潜规则》，http：//www. chinanews. com/gn/2012/03 – 09/3729710. shtml，2012 年 3 月 9 日。

王佳蕾：《日本旅居者在上海的跨文化适应研究》，硕士学位论文，华东师范大学，2009。

王康：《社会学词典》，山东人民出版社，1988。

王培鑫：《返乡青年农民工的文化适应研究》，硕士学位论文，安徽大学，2010。

王辟长：《留学人员最新动向调查》，《神州学人》2001 年第 2 期。

王通讯：《人才学通论》，天津人民出版社，1985。

王晓莺：《海外华人专业人才回流态势》，《人才开发》2004 年第 1 期。

王雪萍、廖赤阳、李恩民：《大潮涌动：改革开放与留学日本》，社会科学文献出版社，2010。

王辉耀：《国家战略：人才改变世界》，人民出版社，2010。

王辉耀：《人才战争》，中信出版社，2009。

王耀辉：《中国留学人员发展报告》，机械工业出版社，2009。

王玉婷：《我国人才回流动因分析》，《人力资源管理（学术版）》2010 年第 4 期。

文峰、周聿峨：《海外华裔青年来华留学的文化适应研究——基于暨南大学个案调查的分析》，《中国青年研究》2009 年第 10 期。

吴帅琴：《三峡农村外迁移民文化适应研究》，硕士学位论文，山东大学，2007。

吴振华：《农民工的城市适应模式选择及其原因探析》，《理论与改革》2005 年第 5 期。

向楠：《高中生出境学习人数已占我国留学总人数的 22.6%》，《中国青年报》2011 年 12 月 9 日，第 7 版。

向远菲：《加拿大新移民回流研究》，《时代文学（下半月）》2008 年第 1 期。

萧鸣政：《中国政府人力资源开发概论》，北京大学出版社，2004。

晓波文：《海外华人回国养老》，http：//newspaper1. duxiu. com/readbz. jsp？npid = 58946957&qwid = 22036543&d = 77DEAE65D99DD01E0D7F90302780FBB4&sw = &ecode = utf – 8，2009 年 12 月 31 日。

谢高桥：《都市人口迁移与社会适应——高雄市个案研究》，巨流图书公司，1981。

宿景祥：《2010 年世界竞争力年度报告》，http：//www. techcn. com. cn/index. php？doc – view – 144280#1，2010 年 5 月 21 日。

徐光兴：《跨文化适应的留学生活：中国留学生的心理健康与援助》，上海辞书出版社，2000。

徐坚成：《人才国际竞争力研究——以上海为例》上海社会科学院出版社，2011。

亚当、库珀、杰西卡：《社会科学百科全书》，上海译文出版社，1989。

阎琨：《中国留学生在美国状况探析：跨文化适应和挑战》，《清华大学教育研究》2011 年第 2 期。

杨诚：《吸引海外留学人才的政策与法律探讨》，《太平洋学报》2009 年第 1 期。

杨健：《中国科技人力资源已居世界第一》，《人民日报》2009 年 1 月 9 日，第 5 版。

杨善华、谢立中：《西方社会学理论》，北京大学出版社，2006。

杨彦平：《社会适应心理学》，上海社会科学院出版社，2010。

杨玉杰、朱建军：《基于人才回流动因计量的中国人才外流问题研究》，《价值工程》2010 年第 26 期。

叶继红：《城郊失地农民的集中居住与移民文化适应》，《思想战线》2010 年第 2 期。

叶忠海：《人才学概论》，湖南人民出版社，1983。

殷实：《文化认同与归国文化冲击》，硕士学位论文，华东师范大学，

2008 年。

于娟：《活着就是王道》，http：//blog. sina. com. cn/s/blog_ 7180e98001
00lrag. html，2011 年 2 月 1 日。

袁旭东：《中国引进海外人才的理论分析与实证研究》，博士学位论文，
吉林大学，2009。

张雷、雷雳、郭伯良：《多层线性模型应用》，教育科学出版社，2003。

张善余：《世界人口地理》，华东师范大学出版社，2002。

张善余：《中国人口地理》，科学出版社，2003。

张樨樨：《我国人才集聚的理论分析与实证研究》，博士学位论文，首
都经济贸易大学，2009。

张秀明：《改革开放以来留学生的回归及处境，根据归国留学生问卷调
查的分析》，《华侨华人历史研究》1999 年第 2 期。

赵敏：《国际人口迁移理论评述》，《上海社会科学院学术季刊》1997
年第 4 期。

赵勇：《金融危机背景下吸引海外科技人才的思考》，《科技与经济》
2009 年第 3 期。

郑杭生：《社会学中国化的几个问题》，《学海》2000 年第 1 期。

中国大百科全书总编辑委员会《社会学》编辑委员会：《中国大百科全
书·社会学》，中国大百科全书出版社，1998。

中共福建师大党委统战部：《福建师大归国留学人员基本情况及思考》，
《福建省社会主义学院学报》2004 年第 1 期。

中国海洋大学课题组：《我国海外人才回流的动因分析》，《软科学》
2004 年第 5 期。

中国科学技术协会中国科学技术协会调研宣传部：《中国科技人力资源
发展研究报告》，2008。

中华人民共和国住房和城乡建设部：《建设部关于贯彻〈中共中央、国务
院关于进一步加强人才工作的决定〉的意见》，http：//www. mohurd. gov. cn/

zcfg/jsbwj_ 0/jsbwjrsjy/200611/t20061101_ 153012. html，2004 年 7 月 7 日。

钟焰：《如何吸引海外人才（三）——台湾吸引海外人才的经验》，《上海微型计算机》2000 年第 31 期。

周炽成：《海归：中西文化冲击波》，中山大学出版社，2007。

周桂荣、刘宁：《吸引人才资源回流的经济与科技因素》，《天津财经学院学报》2006 年第 2 期。

朱力：《论农民工阶层的城市适应》，《江海学刊》2002 年第 6 期。

朱力：《中外移民社会适应的差异性与共同性》，《南京社会科学》2010 年第 10 期。

朱力：《从流动人口的精神文化生活看城市适应》，《河海大学学报》（哲学社会科学版）2005 年第 3 期。

朱平堂：《人类社会密码》，花城出版社，2006。

朱士鸣：《考试心理技巧》，上海辞书出版社，2006。

曾建权：《台湾地区对海外留学人才的开发策略与启示》，《特区经济》2006 年第 5 期。

曾智超、林逢春：《城市轨道交通对城市人口迁移的作用》，《城市轨道交通研究》2005 年第 2 期。

查啸虎、黄育文：《从冲突到融合：进城农民工子女的课堂文化适应研究》，《教育科学研究》2011 年第 1 期。

《如何吸引海外人才（二）——新加坡吸引海外人才的经验》，《上海微型计算机》2000 年第 27 期。

英文文献

Ackers, L. , *Shifting Spaces*: *Women*, *Citizenship and Migration within the European Union* (Bristol: The Policy Press, 1998), p. 183.

Adda, J. , Dustmann, C. , Mestres, J. , " A Dynamic Model of Return

Migration," *IZA Ninth Summer School Paper* (2006): 1 – 18.

Adler, N. J., "Re-entry: Managing Cross-cultural Transitions," *Group & Organization Management*6 (1981): 341.

Agiomirgianakis, G. M., "Monetary Policy Games and International Migration of Labor in Interdependent Economies," *Journal of Macroeconomics*20 (1998): 243 – 266.

Aly, H. Y., Shields, M. P., "A Model of Temporary Migration: The Egyptian Case," *International Migration*34 (1996): 431 – 447.

Anthias, F., Lazaridis, G., *Gender and Migration in Southern Europe: Women on the Move* (London: Berg Publishers, 2000), p. 89.

Arnold, F., Shah, N. M., "Asian Labor Migration to the Middle East," *International Migration Review* 18 (1984): 294 – 318.

Austin, C. N., Van, Jones B., "Reentry Among Missionary Children: An Overview of Reentry Research From 1934 – 1986," *Journal of Psychology and Theology*15 (1987): 315 – 325.

Baldwin, R. E., Forslid, R., "The Core-periphery Model and Endogenous Growth: Stabilizing and Destabilizing Integration," *Economica*, 2000, 67 (267): 307 – 324.

Barrett, A., Trace, F., "Who is Coming Back? The Educational Profile of Returning Migrants in the 1990s," *Irish Banking Review* (1998): 38 – 52.

Barrientos, P., "Analysis of International Migration and its Impacts on Developing Countries," *Development Research Working Paper Series*12 (2007): 1 – 29.

Bucovetsky, S., "Efficient Migration and Income Tax Competition," *Journal of Public Economic Theory*5 (2003): 249 – 278.

Carrington, W. J., Detragiache, E., Vishwanath, T., "Migration with Endogenous Moving Costs," *The American Economic Review*, 1996, 86 (4):

909 – 930.

Cassarino, J. P. , "Theorising Return Migration: The Conceptual Approach to Return Migrants Revisited," *International Journal on Multicultural Societies*6 (2004): 253 – 279.

Center, N. O. R. , Survey of Earned Doctorates Fact Sheet, http://www. norc. org/PDFs/SED-Findings/SEDFactSheet. pdf, July 1, 2006 , to June 30, 2007.

Chaban, N. W. et al. , "Crossing Cultures: Analysing the Experiences of NZ Returnees from the EU (UK Vs. non-UK)," *International Journal of Intercultural Relations*35 (2011): 776 – 790.

Cohen, J. , *Statistical Power Analysis for the Behavioral Sciences* (Mahwah, NJ: Lawrence Erlbaum Associates, Inc, 1988), p. 251。

Commander, S. , Kangasniemi, M. , "Winters L. A. The Brain Drain: Curse or Boon?" *IZA Discussion Papers*, 2003, (6): 1 – 34.

Constant, A. , Massey, D. S. , "Return Migration by German Guestworkers: Neoclassical Versus New Etheories," *International Migration*40 (2002): 5 – 38.

Craig, S. , *Art of Coming Home* (United Kingdom: Nicholas Brealey Intl, 2001), p. 286.

Dustmann, C. , "Children and Return Migration," *Journal of Population Economics*16 (2003): 815 – 830.

Dustmann, C. et al. , "Eturn Migration, Human Capital Accumulation and the Brain Drain," *Journal of Development Economics*95 (2011): 58 – 67.

Gama, E. M. P. , Pedersen, P. , "Readjustment Problems of Brazilian Returnees from Graduate Studies in the United States," *International Journal of Intercultural Relations*1 (1977): 46 – 59.

Gang, I. N. , Bauer, T. K. , "Temporary Migrants from Egypt: How Long

Do They Stay Abroad?" *The Institute for the Study of Labor* (*IZA*), Discussion Paper No. 3 (1998): 1–24.

Gaw, K. F., "Reverse Culture Shock in Students Returning from Overseas," *International Journal of Intercultural Relations*24 (2000): 83–104.

Gleason, T. P., "The Overseas-experienced American Adolescent and Patterns of Worldmindedness," *Adolescence* 8 (1973): 481–490.

Gmelch, G., "Who Returns and Why: Return Migration Behavior in Two North Atlantic Societies," *Human Organization*42 (1983): 46–54.

Goldscheider, C., Brown, M. R., *Urban Migrants in Developing Nations: Patterns and Problems of Adjustment* (Boulder, CO: Westview Pr, 1983), p. 79.

Gullahorn, J. T., Gullahorn, J. E., "An Extension of the U-Curve Hypothesis," *Journal of Social Issues*19 (1963): 33–47.

Hauser, P. M., The Study of Population: An Inventory and Appraisal (Chicago: University Of Chicago Press, 1959), p. 153.

Huang, Y., Return Migration: A Case Study of "Sea Turtles" in Shanghai (Ph. D. Diss., The University of Hong Kong, 2008), pp. 162.

Jones, H. R., *Population Geography* (London: Sage Publications Ltd., 1990), p. 165.

Kidder, L. H., "Requirements for Being 'Japanese': Stories of Returnees," *International Journal of Intercultural Relations*16 (1992): 383–393.

Krugman, P., "Increasing Returns and Economic Geography," *The Journal of Political Economy*, 1991, 99 (3): 483–499.

Kugler, M., Rapoport, H., *Migration and FDI: Complements or Substitutes?*, 2006.

Lacey, T. A., Wright, B., "Occupational Employment Projections to 2018," *Monthly Labor Review*, 2009, 132 (11): 82–123.

Lee, S. H. et al., "Repeat Migration and Remittances: Evidence from Thai

Migrant Workers," *Journal of Asian Economics* 22（2011）：142 – 151.

　　Lee, S. H., Sukrakarn, N., Choi, J. Y., " Repeat Migration and Remittances：Evidence from Thai Migrant Workers," *Journal of Asian Economics* （2010）：148 – 152.

　　Levitt, P., Schiller, N. G., "Conceptualizing Simultaneity：A Transnational Social Field Perspective on Society," *International Migration Review* 38 （2004）：1002 – 1039.

　　Lowell, B. L., *Trends in International Migration Flows and Stocks*, 1975 – 2005 （Paris：OECD Document de Travail Interne, 2007）, p. 63.

　　Lucas, R. E. B., *International Migration and Economic Development：Lessons from Low-income Countries*, Cheltenham：Edward Elgar Publishing, 2005.

　　Lysgaand, S., " Adjustment in a Foreign Society：Norwegian Fulbright Grantees Visiting the United States," *International Social Science Bulletin* （1955）：76 – 79.

　　Martin, J. N., " The Intercultural Reentry：Conceptualization and Directions for Future Research," *International Journal of Intercultural Relations* 8 （1984）：115 – 134.

　　Massey, D. S., Denton, N. A., "Trends in the Residential Segregation of Blacks, Hispanics, and Asians：1970 – 1980," *American Sociological Review* （1987）：802 – 825.

　　Miyamoto, Y., Kuhlman, N., "Ameliorating Culture Shock in Japanese Expatriate Children in the US," *International Journal of Intercultural Relations* 25 （2001）：21 – 40.

　　Morrison, P. A., "Theoretical Issues in the Design of Population Mobility Models," *Environment and Planning* 5 （1973）：125 – 134.

　　Oakley, A., *Social Support and Motherhood：The Natural History of a*

Research Project (Oxford: Blackwell Oxford, 1992), p. 68.

Pamela, L. Y. N. C. , "The Relocation Experience: Analysis of Factors Thought to Influence Adjustment to Transition," *Psychological reports*70 (1992): 835 – 838.

Piore, M. J. , *Birds of Passage: Migrant Labor and Industrial Societies* (Cambridge: Cambridge University Press, 1980), p. 51.

Piper, N. , "Gender and Migration Policies in Southeast and East Asia: Legal Protection and Sociocultural Empowerment of Unskilled Migrant Women," *Singapore Journal of Tropical Geography*25 (2004): 216 – 231.

Pitayanon, S. , "The Impact of Short-term Contract Overseas Employment of Thai Workers on the Economy of Rural Households and Communities: A Case Study of Northeastern Villages," *Population and Development Projects in Thailand: Field Studies. Bangkok: Micro-level Studies Program on Population and Development Interactions in Thailand* (1983): 27 – 34.

Plane, D. A. , Rogerson, P. A. , *The Geographical Analysis of Population: With Applications to Planning and Business* (New York: John Wiley & Sons New York, 1994), p. 31 – 35.

Portes, A. Conclusion, "Theoretical Convergencies and Empirical Evidence in the Study of Immigrant Transnationalism," *International Migration Review* 37 (2003): 874 – 892.

Redfield, R. , Linton, R. , Herskovits, M. J. , "Memorandum for the Study of Acculturation," *American Anthropologist* 38 (1936): 149 – 152.

Rhinesmith, S. H. , *Bring Home the World: A Management Guide for Community Leaders of International Exchange Programs* (New York: Walker, 1985), p. 279.

Sassen, S. , *Globalization and its Discontents* (New York: New Press, 1998), p. 27.

Saxenian, A. L., Hsu, J. Y., "The Silicon Valley-Hsinchu Connection: Technical Communities and Industrial Upgrading," *Industrial and Corporate Change*, 2001, 10 (4): 893.

Schuetz, A., "The Homecomer," *American Journal of Sociology* 50 (1945): 369 –376.

Simmons, A. B., "Recent Studies on Place-utility and Intention to Migrate: An International Comparison," *Population & Environment* 8 (1985): 120 – 140.

Sussman, N. M., "The Dynamic Nature of Cultural Identity Throughout Cultural Transitions: Why Home Is Not So Sweet," *Personality and Social Psychology Review* 4 (2000): 355 –373.

Vertovec, S., "Migrant Transnationalism and Modes of Transformation," *International Migration Review*, 38 (2004): 970 – 1001.

Wadhwa, V., Why Immigrant Entrepreneurs Are Leaving the U. S. - BusinessWeek, http://www.businessweek.com/smallbiz/content/apr2011/sb 20110427_ 111253. htm, 2011/4/27.

Waldorf, B., "Determinants of International Return Migration Intentions," *The Professional Geographer* 47 (1995): 125 –136.

Waldorf, B., "Determinants of International Return Migration Intentions," *The Professional Geographer*, 1995, 47 (2): 125 –136.

Werkman, S. L., *Coming Home: Adjustment of Americans to the United States after Living Abroad* (New York: Plenum Press, 1980), pp. 223 –247.

Yang, D., "Why Do Migrants Return to Poor Countries? Evidence from Philippine Migrants' Responses to Exchange Rate Shocks," *The Review of Economics and Statistics* 88 (2006): 715 –735.

Zheng, X., Berry, J. W., "Psychological Adaptation of Chinese Sojourners in Canada" *International Journal of Psychology* 26 (1991): 451 – 470.

后　记

　　《海外人才回流与社会适应：上海案例》是在我博士学位论文的基础上修订完善而成的，毕业六年后再次打开论文文稿重新整理和修改，感慨万千。

　　本书利用了2011年上海市第三次基本侨情普查的原始调查数据，这是继1985年、2004年之后的又一次规范的、严谨的覆盖全上海市的侨情普查。普查结果显示：近年来，上海市移居海外的华侨华人及出国留学生数量稳步增长。海外华侨华人数量较2004年增长36.16%，增量达25.1万，出国留学人员以平均每年23.5%的速度递增。他们是促进上海与海外交流发展的重要桥梁和纽带，也是上海建设与发展可利用的宝贵资源，是促进我国改革开放的一支重要力量，吸引他们回国工作和创业是我国目前和未来侨务工作的重中之重。

　　改革开放以来，在沪的归侨、归国留学人员及华侨华人数量大幅增加，与2004年侨情调查结果相比，2011年在沪的归侨数量增长152.48%，华侨华人和港澳居民数量增长279.6%。截至2011年，在沪的归国留学人员数量占全国总量的1/4。上述数据表明，上海独特的战略地位和良好的发展环境已成为海外华侨华人、港澳居民回国发展和留学人员回国创业的主要选择地。如何维护侨益，为他们提供更优质、更贴心的服务也是我国侨务工作一直以来的难点。

　　本书摒弃了以往研究中从宏观视角讨论海外人才回流问题的研究范式，首次尝试从迁移者个人的微观视角出发，探讨其身份差异背后的回流意愿、回流动机等回流行为模式的不同，以及回流后在国内社会适应的状况和社会再适应的模式。毋庸置疑，对海外人才回流行为的研究是个长期的课题，本书就此展开的研究也仅是创新的、探索性的。时隔六年，其研究成果对当下的海外回流人才问题仍具有理论指导意义。但修订的结果仍有些许遗憾，如在分层模型中如何加入国家层面的变量来分析国别对海外人才回流意愿的影响程度等问题、如何根据已有的结论和现有的资料来预测海外人才未来的回流趋势……由于理论功底欠缺，本人对问题的把握能力有限、分析仍不够深入。

　　但研究是无极限的，我国对于海外人才的研究之路仍任重而道远。谨以此后记，作为新征程的号角。

　　感谢父母、先生和孩子对我生活压力的分担和对工作学习的大力支持！

王蓉蓉

2019 年 9 月于合肥寓所

索 引

图书在版编目（CIP）数据

海外人才回流与社会适应：上海案例／王蓉蓉著
. -- 北京：社会科学文献出版社，2019.10
ISBN 978 - 7 - 5201 - 5432 - 1

Ⅰ.①海…　Ⅱ.①王…　Ⅲ.①留学生 - 人才研究 - 上
海　Ⅳ.①C964.2

中国版本图书馆 CIP 数据核字（2019）第 184153 号

海外人才回流与社会适应：上海案例

著　　者／王蓉蓉

出 版 人／谢寿光
组稿编辑／吴　丹
责任编辑／白　云
文稿编辑／杨鑫磊

出　　版／社会科学文献出版社·皮书研究院（010）59367073
　　　　　地址：北京市北三环中路甲 29 号院华龙大厦　邮编：100029
　　　　　网址：www. ssap. com. cn
发　　行／市场营销中心（010）59367081　59367083
印　　装／三河市龙林印务有限公司

规　　格／开　本：787mm × 1092mm　1/16
　　　　　印　张：16.75　字　数：239 千字
版　　次／2019 年 10 月第 1 版　2019 年 10 月第 1 次印刷
书　　号／ISBN 978 - 7 - 5201 - 5432 - 1
定　　价／99.00 元

本书如有印装质量问题，请与读者服务中心（010 - 59367028）联系